UCC 콘텐츠 제작기법 및 인터넷방송

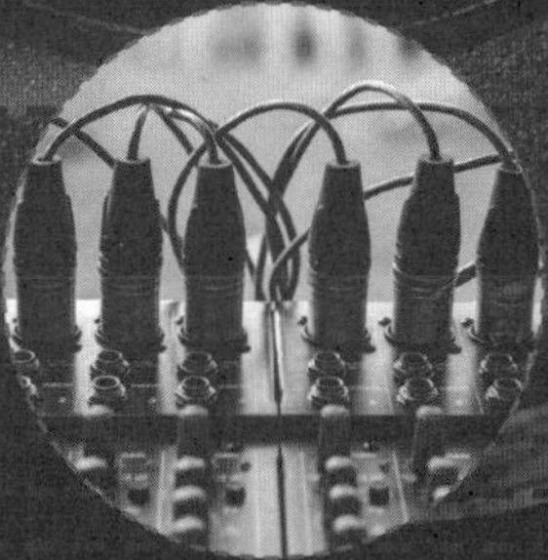

이중호 지음

GS인터비전

머 리 말

인터넷이 보급되어 대중화된 지 20여 년의 세월이 흘렀다. IT 강국을 지향하는 대한민국의 위상에 걸맞게 IT 기술과 인터넷은 양적 질적 발전을 이루어 왔으며, 이제는 인터넷이 우리 생활의 일부가 되었다. UCC라는 용어는 인터넷의 발전과 함께 우리와 아주 친숙해진 용어이다. 불과 10년 전만 해도 개인이 동영상을 만들어 인터넷에 자유롭게 퍼뜨릴 기술적 환경이 지원되지 않았지만, 현재는 스마트폰 같은 휴대용 기기의 발달과 인터넷망의 고속화로 동영상을 포함한 개인 간 의사소통이 실시간으로 가능한 시대가 되었다. 따라서 인터넷을 이용한 동영상 배포뿐만 아니라 1인 방송이 가능해진 시대를 살아가고 있다.

이에 필자는 동영상을 제작하기 위한 기법들을 정리하여 소개하며 누구나 수준 높은 동영상 제작이 가능하도록 하고자 한다. 동영상 제작에 필요한 프로그램의 사용 또한 능숙하게 다룰 수 있는 것도 동영상 제작에 필수 요소이다. 이 책은 동영상 제작 프로그램을 일반 대중이 쉽게 접근할 수 있도록 하며, 프로그램 설치 비용이 필요 없는 무료 프로그램을 사용하여 제작할 수 있도록 하는 데 기본 방침을 정하였다. 따라서 MS 윈도우에서 제공하는 무비메이커를 사용한 UCC 제작 기법들을 소개하였고, 이를 바탕으로 수준 높은 동영상을 만들 수 있도록 하여 일반 사용자들이 멋진 UCC를 제작할 수 있도록 하는 데 주안점을 두었다. UCC는 제작만이 능사가 아니라 내가 만든 UCC 작품을 일반인들이 호응할 수 있도록 제작하는 것이 중요하기 때문이다. 또한, 동영상 제작에 그치지 않고 1인 방송을 하기 위한 팟캐스트의 요소, 제작방법 및 프로그램들을 소개하여 인터넷을 통해 대중매체와 소통하기 위한 이해의 폭을 넓히고자 한다,

1장에서는 윈도우 무비메이커의 기본 구성뿐만이 아니라 동영상 제작에 필요한 부가적인 작업에 필요한 프로그램들을 간단히 소개한다.

2장에서는 사진으로 동영상을 만들기 위한 무비메이커의 기능과 개념을 이해하고 이를 이용한 간단한 제작 방법들을 소개하여 직접 제작해 보도록 한다. 윈도우 무비메이커를 사용한 배경 효과, 효과음, 자막 등의 작업 방법에 대해 살펴보고 이러한 기능들을 활용하여 실제 영상에서 자주 사용되는 플래시 효과 등을 만드는 방법을 소개한다.

3장에서는 2장에서 배운 기능들을 응용하여 좀 더 재미있는 영상을 만들어 보기위한 방법들을 소개한다. 따라서 윈도우 무비메이커에서 제공하지 않는 동영상 제작 기법들을 소개하고 이를 만드는 방법을 소개한다. 이 책에서는 각종 기법들이 반복적으로 나오는데 각종 기능들을 사용하여 제작기법을 응용 확장하여 봄으로써 보다 좋은 UCC 제작을 위함이다.

4장에서는 동영상의 편집 방법들에 대해 살펴보고 5장에서는 이를 더욱 발전시켜 2~3장에서 살펴본 동영상 제작 기법들을 활용한 수준 높은 동영상 제작이 가능하도록 한다.

6장에서는 1인 방송을 위한 팟캐스트의 구성과 제작원리에 대해 살펴보도록 한다. 팟캐스트 제작에 요구되는 프로그램을 사용하여 팟캐스트 방송물을 제작하도록 한다. 또한, 팟캐스트 앱들을 소개하며 이러한 앱에 제작한 팟캐스트 에피소드를 올리는 방법 등 팟캐스트 제작을 위한 전반적인 사항에 대해 살펴본다. 그리고 직접 팟캐스트를 제작하여 등록하는 절차를 진행하여 봄으로써 1인 방송을 위한 이해를 돕도록 한다.

이 책이 출판되도록 교정부터 제작까지 도움을 주신 GS 인터비전 출판사에 감사드리며, 언제나 같은 자리에서 지원과 격려를 아끼지 않는 사랑하는 아내에게 감사한다.

2014년 12월

저자

차 례 

CHAPTER 1

동영상 제작 관련 프로그램

무비메이커는 MS 윈도우에서 제공되는 무료 프로그램으로, 사용법이 아주 간단하고 쉬워서 동영상을 제작하려는 사람이면 누구나 쉽게 접근 가능한 프로그램이며 그 기능이 강력하다. 무비메이커는 MS 윈도우 시스템에 따라 윈도우 XP용과 윈도우 7용이 있다. 윈도우 7용 무비메이커를 기초로 하여 동영상을 제작하는 방법들을 알아보도록 하겠다.
본 장에서는 무비메이커를 사용하여 동영상을 제작하기 위한 기본 사용법과 동영상 제작의 몇 가지 방법들을 알아본다.

1-1 무비메이커의 설치

무비메이커는 MS(Micro Soft) 윈도우에서 제공되는 프로그램이어서, MS 윈도우 OS를 사용하는 PC에 설치되어 있다. 즉, [시작]→[모든프로그램]→[보조프로그램]→[무비메이커]를 찾아서 마우스 오른쪽 버튼을 클릭하여 [보내기]→[바탕화면에 바로 가기 만들기]로 아이콘을 설치하여 사용한다.

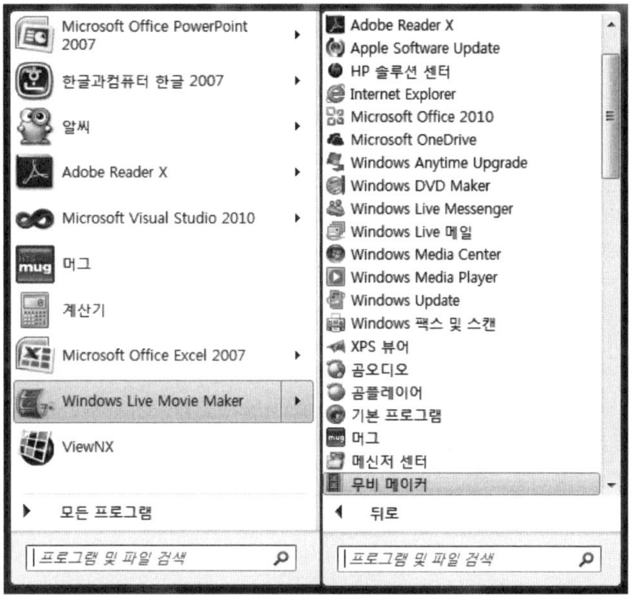

만약 PC에 설치되어 있지 않다면 아래의 경로에서 다운받아 설치 가능하다. 이때 윈도우 XP는 2014년부로 서비스를 종료하므로 윈도우 7 이상 버전의 사용을 권장한다. 또한 윈도우 XP를 사용하는 PC에서는 윈도우 7용 무비메이커는 설치가 불가하다

윈도우 7 용

윈도우xp 용

윈도우 vista 용

- www.microsoft.com 다운로드 movie maker 또는 naver 자료실에서 윈도우 무비메이커 다운로드

1-2 무비메이커 기능

무비메이커를 사용하여 할 수 있는 작업은 크게 아래와 같이 두 가지로 나눌 수 있다.

- 동영상 제작 : 흔히 동영상이라면 말 그대로 움직이는 영상을 말한다. 스마트폰이나 기타 영상 촬영장치를 사용하여 촬영한 동영상을 제작자의 의도에 맞게 편집하는 과정을 통해 콘텐츠(contents)가 창작된다. 무비메이커는 제작자가 촬영한 영상을 콘텐츠로 만들기 위해 편집 가능한 툴(tool)이다. 이때 영상에 음원 파일이나 내레이션을 추가하여 영상이 전달하고자 하는 효과를 높일 수 있으며 영상뿐만 아니라 음원 파일도 편집이 가능하다. 음원 파일을 편집함으로써 영상에 요구되는 음원을 적절한 시점에 추가하는 작업은 콘텐츠의 질을 높이는 데 필수 요소이다. 또한 영상을 설명하는 자막이나 제작자에 대한 정보 등을 텍스트로 삽입 가능하다.
- 이미지 영상 제작 : 동영상뿐만 아니라 이미지 데이터(사진 데이터)를 활용한 이미지 영상도 제작 가능하다. 동영상 제작과 동일하게 영상에 음원 파일이나 내레이션을 추가할 수 있으며, 영상 설명 자막이나 제작자 정보 등의 내용을 삽입할 수 있다.

1-3 무비메이커 실행

실행 및 작업순서

- 바탕화면에 무비메이커 아이콘을 더블 클릭하여 무비메이커를 실행한다.
- 작업 순서

단계 1. 새 프로젝트 클릭 → 프로젝트이름 지정(프로젝트이름.wlmp)

- 프로젝트 : 현재 작업하고 있는 모든 과정을 말한다. 즉 사용자가 만든 모든 적용 효과 클립의 순서 등에 대한 정보를 저장하고 있는 파일. 프로젝트파일을 저장하면 현재 작업이 손실되지 않게 유지할 수 있으며 향후에 다시 수정할 수 있다.

단계 2. UCC로 만들 이미지, 동영상, 음악을 가져온다.

단계 3. 동영상편집

단계 4. 동영상저장(동영상이름.mp4)

- 동영상 용량 : 고해상도 디스플레이용, 각 모바일 기종, 컴퓨터용(고해상도대비 4배 정도 낮은 용량을 가짐)

단계 5. 프로젝트저장 : 제작한 콘텐츠를 향후에 수정할 것을 고려하여 프로젝터 파일로 저장

- XP용 무비메이커 화면구성 : 화면 상단에 빠른 실행도구 및 메뉴표시줄과 화면 좌측에 작업창, 가운데 클립모음창, 우측에 미리보기창이 하단에는 스토리보드로 구성된다.

1-4 윈도우 XP용 무비메이커 화면 구성

- 제목표시줄 : 프로젝트 파일의 이름을 표시
- 메뉴표시줄 : 무비메이커에서 제공하는 기능들을 표시. 또한 메뉴표시줄 아래에 빠른 메뉴를 설정하여 나타내었다.
- 작업창 : 동영상을 편집하기 위한 동영상 원본파일, 음악파일 등을 불러올 수 있는 창이다.
- 클립모음창 : 클립이란 것은 영상 편집을 하기 위한 이미지 조각이나 동영상 조각들을 말한다. 작업할 이미지나 동영상들을 불러오면 클립모음창에 나열된다.
- 미리보기창 : 클립모음창의 데이터를 편집작업을 통해 동영상을 play 하여 확인할 수 있는 창이다.

- 스토리보드 ; 클립모음창에 불러온 이미지 조각들이나 영상조각들을 스토리보드에 시간의 순서대로 나열하여 스토리를 제작하기 위한 기본 틀이다.
스토리보드 상단에 시간 축이 있어서 이미지와 음악 파일들을 불러와서 시간의 흐름 순으로 편집이 용이하다.

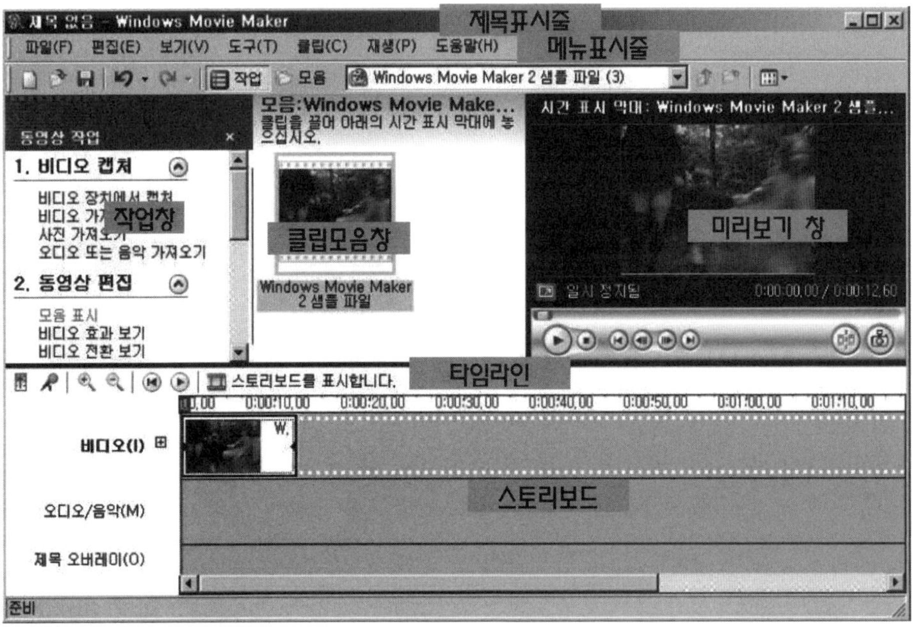

1-5 윈도우 7용 무비메이커 화면 구성

윈도우 7용 무비메이커 화면구성 : 윈도우 XP용 화면 구성보다 시각적으로 단순화되었으며, 일부 기능 또한 단순화되었다. 그렇다고 기능이 없어진 것은 아니고 필요한 기능들은 재배치 세분화 하였다. 화면 상단에 빠른 실행 도구 및 메뉴 표시줄과 화면 좌측에 미리보기창, 우측에 클립모음창을 구성하였으며 클립모음창에서 편집되는 내용을 바로 확인할 수 있도록 하였다.

- 빠른 실행도구 및 제목표시줄 : 빠른 메뉴와 프로젝트 파일의 이름을 표시하였다.
- 메뉴표시줄 : 무비메이커에서 제공하는 기능들을 표시하였으며 주 메뉴와 관련된 하위 메뉴를 그룹화하여 나타내었다
- 클립모음창 : 클립이란 것은 영상편집을 하기 위한 이미지 조각이나 동영상 조각들을 말한다. 작업할 이미지나 동영상들을 불러오면 클립모음 창에 나열된다.
- 미리보기창 : 편집 작업한 동영상을 재생시켜 확인할 수 있는 창이다.

1-6 기타 동영상 편집기

베가스 프로(Vegas Pro) : 셰어웨어 프로그램

Vegas Pro 12

버전정보 v12.0 Build 770 | 2013.11.26 | 영어 | 셰어웨어

카테고리 동영상 편집 | 운영체제 Windows +

인기도 총 148,672회 클릭(최근 7일 1,884회)

상세보기

1초에 동일한 크기의 24장의 그림을 연속으로 보여 주면 사람의 눈은 움직이는 것처럼 인식한다. 즉 영화 필름이 1초당 24장의 그림을 연속적으로 보여주는데, 이때 한 장의 정지된 영상 하나를 프레임이라고 한다.

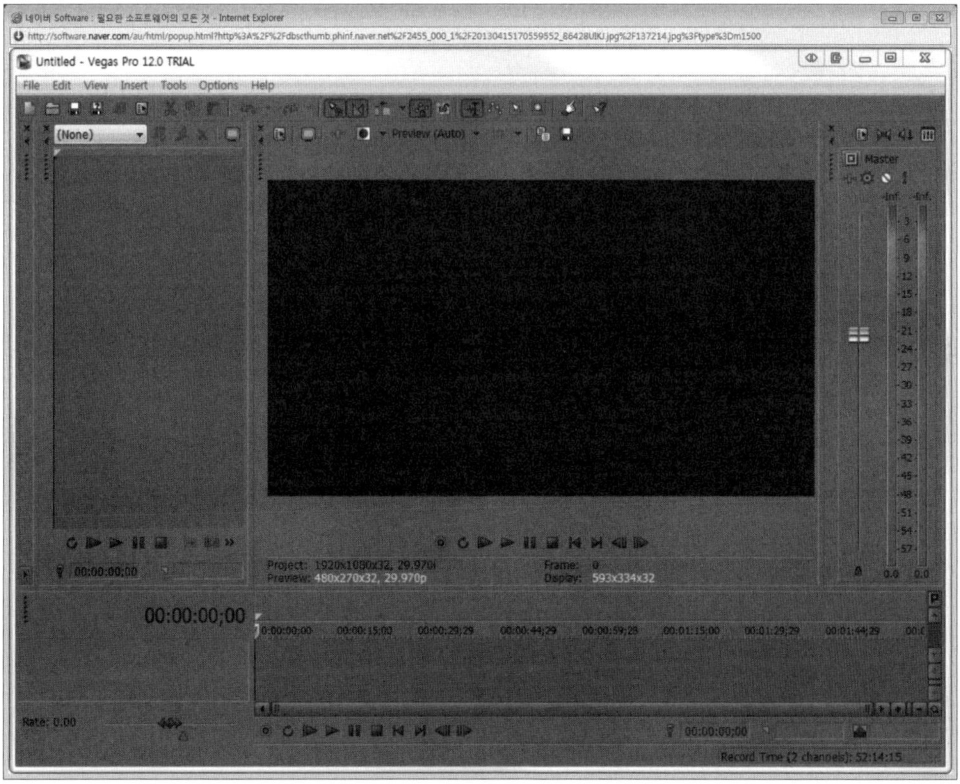

1-7 사진 편집 프로그램

동영상 작업에서 부가적으로 필요한 작업이 사진 편집 작업이다. 사진의 밝기가 너무 어두우면 밝게 조정할 필요가 있고 색상 등을 조정하여 만들려는 동영상의 효과를 증대시킬 수 있다. 밝기, 색상뿐만 아니라 사진에 특별한 이모티콘이나 여러 가지 편집 작업이 필요할 때 사진 편집기를 사용하여 편집한다. 사진 편집기로 다양한 종류들이 존재한다.

어도비 포토샵(PhotoShop) :

- 어도비 포토샵 또는 포토샵이라고 불리는 사진 편집 프로그램은 일반적으로 널리 알려진 사진 편집 전문 프로그램이다. 그러나 일반인이 포토샵을 사용하기에는 사용법이 복잡하고 전문적이라서 포토샵 사용법만 다루어도 그 양이 많다. 또한 포토샵은 유표 프로그램이다. 전문가적인 사진 편집이 필요하지 않는 이상 포토샵 프로그램을 유료로 구입하여 사용할 필요는 없다. 포토샵은 www.adobe.com에 방문하여 구매할 수 있다. 네이버에서 포토샵 검색하면 다음과 같은 이미지로 나타나며 어도비 포토샵 데모 버전을 다운받아서 사용해 볼 수 있다.

Adobe Photoshop CC

버전정보 v14.0 | 2013.08.07 | 한글/영어 | 데모웨어

카테고리 이미지 편집 | 운영체제 Windows

인기도 총 610,997회 클릭(최근 7일 7,885회)

상세보기

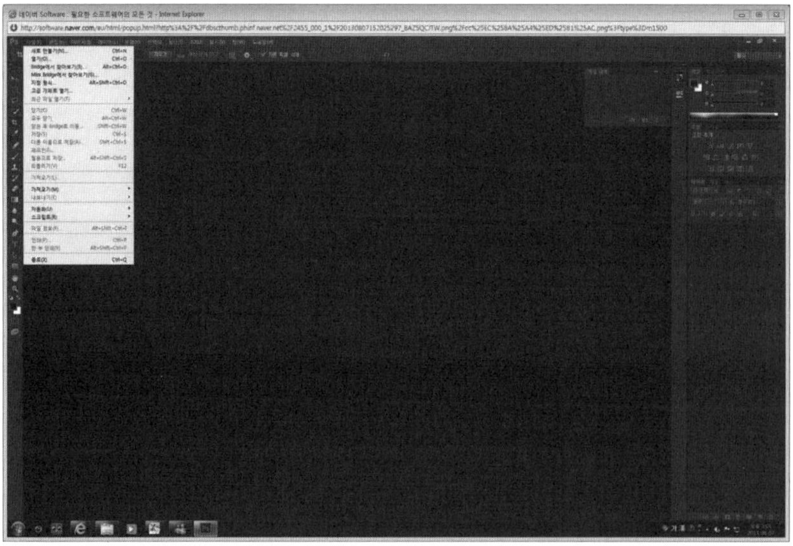

포토스케이프(PhotoScape) :

- 무료로 제공되는 사진 편집 툴들 중 포토스케이프는 다양한 기능을 제공한다. 사용법이 간단하여 일반인이 사용하기에 적당하고 동영상 제작을 위한 목적을 충분히 달성할 수 있다. 포토스케이프는 네이버 자료실에서 무료로 다운받을 수 있다.

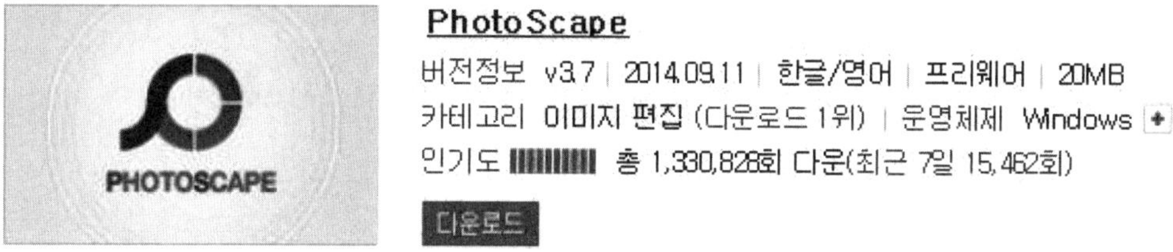

- 포토스케이프를 다운받아 설치하고 실행하면 초기 화면은 다음과 같이 나타난다. 홈 화면에서 보다시피 사진 편집 관련 여러 가지 기능들을 제공한다. 상세한 사용법은 뒷장의 동영상 작업에서 사진 편집 작업이 필요할 때마다 부분적으로 소개하도록 하겠다.

포토웍스(PhotoWORKS) :

- 앞에서 살펴본 포토스케이프 이외에 사진 편집 프로그램으로 포토웍스도 소개한다. 포토웍스는 디지털카메라로 찍은 사진을 보정하고 리사이즈 할 수 있는 기능을 가지고 있다. 이 프로그램 또한 사용법이 간단하여 일반인이 사용하기에 적당하여 동영상 제작 시 부가적으로 사진 편집을 위한 목적을 충분히 달성할 수 있다. 포토스케이프는 네이버 자료실에서 무료로 다운받을 수 있다.

포토웍스(photoWORKS)
버전정보 v1.75 | 2014.06.22 | 한글 | 프리웨어 | 9MB
카테고리 이미지 편집 (다운로드 2위) | 운영체제 Windows
인기도 총 326,574회 다운(최근 7일 2,626회)
다운로드

- 포토웍스를 설치하고 실행하면 초기 화면은 다음과 같이 나타난다. 홈 화면 하단부에 사진 편집에 필요한 메뉴들이 배치되어 있다.

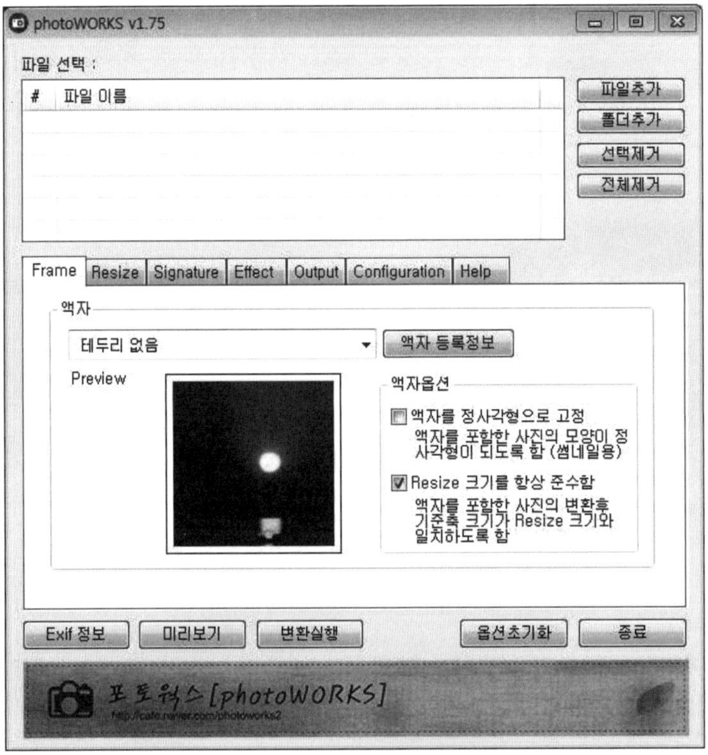

Paint tool SAI : 셰어웨어 프로그램

- Paint tool SAI는 드로잉툴로서 강력한 기능을 제공한다. 동영상에 드로잉 화면을 삽입하여 재미있는 영상을 만들고자 할 때 사용할 수 있다. 드로잉툴은 사용법이 다소 복잡하여 일반인에게는 다소 생소하게 느껴질 수 있다. 하지만 단순한 그림을 동영상에 삽입하고자 할때 간단한 기능만 사용하여 드로잉하는 데 어려움을 느끼지 않을 것이다. 아래 Paint tool SAI의 홈 화면을 나타내었다.

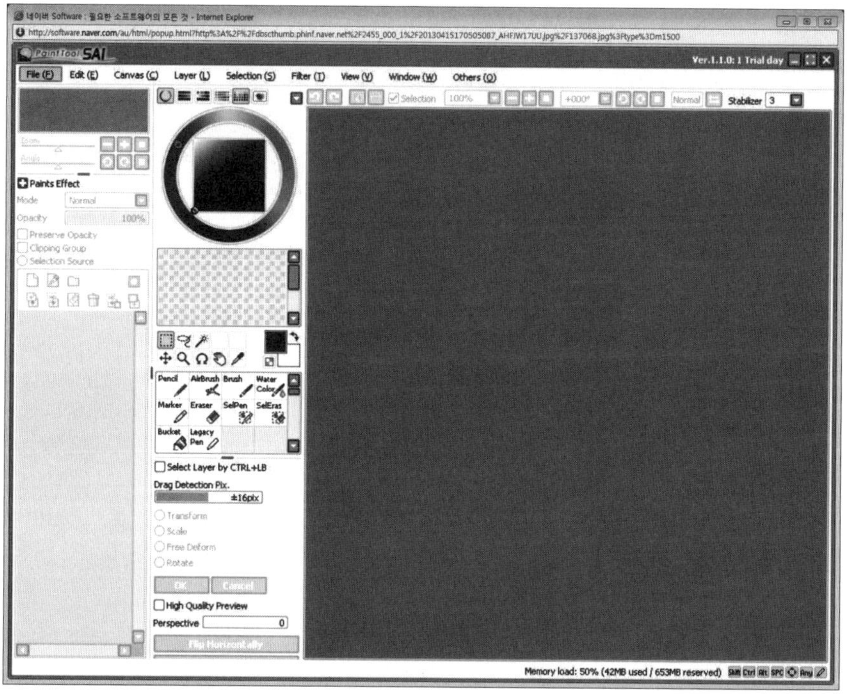

1-8 화면 캡쳐 프로그램

윈도우 제공 프로그램

- MS 윈도우에서 제공하는 화면 캡처 프로그램은 [시작]→[모든프로그램]→ [보조프로그램]→캡처 프로그램이다. 기본적인 화면 캡처 기능을 제공하는데 자유형 캡처/사각형 캡처/창 캡처/전체 화면 캡처의 기능을 제공한다, 특정 프로그램의 도구선택화면(부메뉴)를 캡처하려면 캡처도구에서 제공하는 기능으로는 불가능하며 특정 조작을 하면 가능하다. 먼저 캡처도구를 실행한 상태에서 캡처도구의 취소 버튼을 클릭한 후 키보드의 Ctrl+PrintScreen Key를 조작한다. 그러면 현재의 화면 상태를 캡처할 수 있는데 이때 Ctrl+PrintScreen Key를 조작하기 직전에 캡처하려는 부메뉴를 띄워 놓았으면 부메뉴를 캡처할 수 있다.

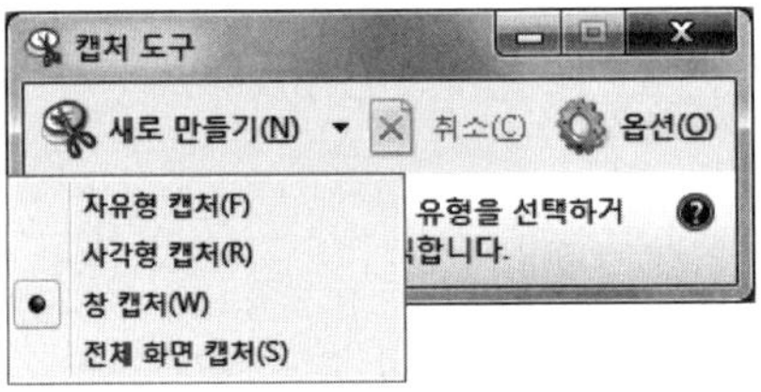

오픈 캡쳐 프로그램

- MS 윈도우에서 제공하는 화면 캡처 프로그램의 기능 이외에 화면 녹화 기능을 제공하는 것이 특징이다. 화면 녹화시 특정 윈도우에 한정하여 녹화하든지 모니터 화면 전체를 녹화할 수 있다. 또한 화면 캡처 또한 다양한 기능을 제공하며 캡처한 이미지에 대해 간단한 그림 작업을 추가할 수 있는 기능을 제공해 준다. 오픈캡처 프로그램은 개인에게는 무료로 배포되며 기업이나 공공기관에는 유료로 제공된다.

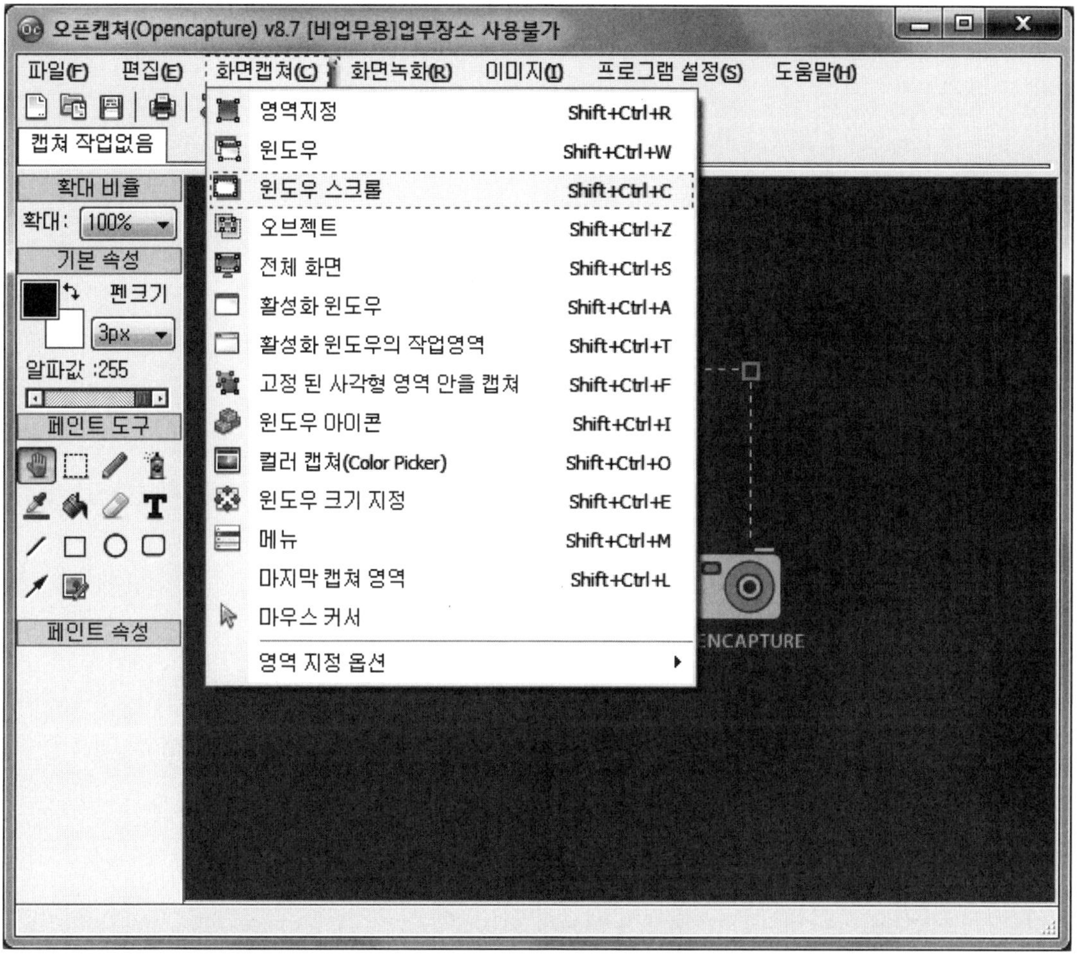
오픈캡쳐(Opencapture) v8.7 [비업무용]업무장소 사용불가
파일(F) 편집(E) 화면캡쳐(C) 화면녹화(R) 이미지(I) 프로그램 설정(S) 도움말(H)
캡쳐 작업없음
확대 비율
확대: 100%
기본 속성
펜크기
3px
알파값 :255
페인트 도구
페인트 속성
영역지정 Shift+Ctrl+R
윈도우 Shift+Ctrl+W
윈도우 스크롤 Shift+Ctrl+C
오브젝트 Shift+Ctrl+Z
전체 화면 Shift+Ctrl+S
활성화 윈도우 Shift+Ctrl+A
활성화 윈도우의 작업영역 Shift+Ctrl+T
고정 된 사각형 영역 안을 캡쳐 Shift+Ctrl+F
윈도우 아이콘 Shift+Ctrl+I
컬러 캡쳐(Color Picker) Shift+Ctrl+O
윈도우 크기 지정 Shift+Ctrl+E
메뉴 Shift+Ctrl+M
마지막 캡쳐 영역 Shift+Ctrl+L
마우스 커서
영역 지정 옵션

CHAPTER 2

사진으로 슬라이드 동영상 제작

2-1 사진 불러오기

사진으로 슬라이드 동영상을 만들기 위해 먼저 필요한 사진을 윈도우 무비메이커상의 클립모음창에 불러와야 한다. 본 절에서는 이러한 과정에 대해 살펴본다.

클립모음창에서 동영상 작업을 위한 이미지 데이터 불러오기 :

[홈] → [비디오 및 사진추가] 클릭 → 사진이 있는 폴더를 찾기 위한 창이 열린 후 → 사진이 있는 경로를 열어서 사진을 선택 후 열기 클릭.

사진 파일 선택방법:

- 임의의 다수 사진 선택 : 임의의 다수 사진을 선택시 키보드의 'Ctrl'key를 누른 채 마우스로 사진을 클릭하면 클릭한 사진만 선택된다.
- 다수사진 연속선택 : 사진 파일 중 첫 번째 사진을 클릭후'Shift' key를 누른 상태에서 마우스로 마지막 사진을 클릭하면 첫 번째부터 마지막 사진까지 모두 선택된다.
- 모든 사진 선택 : 폴더 내의 모든 사진 파일을 선택 시 'Ctrl' key와 'A' key를 동시에 누른다.
- 클립의 삭제 : 불러오기 한 클립을 삭제하려면 삭제할 클립을 선택한 후 'del'key를 눌러서 삭제한다.

- 실행취소(UnDo) : Ctrl + Z key를 누르면 현재 실행된 상태가 취소되고 이전의 실행단계로 돌아간다. Ctrl + Z key를 연속으로 누르면 계속해서 이전 단계로 돌아간다.
- 다시실행(ReDo) : Ctrl + Y key를 누르면 취소했던 것을 번복할 수 있다. 즉 현재의 상태를 취소해서 이전 상태로 갔다가 다시 원래의 상태인 현재로 돌아올 수 있다.

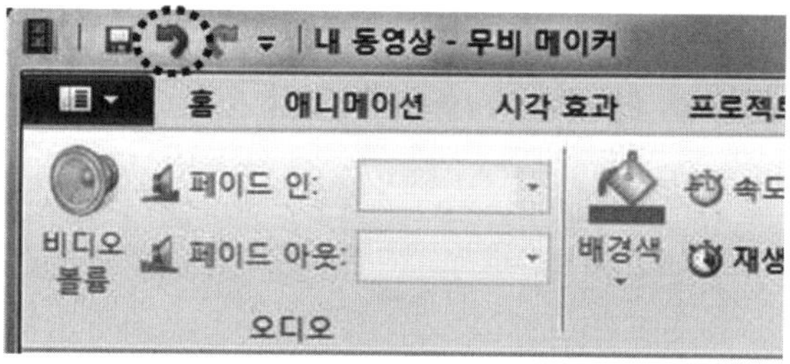

2-2 스마트폰에 있는 사진 불러오기

PC의 외부장치에서 사진 데이터를 받아오는 방법은 여러 가지가 있으며 기계장치나 데이터를 저장하는 방식 등에 따라서 조금씩 차이가 있지만, USB를 통해서 데이터를 받아오는 기본 방식은 공통적이다. 스마트폰에서 사진을 받아오는 방법과 디지털카메라에서 받아오는 방법을 살펴보겠다.

스마트폰에서 사진 받아오기

스마트폰에 저장된 사진을 PC로 불러오기 위해 PC의 USB 단자에 USB 케이블을 연결 후 스마트폰의 USB 연결단자와 연결한다.

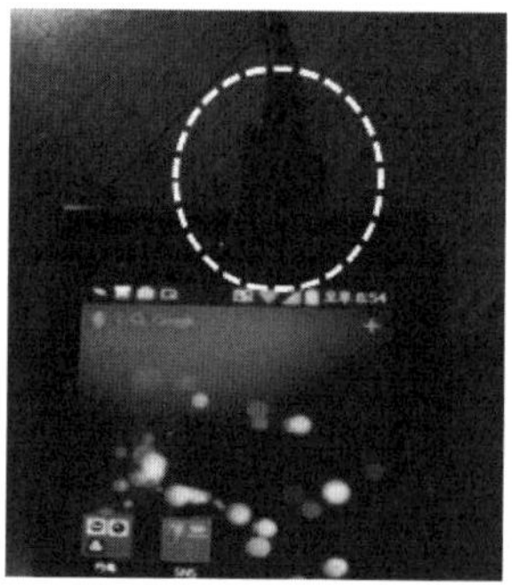

- 탐색기 창을 열면 C:나 D: 드라이브 이외에 이동식 디스크 또는 스마트폰의 기기명이 나타난다. 이를 클릭하면 통상적으로 DCIM이라는 이름의 폴더가 보일 것이고 여기에 스마트폰에서 촬영했거나 인터넷에서 다운받은 사진 파일이 존재한다.
- 이동식 디스크를 클릭하여 사진 데이타가 저장된 폴더를 열어서 필요한 사진을 PC의 윈도우 무비메이커 작업 폴더로 복사한다.

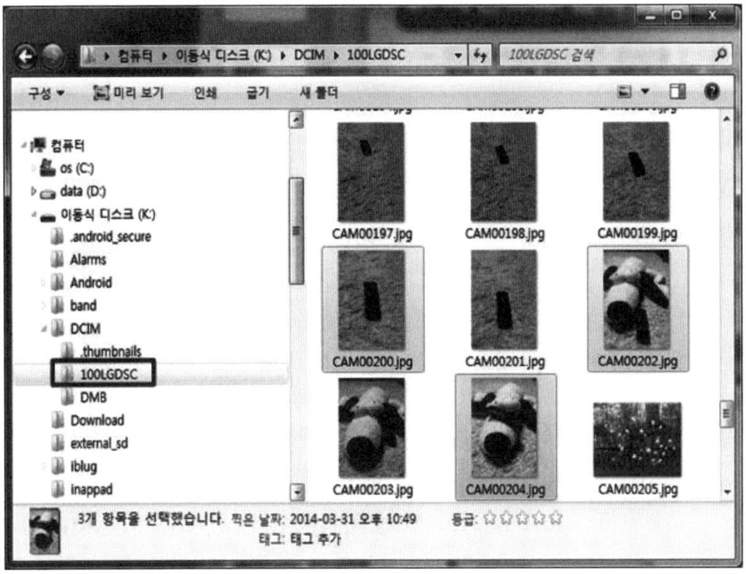

USB 케이블이 없는 경우, 스마트폰의 사진을 메일로 보내어 PC에서 메일에 접속해서 받을 수도 있다.

2-3 디지털카메라에서 사진 받아오기

디지털 카메라의 사진을 PC로 받아 오려면 디지털카메라의 메모리 카드를 PC의 멀티 리더기(메모리 카드 슬롯)에 연결한다. 디지털카메라에서 사용하는 메모리카드는 일반적으로 SD(secure Digital) 카드나 CF(Compact Flash Card) 카드로서 플래시 메모리를 사용한다. SD카드나 CF카드의 데이터를 읽어오기 위해 각각 다른 형태의 카드 리더기가 필요하며 이러한 것들을 모두 연결할 수 있는 멀티 리더기가 있다.

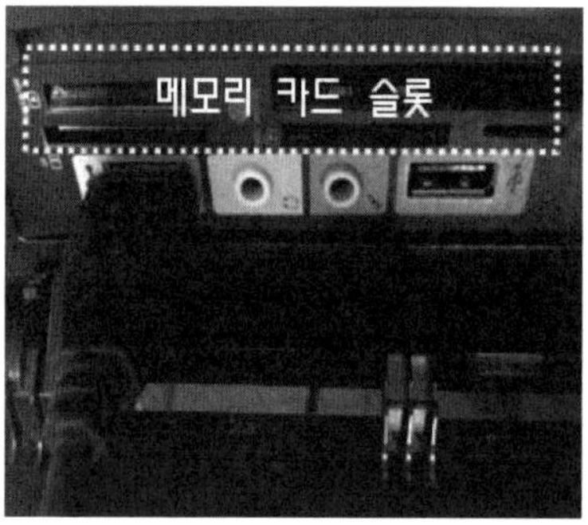

PC에 메모리 카드 슬롯이 없으면 별도의 SD카드나 CF카드 리더기 또는 멀티 리더기를 PC의 USB 단자에 연결한 후 메모리 카드를 리더기 단자에 연결하여 사용한다. 또는 USB케이블을 직접 카메라에 연결하여 필요한 사진을 PC로 복사한다.

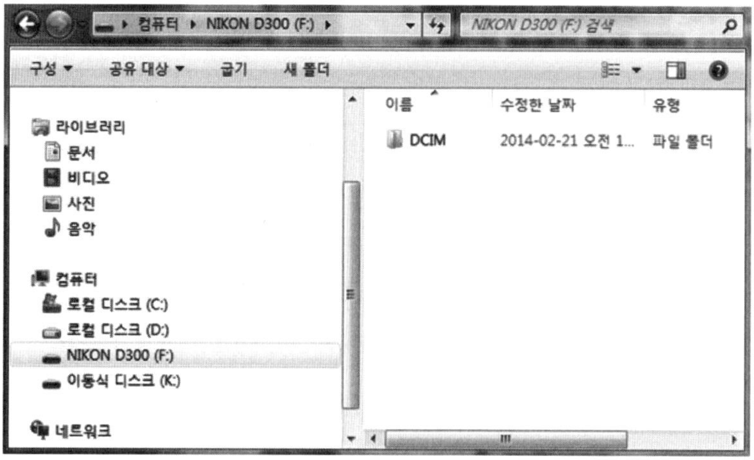

➔ 메모리 카드가 USB 단자에 연결되었으면 PC의 탐색기 창에 디지털카메라 기종이 나타나며 이를 클릭하여 사진 데이터가 저장된 폴더를 열어서 필요한 사진을 PC로 가져온다.

- 요즘 디지털 카메라에는 wi-fi(와이파이)로 접속하는 기능이 있어서 이를 통해 PC에 사진을 전송할 수도 있다.

2-4 사진 편집

외부 기기로부터 전송받은 사진을 프로젝트 파일 작업 폴더에 전송 후 무비메이커 상에 불러오면 클립모음창에 사진 데이터가 나열된다. 지금부터 이 사진 데이터를 편집하는 일련의 과정에 대해 알아보겠다.

- 사진을 클립모음창에 불러오기 전의 [홈] 메뉴에서 볼 수 있듯이 사진을 추가하기 전이라 대부분의 메뉴들이 비활성 상태이며, 사진 불러오기, 사진 편집 관련된 일부의 메뉴들은 활성 상태이다. 즉 사진을 불러오기 전이므로 사진 편집 기능들이 의미 없어서 비활성화 상태로 유지되며, 앞으로도 편집 작업이나 여러 작업을 할 때 관련 메뉴들만 활성 상태로 변하는 것을 확인할 수 있을 것이다.

- 사진을 클립모음창에 불러온 후 [홈]의 모든 메뉴들이 활성 상태로 변했다. 즉 사진 편집작업에 필요한 메뉴들을 사용할 수 있음을 의미한다. 또한 사진을 불러온 후 메뉴의 오른쪽 끝에 [비디오 도구]라는 새로운 메뉴가 생성된 것을 확인할 수 있다.

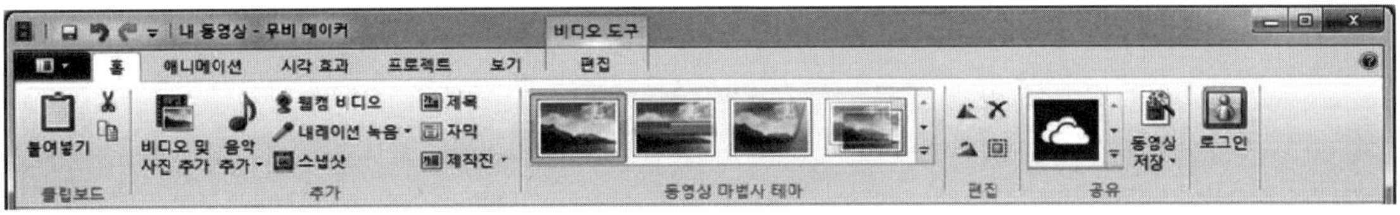

- [비디오 도구]→[편집]을 클릭하면 비디오 편집 관련 작업 시 필요한 메뉴들이 나타난다. 현재는 사진만 불러온 직후라 사진 재생시간을 제어할 수 있는 메뉴를 제외한 다른 비디오 편집 관련 메뉴는 활성화되어 있지 않다. 향후에 [비디오 도구] 편집 시 다루기로 한다.

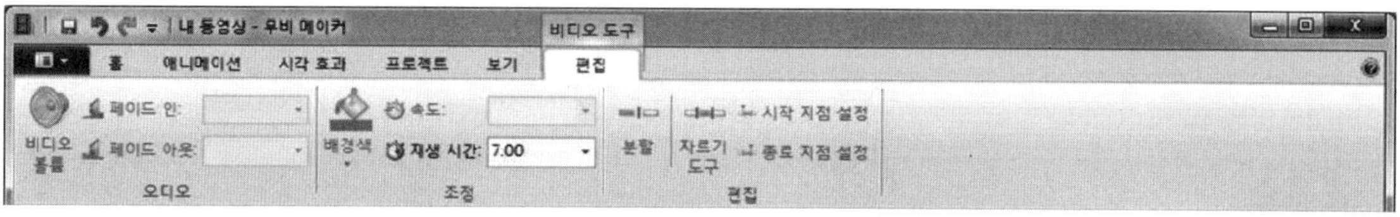

2-5 사진 재생시간과 프레임 수

여러 장의 사진을 클립모음창에 불러온 후 클립모음창에서 사진의 재생 순서를 정해서 정렬한다. 사진의 순서를 정렬하기 위해 마우스로 사진을 클릭 후 드래그하여 순서를 바꾼다. 가장 왼쪽이 첫번째 재생될 사진이고 가장 오른쪽이 마지막에 재생될 사진이다.

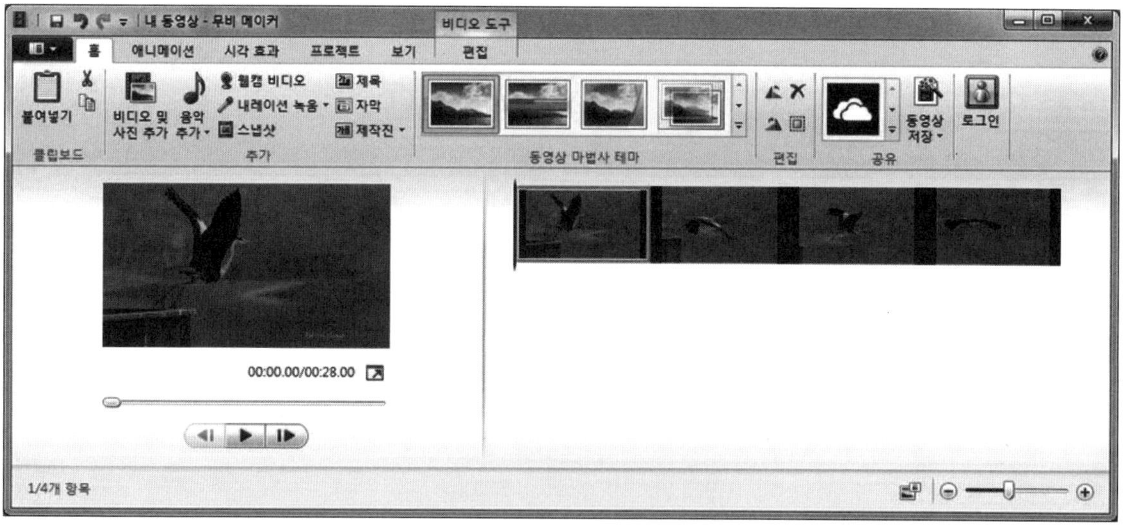

- 사진 편집 시 먼저 알아두어야 할 것이 사진 재생시간이다. 사진 재생시간이 1초이면 1초간 이미지를 동영상으로 보여 주기 위해 24프레임의 사진이 필요하다. 즉 24장의 동일한 이미지를 복사하여 화면에 뿌려주는 것이다. 이때 고려해야 할 점이 동영상의 크기이다. 24장의 사진을 복사했으므로 동영상의 전체 용량이 증가할 것이다. 얼마나 증가할까? 이것은 동영상 저장 시 동영상 크기를 좌우하는 가로세로 화소 크기에 따라 동영상 용량이 달라진다. 일단 사진을 동영상으로 저장하면 원본 사진의 크기보다 일반적으로 용량이 감소한다. 왜냐하면 동영상 화소가 원본 사진의 화소보다 작게 설정되기 때문이며 결론적으로 원본 사진보다 화질이 낮은 동영상이 만들어진다.

  즉 800만 화소의 디지털 카메라에서 촬영한 사진은 약 3MB 정도의 크기를 가지지만 이를 동영상으로 제작시 일반적으로 수백KB 수준으로 용량축소가 발생한다. 우측의 챠트는 한 장의 사진에 대해 동영상으로 제작시 재생시간에 따라 용량의 변화를 나타내었다. 두 가지 해상도에 따른 용량의 차이를 확인할 수 있는데 컴퓨터용 동영상보다 고해상도용 동영상의 크기가 2~3배 정도 증가하는 것을 확인할 수 있다. 또한 재생시간에 비례하여 동영상의 크기가 증가하는 것을 확인할 수 있다.

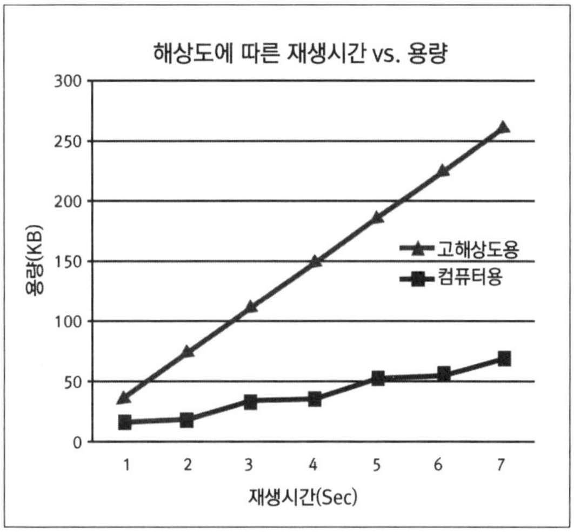

- 클립이미지 재생시간 조정 : 이미지 위에 마우스를 올리면 각 이미지에 대한 정보창이 열려서 재생시간을 확인할 수 있다. 정보창에는 사진 파일의 이름, 재생시간, 이미지 전환 효과 및 이동효과 적용 여부에 대한 정보가 나타난다. 처음 사진을 클립모음창에 가져오면 초기 재생시간이 7초로 설정되어 있다. 각 이미지에 대한 재생시간을 변경하려면 Ctrl Key를 누른 상태에서 마우스 오른쪽 버튼으로 대상 이미지를 선택한 후 [비디오도구]→[편집]→ "재생시간"에서 시간 설정을 한다. 숫자를 직접 입력해도 되고 숫자 입력 난 오른쪽에 작은 화살표를 마우스로 누르면 하위창이 열려 숫자를 선택할 수 있다. 숫자의 단위는 초(sec)이다. 클립모음창의 모든 이미지를 동시에 선택하려면 Ctrl Key와 A를 동시에 누른다.

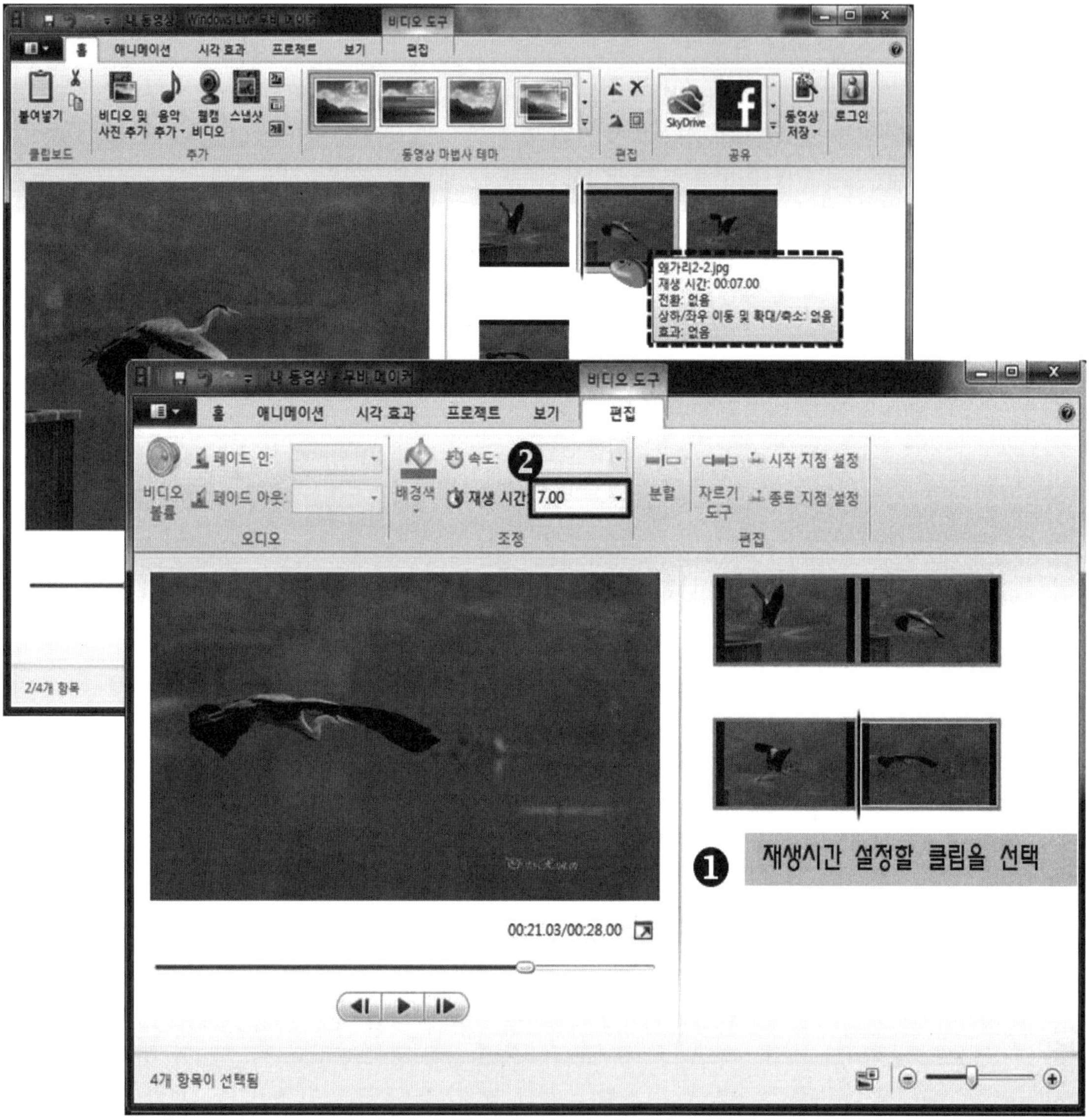
왜가리2-2.jpg
재생 시간: 00:07.00
전환: 없음
상하/좌우 이동 및 확대/축소: 없음
효과: 없음
❷
재생 시간: 7.00
❶
재생시간 설정할 클립을 선택
00:21.03/00:28.00
4개 항목이 선택됨

- 사진 재생시간과 프레임 수 : 1초 동안의 움직이는 영상으로 나타내기 위해 24장의 사진이 필요하다고 앞에서 설명하였다. 따라서 1장의 사진을 1초간 동영상으로 재생 시 24장의 사진을 복사한 것과 같은 결과이다. 따라서 사진 재생시간을 1초로 설정하였으면 1초간 24장의 똑같은 사진을 연속적으로 보여준다.

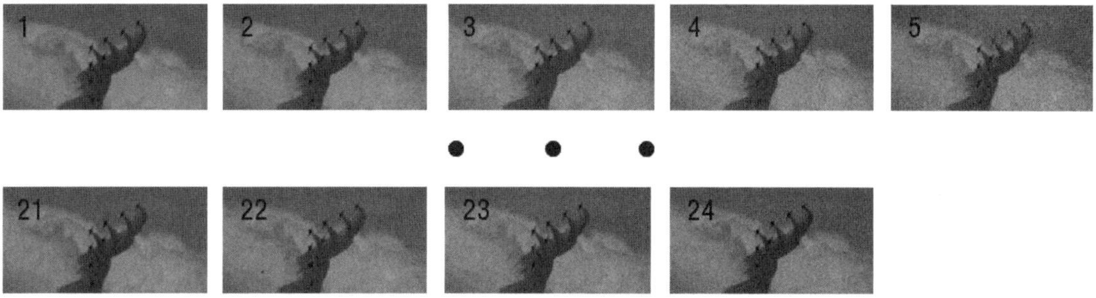

- 동영상 재생시간과 프레임 수 : 1초의 동영상은 1초 안에 24장의 연속적으로 움직이는 사진을 보여준다. 따라서 사진을 1초간 재생하는 것과 동영상 1초는 동일한 사진 프레임 수를 가진다. 아래 사진은 비행 동영상으로 동영상 1초 동안 24장으로 구성된 사진을 보여주고 있다.

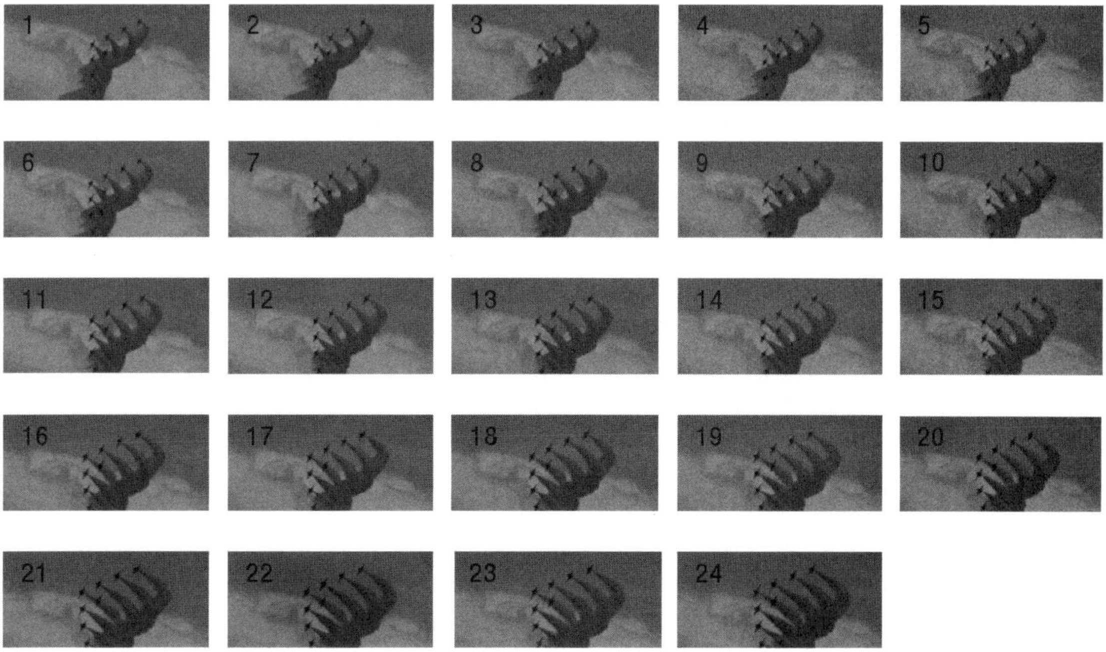

2-6 느린 동영상화면 만들기

느린 화면 동영상 만들기 : 재생시간 조정으로 동영상의 느린 화면을 만들 수 있다. 먼저 연속 동작을 촬영한 사진을 클립모음창에 불러온다. 움직이는 동작을 시간을 잘게 쪼개어 사진으로 촬영한다고 생각해보면 여러 장의 비슷한 사진이 있을 것이다. 이 사진을 재생시간을 조정하여 재생시키면 재생속도에 따라 느린 화면도 만들 수 있고 빠른 화면도 만들 수 있다. 예를 들어 0.01초 간격으로 찍은 사진이 있고 이를 0.1초 간격으로 재생한다면 0.01초 간격의 사진보다 10배 느리게 재생될 것이므로 10배 느린 화면을 만들 수 있다. 더 느린 화면을 만들려면 재생시간을 더욱 길게 설정하면 될 것이다. 그러나 너무 느리게 설정되면 이미지가 바뀔 때의 시간 간격이 너무 커서 마치 정지화면처럼 보일 것이다. 이때 좀 더 자연스러운 화면을 만들려면 시간 간격을 더 작게 설정하여 촬영한 이미지가 필요할 것이다.

2-7 빠른 동영상화면 만들기

빠른 화면 동영상 만들기 : 동영상 간격을 넓게 설정하여 추출한 후 재생시간을 추출한 간격보다 작거나 같게 설정하면 빠른 화면을 만들 수 있다. 0.01초 간격으로 추출 시와 0.5초 간격으로 추출 시 차이를 확인해보면 느린 화면과 빠른 화면의 차이를 알 수 있을 것이다.

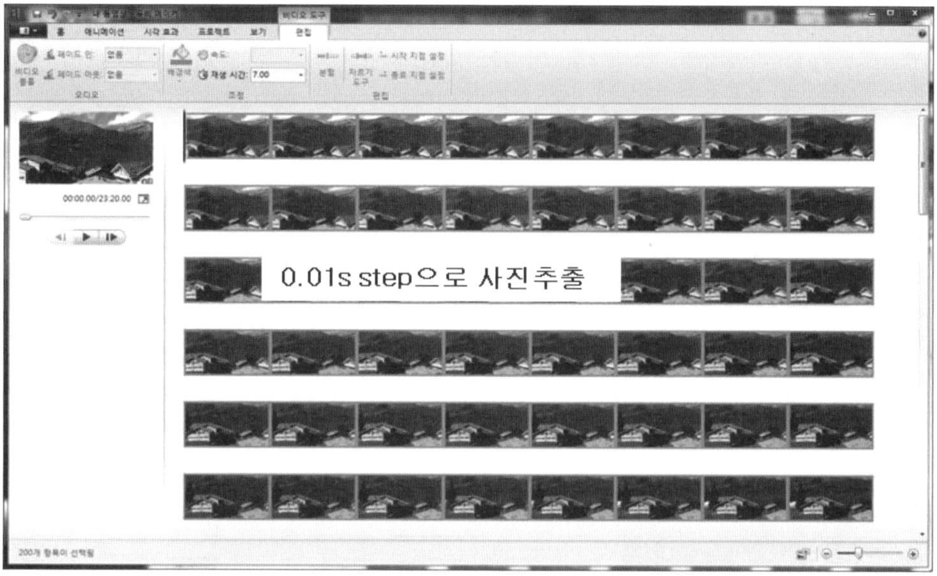

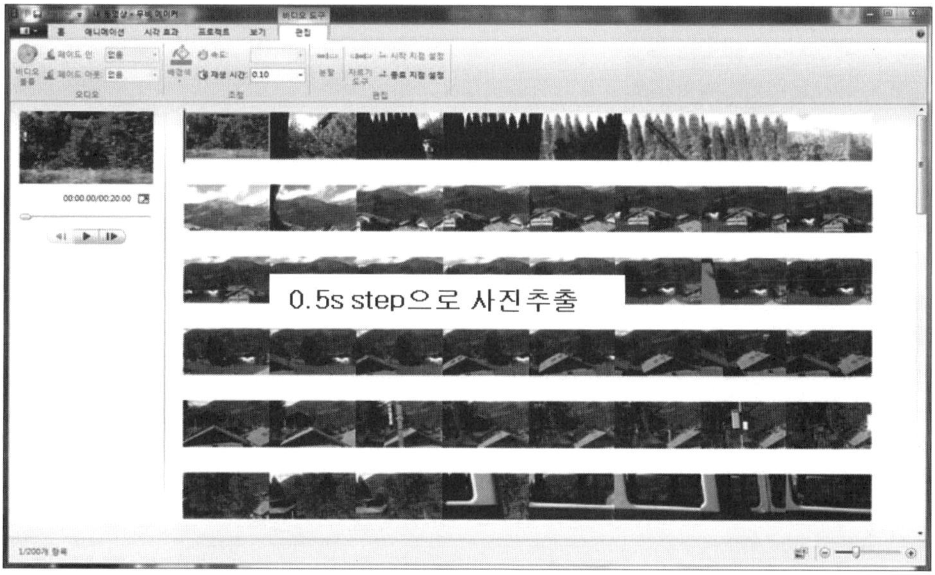

2-8 Tip-동영상으로 부터 사진 받기

- 동영상으로부터 사진 받기 : 동영상으로부터 사진을 받아오기 위한 기능을 제공하는 프로그램을 이용하여 사진 받는 방법을 알아보자. 동영상을 잘게 잘라서 사진으로 추출해주는 무료 프로그램이 제공되고 있는데 곰플레이어를 예로 들 수 있다. 이를 이용하여 동영상으로부터 사진을 연속적으로 추출하는 방법을 알아본다.

- 곰플레이어 설치 : 곰플레이어는 네이버 자료실에서 검색하면 무료 다운로드 받을 수 있다. 모바일용이 아닌 컴퓨터용 곰플레이어를 개인 PC에 다운받고 설치가 완료되었으면 곰플레이어를 실행시켜 동영상을 불러온다.

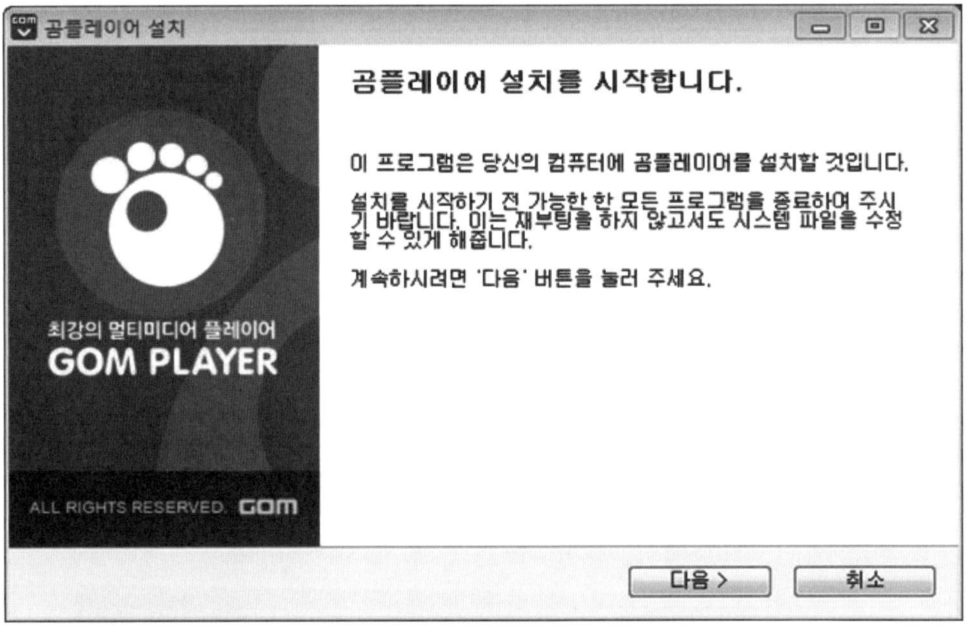

- 사진 추출 : 먼저 스마트폰에서 촬영된 동영상 또는 기타 동영상을 준비한다. 곰플레이어 화면 오른쪽 하단에 [제어창]을 클릭하면 새로운 박스 창이 열리고 여기서 [고급화면 캡처]를 클릭한다. 고급화면 캡처 창이 열리면 화면 중간에 "연속저장 프레임"과 "연속저장간격"을 설정하고, 화면 맨 위쪽에 사진 데이터를 받을 위치를 지정한다.

- 프레임 및 저장 간격 설정 : "연속저장 프레임"은 사진을 추출할 장 수를 설정할 수 있으며, 최대 999장까지 설정할 수 있다. 사진 받을 장 수를 적절히 설정한 후 "연속저장 간격"을 설정한다. 이는 동영상을 얼마의 시간 간격으로 잘라서 받을 것인지를 설정하는 것이다. 0~120초의 간격을 설정할 수 있는데 0.01초를 지정하면 0.01초 간격으로 사진을 추출한다. 사진 간격을 더 촘촘히 추출하고 싶으면 "연속저장간격"을 줄여준다. 설정이 끝났으면 "연속화면저장"을 클릭한 후 동영상을 재생시킨다. 그러면 사진 추출을 지정한 폴더에 사진이 추출된다.

- 사진 추출간격에 따른 차이 : 앞에서 살펴본 사진 추출간격 설정에 따른 차이를 살펴보겠다. 동일한 동영상에 대해 사진 추출간격을 달리 설정해서 어떤 차이가 있는지 알아볼 필요가 있다. 사진 추출간격을 0.01초로 설정하여 추출했을 경우와 0.5초 간격으로 설정해서 추출 후 각각 무비메이커로 불러들여 재생시켜 보면 그 차이를 금방 알 수 있을 것이다. 재생 시 무비메이커에서 재생시간을 가장 작게 설정할 수 있는 값이 0.03초이므로 이미지 한 장당 재생시간을 0.03초로 설정해 보자. 0.01초로 추출한 사진을 0.03초로 재생하면 원래의 동영상보다 약간 느리게 재생될 것이다. 0.5초 간격으로 추출한 사진을 0.03초로 재생시켜보자. 이때는 원래의 동영상보다 빠르게 재생될 것이다. 사진 추출간격에 따라 이런 차이가 발생하는 것이다. 결론적으로 추출하고자 하는 동영상의 움직임이 느릴 경우 사진 추출간격을 크게 설정하여 추출하는 것이 좋고, 동영상의 움직임이 빠른 영상의 경우 추출 간격을 작게 설정하여 추출하는 것이 좋다.

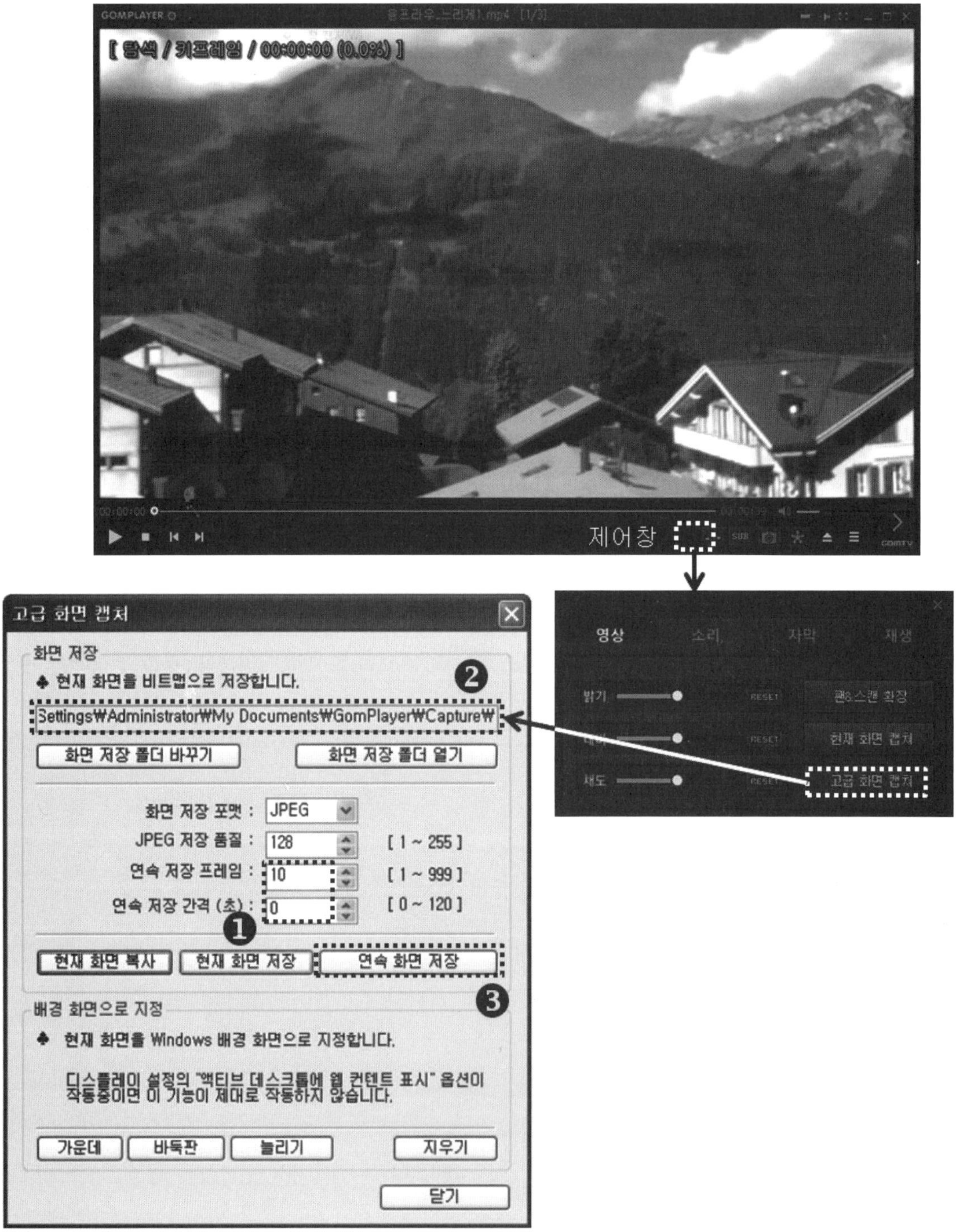
GOMPLAYER
[탐색 / 키프레임 / 00:00:00 (0.0%)]
제어창
영상
소리
자막
재생
밝기
RESET
팬&스캔 확장
현재 화면 캡처
채도
고급 화면 캡처
고급 화면 캡처
화면 저장
♣ 현재 화면을 비트맵으로 저장합니다.
❷
Settings₩Administrator₩My Documents₩GomPlayer₩Capture₩
화면 저장 폴더 바꾸기
화면 저장 폴더 열기
화면 저장 포맷 : JPEG
JPEG 저장 품질 : 128 [1 ~ 255]
연속 저장 프레임 : 10 [1 ~ 999]
연속 저장 간격 (초) : 0 [0 ~ 120]
❶
현재 화면 복사
현재 화면 저장
연속 화면 저장
❸
배경 화면으로 지정
♣ 현재 화면을 Windows 배경 화면으로 지정합니다.
디스플레이 설정의 "액티브 데스크톱에 웹 컨텐트 표시" 옵션이 작동중이면 이 기능이 제대로 작동하지 않습니다.
가운데
바둑판
늘리기
지우기
닫기

2-9 비디오 효과 적용하기

- 이미지가 재생되어 다음 이미지로 넘어갈 때 영상의 시각적 효과를 증대시키기 위해 비디오 효과가 있다. [비디오도구]→[애니메이션] 에 비디오 효과를 적용할 수 있는 메뉴가 존재하는데, 전환효과와 이동 및 축소효과가 있다.

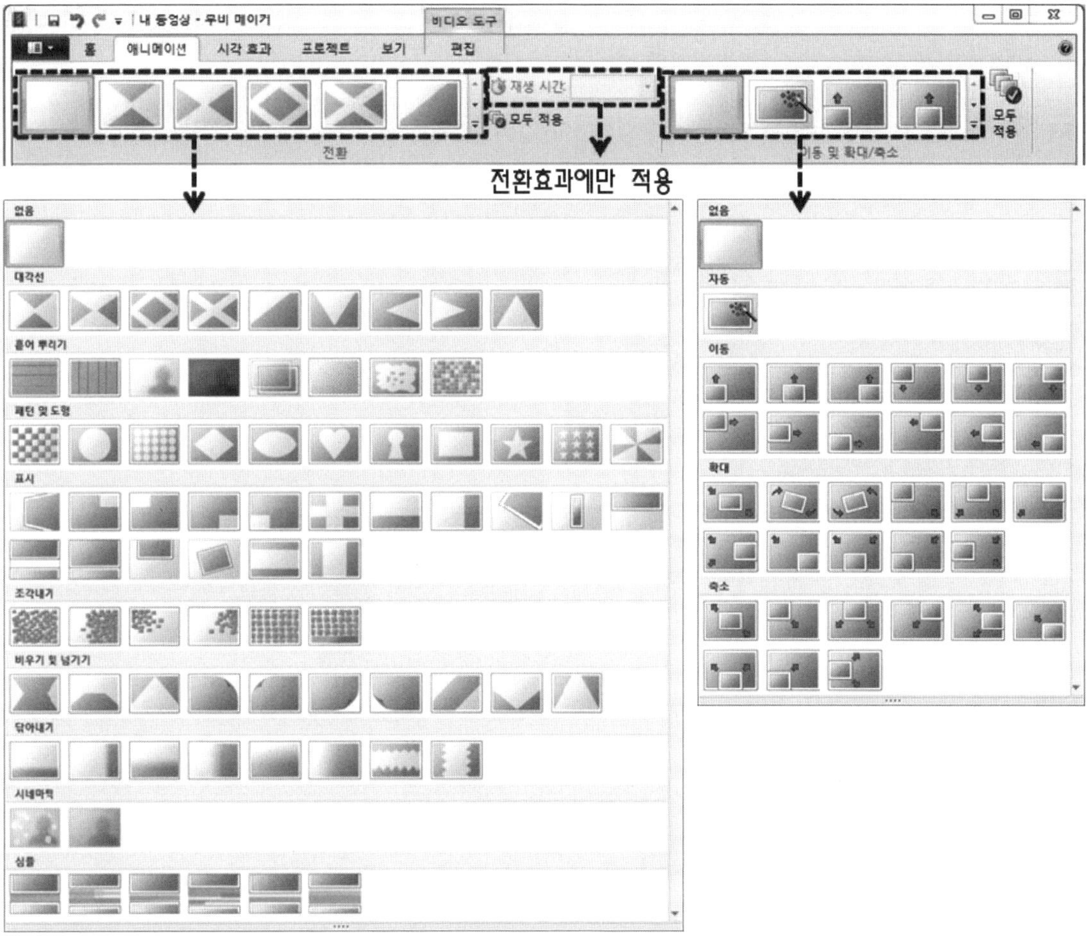

- 전환효과 : 이미지가 바뀌는 순간 이미지가 나타나는 시각효과를 적용할 효과로서 책장 넘김이나 갖가지 도형 모양 효과 등을 적용할 수 있으며 크게 전환, 흩어뿌리기, 패턴 및 도형, 조각내기 등 9가지 카테고리로 구성되어 하위 세부효과들로 구성된다. 이러한 효과들은 이미지 전환 시 적용되는 효과들이다. 따라서 첫 번째 이미지에는 적용되지 않지만 일부의 효과만 제한적으로 적용된다.

- 전환효과를 적용시 이전의 이미지와 다음 이미지가 겹쳐져서 재생되기 때문에 원래 설정된 이미지의 재생시간이 다소 변경된다. 예를 들어 각 이미지 재생시간이 6초이고 전환 효과가 2초이면 두 개의 이미지가 2초간 중복되어 나타나기 때문에 이전의 이미지가 4초 이후부터 다음 이미지와 겹쳐져서 나타나게 되며 다음 이미지가 12초에서 재생 완료되는 것이 아니라 10초에서 재생 완료된다. 전환효과에 적용할 수 있는 시간은 최대 2초이므로 참고하기 바란다.

- 전환효과가 적용되었을 때 클립모음창의 적용된 이미지 왼쪽에 흰 바탕의 삼각형이 표시되므로 편집 작업시 전환효과의 적용 여부를 확인할 수 있다.

- 적용된 효과를 제거하려면 전환효과 메뉴 창의 가장 오른쪽 “없음”을 클릭하여 해제한다. 효과 제거후 이미지의 왼쪽에 삼각형 모양이 사라짐을 확인할 수 있다.

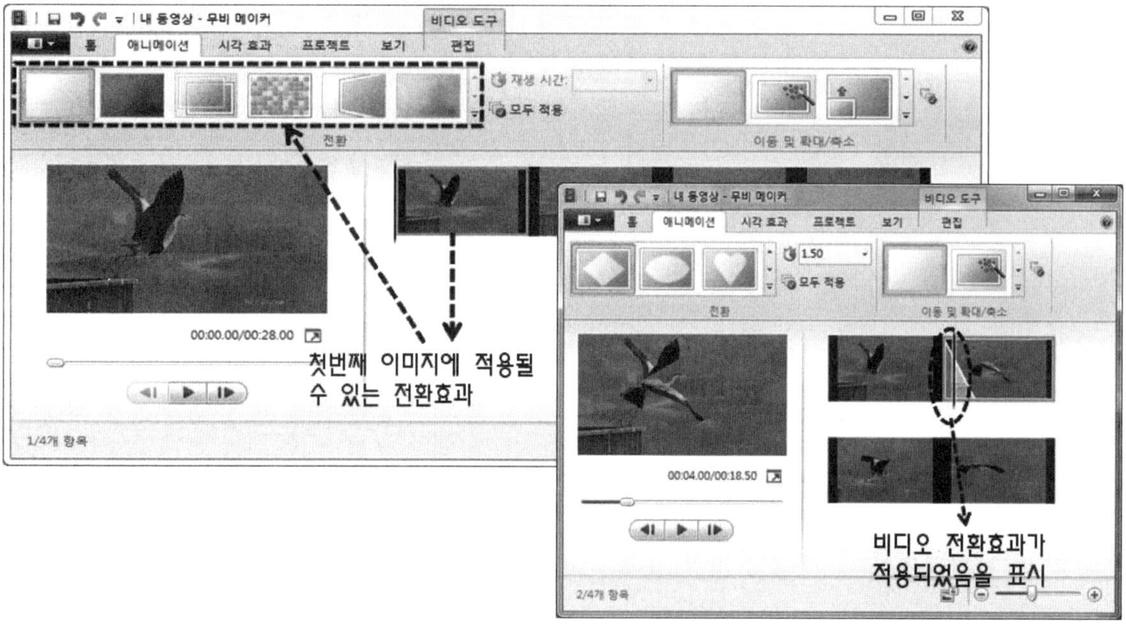

- 이동 및 확대/축소 효과 : 이미지가 바뀔 때부터 이미지의 특정 위치에서 다른 위치로 이동하면서 등장하는 효과이다. 이미지가 재생되는 전체 시간 동안 적용되는 효과로서 이 효과에 대한 재생시간은 별도로 지정하지 않는다. 이 효과가 적용되었으면 클립모음창의 이미지 왼쪽 상단에 사각형 모양이 나타난다.

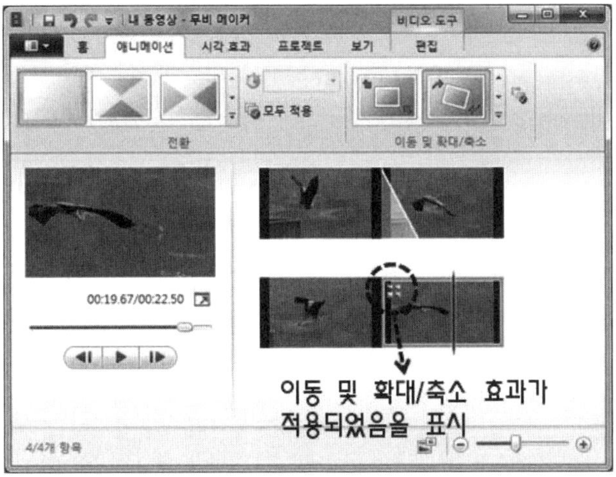

적용된 이동 효과를 제거하려면 이동효과 메뉴 창의 가장 오른쪽 "없음"을 클릭하여 해제한다.

- 시각효과 : 비디오 효과 중에 앞에서 살펴본 애니메이션 이외에 시각효과도 있다. [비디오도구]→[시각효과]에 시각효과를 적용할 수 있는 메뉴가 존재한다. 시각효과도 이동 및 확대/축소효과와 동일한 방식으로 적용할 수 있다. 시각효과에는 꾸밈, 흑백, 시네마틱, 반전, 모션 및 페이드와 같이 영상의 시각적인 효과를 재구성하는 기능을 제공한다.

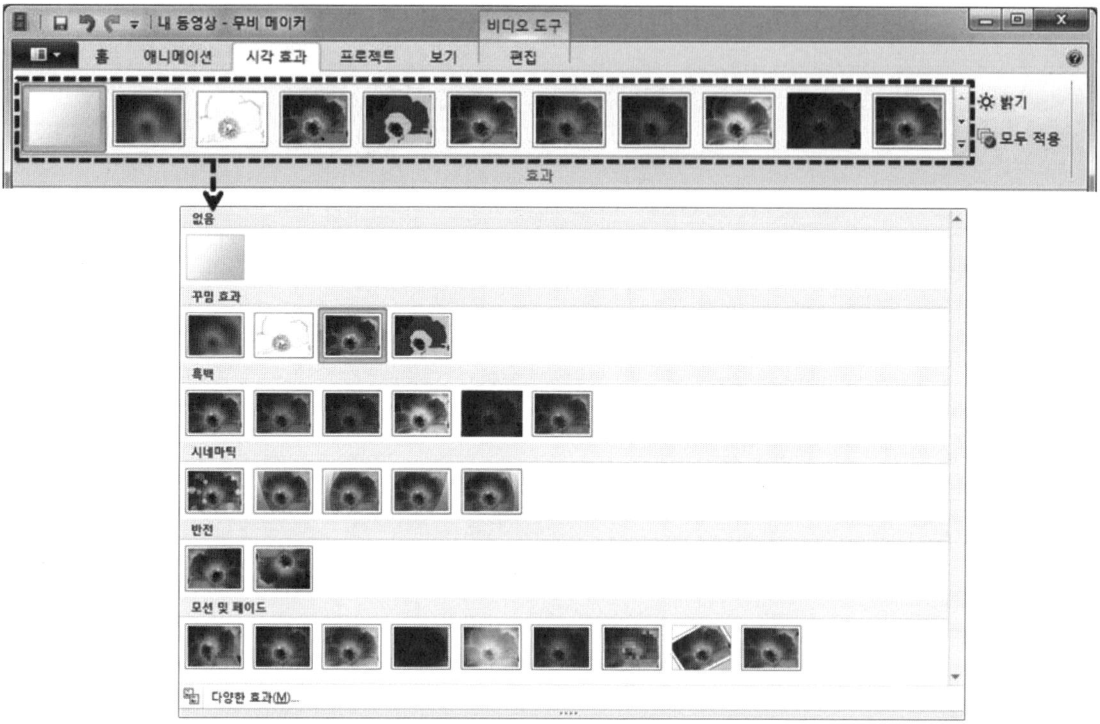

◆ 시각효과가 적용되었을 때에도 적용된 이미지의 왼쪽 상단에 작은 사각형 모양이 나타난다.

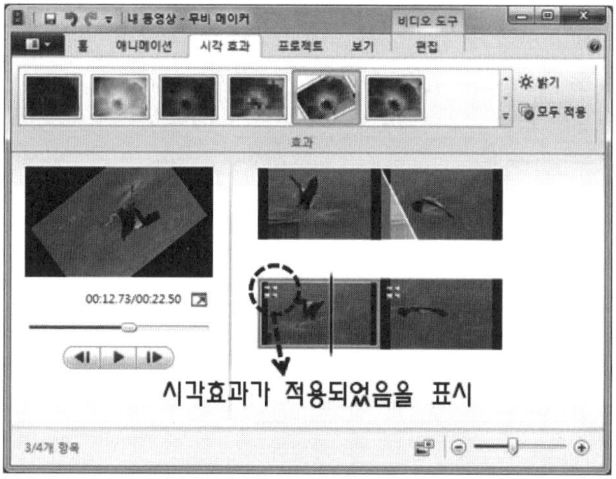

2-10 비디오 효과를 이용한 플래시 효과 만들기

- 비디오 효과를 이용하여 여러 가지 재미난 영상을 만들 수 있다. 한 예로 동영상 중간에 사진 찍는 효과를 내기 위해 비디오 효과를 적용해보자. 움직이는 동영상에서 특정 부분에 사진 찍는 효과를 적용하기 위해 카메라의 플래시가 터지는 장면을 연출하여 만들면 효과적이다. 사진 찍는 효과를 적용하고 싶은 동영상의 특정 부분에서 사진을 복사해서 동일한 사진을 2장으로 만들자. 2장의 사진의 재생시간을 1초 이내로 설정하면 2장의 사진 이전에는 움직이는 동영상이 재생되다가 2장의 사진에서 멈춰선 효과를 만들 수 있다. 이때 2장의 사진 중 두 번째 사진에 페이드인 효과를 적용하는데 중요한 것은 “흰색에서 페이드인” 효과를 적용해야 한다. 이것은 [시각효과]→ ”효과”에는 없으므로 ”효과”의 하위 메뉴 중 다양한 효과를 클릭한다. 그러면 새로운 창이 열리는데 여기서 “사용 가능한 효과”창에서 스크롤해서 내려가면 “흰색에서 페이드인”을 찾을 수 있으며 “추가”를 클릭하면 “표시된 효과”창에 나타난다. 이후 적용을 클릭하면 두 번째 사진에 이 효과가 적용되고 동영상을 클릭하면 동영상이 이 사진에서 멈추고 사진을 찍으면서 플래시가 터지는 효과를 연출할 수 있다. 여기에 사진 찍는 “찰칵”하는 효과음을 삽입하면 더욱 실감 나는 영상을 만들 수 있다. 효과음 넣는 방법은 뒤에서 다룰 것이므로 그때 다시 해보도록 하자.

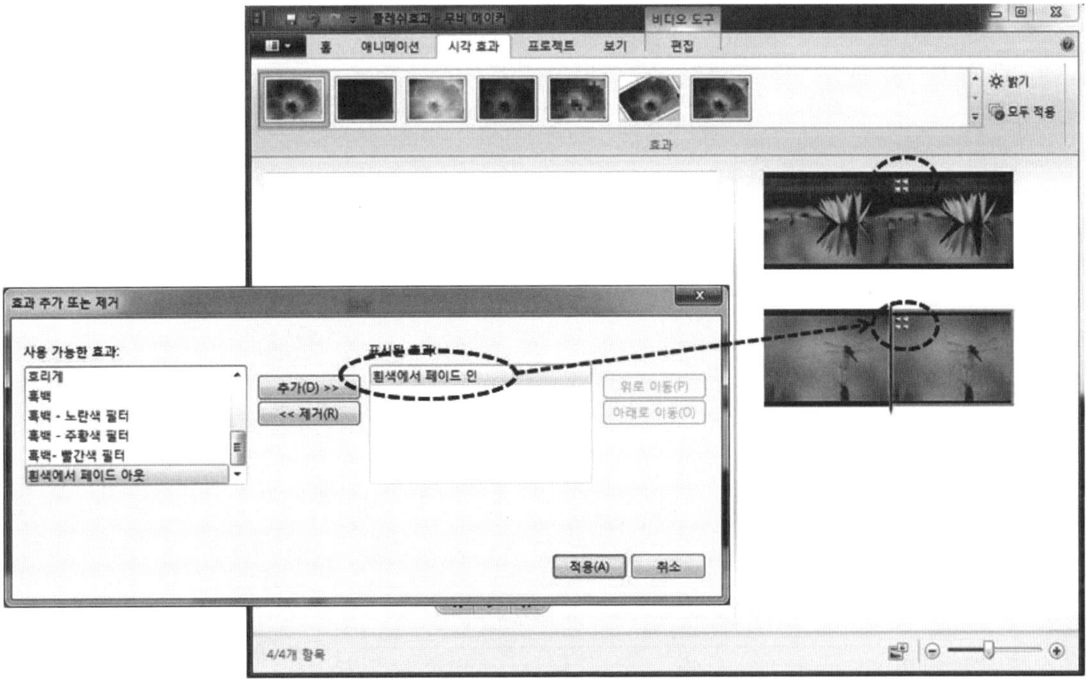

- 움직이는 영상 중간에 플래시 효과 넣기 : 비디오 효과를 이용하여 플래시 효과 만드는 방법에 대해 알아봤으니 움직이는 영상 사이에 플래시 효과를 넣어보자. 우선 동영상을 사진으로 받는다. 동영상을 사진으로 받는 방법은 앞에서 알아봤으므로 충분히 사진 추출이 가능할 것이다.
- 움직이는 영상을 사진으로 받는다. → 플래시 효과 삽입을 원하는 곳에 사진을 복사하여 플래시 효과를 삽입한다. 이때 플래시 효과를 넣으려는 사진의 재생시간을 다른 사진들보다 길게 변경한다. 그러면 사진이 재생되다가 플래시 효과가 삽입된 장면에서는 화면이 일시 멈추어 효과를 증대시킬 수 있다.

2-11 작업 저장하기

- 컴퓨터에서 작업을 하다가 실수로 혹은 컴퓨터 문제로 다운되어 작업한 내용이 모두 지워지는 경험을 한 번씩은 가지고 있을 것이다. 컴퓨터 작업을 하는 중간마다 저장하는 습관을 가져야 이러한 문제를 예방할 수 있다. 무비메이커 작업에서 작업한 내용을 저장하는 일련의 사항에 대해 알아보자.

- 무비메이커에서 작업한 내용을 동영상으로 저장하는 것과 프로젝트 파일 형식으로 저장하는 두 가지 방법이 있다. 각각에 대해 알아보겠다.

- 프로젝트 파일 저장 : 동영상을 제작하기 위해 사진이나 다른 동영상을 클립모음창에 불러와서 여러 가지 편집 작업을 한 후 작업이 완료되면 작업한 내용을 저장해 놓아야 다음에 불러서 다시 수정할 수 있다. 이때는 프로젝트 파일로 저장해야 한다. 즉 프로젝트 파일은 제작한 동영상의 편집 관련 정보를 저장하고 있으므로 다음에 편집내용을 수정할 수 있다. 프로젝트 파일저장 관련 메뉴는 무비메이커 메뉴 가장 왼쪽 상단에 위치하며 클릭하면 하위 메뉴가 나타나고 그 중 "프로젝트 저장"을 클릭한다. 프로젝트 파일 저장형식은 .wlmp를 확장자로 가진다. 향후에 제작한 동영상의 일부를 수정하려면 저장한 프로젝트 파일을 열어서 작업하는데, 수정 시 저장한 .wlmp 파일을 더블 클릭하면 예전에 작업한 프로젝트 파일이 열린다.

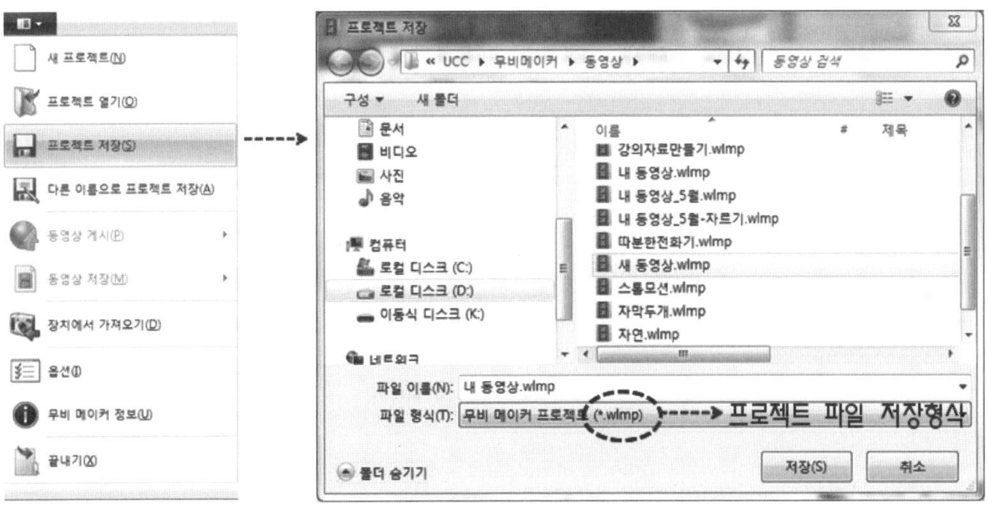

- 프로젝트 파일 다시 열기 : 프로젝트 파일은 작업한 상태를 저장한 파일이므로 작업한 내용을 수정하려면 다시 불러서 수정할 수 있다. 무비메이커 메인화면 가장 왼쪽 위를 클릭하여 [프로젝트 열기]를 클릭한 후 프로젝트 파일이 있는 폴더를 열어서 불러오면 예전에 작업한 파일이 올라온다.

- 동영상 파일 저장 : 프로젝트 파일 제작이 완료되면 최종적으로 동영상 파일로 저장한다. 앞에서도 언급하였지만 프로젝트 파일은 수정 가능하지만, 동영상 파일은 수정할 수 없고 단지 재생만 된다. 동영상 파일저장은 프로젝트 저장 메뉴와 동일하게 선택해서 들어가서 "동영상 저장"을 클릭한다. 동영상 파일 저장형식은 두 가지가 있는데 비디오 파일 형식(.wmv)과 동영상 파일형식(.mp4)이다. 두 가지 형식이 존재하는 것은 재생하는 기기에 따라 지원하는 형식이 다르기 때문이다. 또한 동영상 저장에 들어가면 해상도의 크기에 따라 컴퓨터용, 고해상도 디스플레이용과 모바일폰 기기에 따른 해상도를 달리 저장할 수 있도록 지원하고 있다.

  - 컴퓨터용 동영상 : 동영상을 컴퓨터용으로 저장 시 해상도는 854X480(가로X세로) 픽셀(pixel)로서 약 40만 화소급이다. 동영상 1분당 약 40MB의 용량을 가진다.
  - 고해상도용 동영상 : 고해상도용은 1920X1080(가로X세로) 픽셀(pixel)로서 약 200만 화소급이다. 동영상 1분당 약 173MB의 용량을 가진다.
  - 모바일용 동영상 : 모바일용 동영상도 고해상도, 중간해상도, 저해상도로 저장할 수 있다. 모바일용 고해상도는 컴퓨터용 동영상의 크기보다 크다.

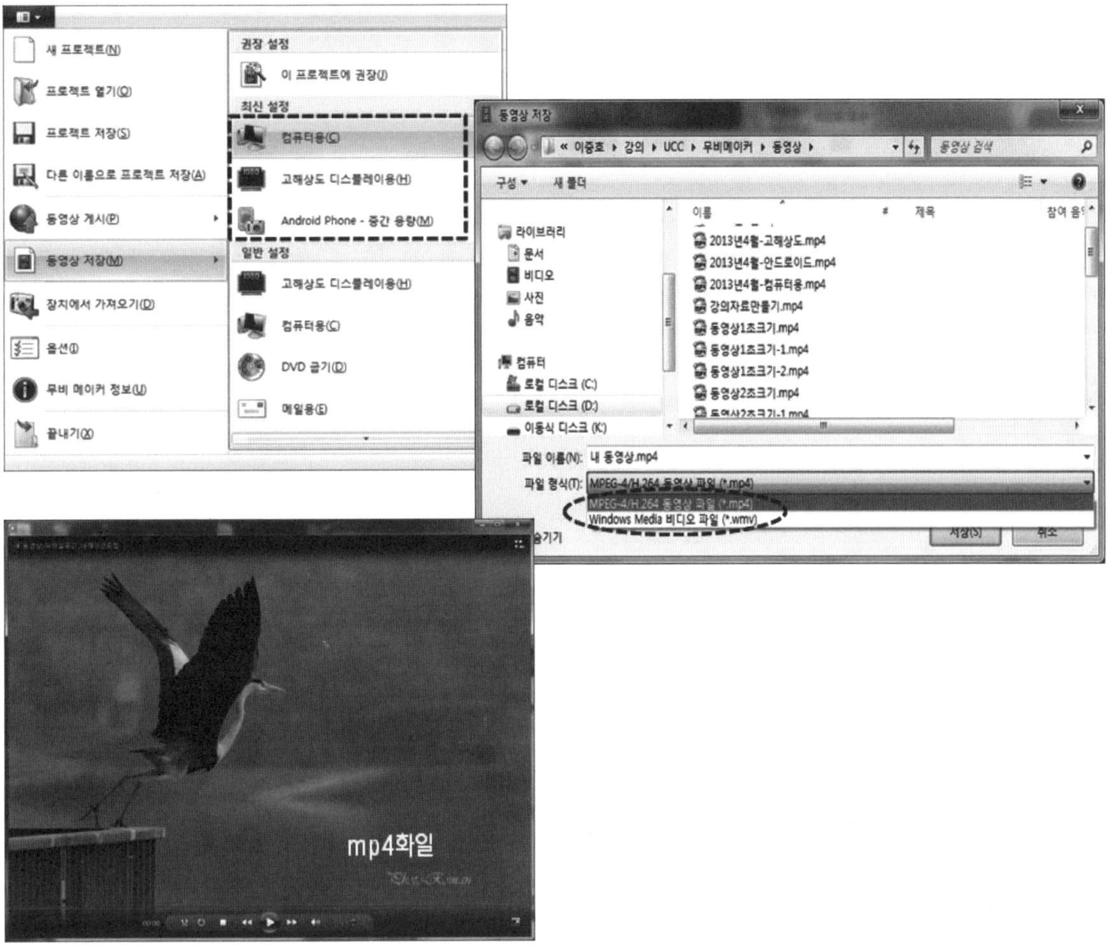

- 동영상 파일의 형식 또한 지원하는 기기 장치에 따라 여러 가지가 존재한다.
  - 동영상 파일 형식: .avi, .mp2, .mp2v, .mpe, .mpg, .mpv2, .mp4
  - 무비메이커 파일 형식: .wlmp(프로젝트파일), .wmv(비디오파일), .mp4(동영상파일)
  - .wmv(비디오파일) : MS의 windows media video 파일. 주로 인터넷상에서 재생하는 것이 목적이고 상대적으로 avi에 비해 고압축을 사용.
  - .mp4(동영상파일) : mpeg 4 /avc h264규격을 사용한 동영상을 의미. 용량 대비 화질이 상당히 좋은 편이고 상업용 전자기기(블루레이 플레이어)에서도 재생 가능.

2-12 배경음악 및 효과음 넣기

2-12-1 음원 사이트로부터 음악 가져오기

사진을 불러들여서 편집 작업 시 배경음악이나 여러 가지 효과음을 추가하면 더 재미있는 영상을 만들 수 있다. 본 절에서는 효과음이나 배경음악을 추가하는 작업에 대해 살펴보겠다. 우선 배경음악이나 효과음을 추가하기 위해 음원을 구해야 하는데 저작권이 있는 음원은 저작료를 지불하고 사용할 수 있다. 그러나 무료로 음원을 제공하는 곳도 많이 있으므로 인터넷을 뒤져보면 필요한 음원을 무료로 구할 수 있는 곳을 찾을 수 있다. 아래에 인터넷에서 제공하는 무료 음원 제공 사이트를 소개한다.

무료 음원 제공 사이트

http://freemusicarchive.org
http://www.featurin.gs/
http://freemusiclicensing.com/
http://ccmixter.org/
http://letscc.net/

- 위의 사이트에서는 회원 가입 없이 다운로드가 가능하며, 장르별 검색이 가능하다.

http://www.jamendo.com/en
https://www.youtube.com/audiolibrary

- 위의 두 개의 사이트는 회원 가입 후 사용 가능하며, 여기도 장르별 검색이 가능하다.

http://www.freesound.org/

- 이 사이트는 음악뿐만 아니라 효과음을 사용할 수 있는 사이트이다. 지하철, 레스토랑 등에서 들리는 사운드 등 일상에서 발생하는 음원을 제공하기 때문에 적절한 효과음을 찾을 수 있을 것이다. 이 사이트도 회원 가입 후 음원 다운로드가 가능하다.

◆ 윈도우 무비메이커에서도 음원 제공 사이트를 링크해 놓았으니 이용할 수 있다. [홈]→[음악추가를 클릭해 들어가면 다음의 세가지 사이트를 링크하고 있다.

http://www.audiomicro.com,

http://freemusicarchive.org,

http://vimeo.com

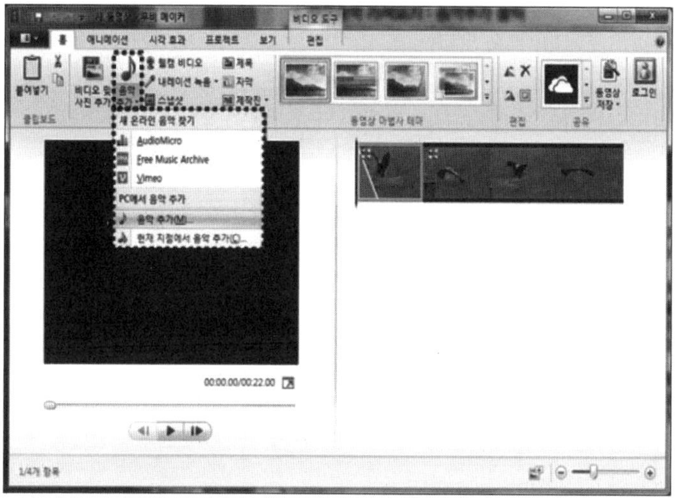

◆ 음악 가져오기 :

[홈]→[음악추가] 클릭 → 음악이 있는 폴더를 찾아서 대상 음악을 클립모음창으로 불러온다

→ 불러온 음악은 이미지 하단에 불러온 음악이 바 형태로 나타난다. 이미지의 길이(재생시간)에 맞추어 음악바가 나타나므로 음악 길이가 이미지 길이보다 길면 일부만 나타난다.

2-12-2 음악 추가하기

음악을 추가하면 메뉴 오른쪽 끝에 [음악도구]메뉴가 나타나는데, 이 하위 메뉴에서 음악 관련 편집 작업을 할 수 있다. 음악 편집에 필요한 작업을 순서대로 알아보자.

1. 음악의 시작점 위치 조정 : 동영상에서 음악이 시작될 위치를 설정한다. 즉, 음악을 동영상의 어느 위치에서 시작할 것인지를 설정하는 것이다. 클립 모음창에서 마우스로 음악 바를 클릭한 상태에서 드래그하면서 음악의 바의 첫 부분과 이미지를 맞춘다. 이때 [음악도구]→ “시작 시간” 의 칸에 음악이 시작될 시간이 나타나며, 음악을 마우스로 드래그하여 이동시키면 이 칸의 시간이 바뀌는 것을 확인할 수 있다.

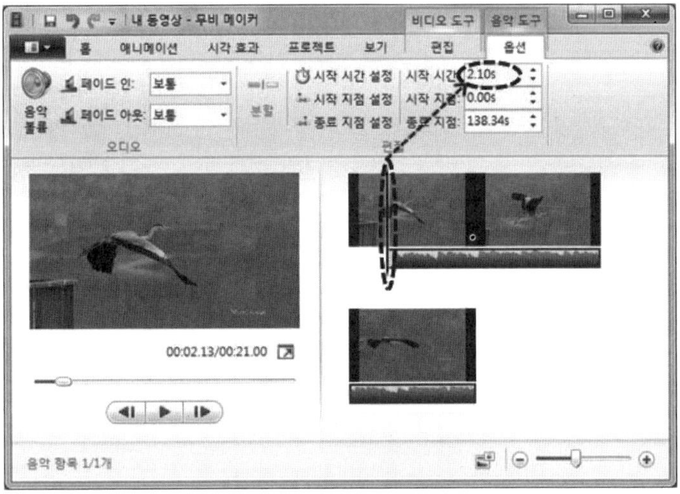

- 이미지의 정확한 시점에 음악 시작점을 맞추고 싶으면 미리 보기창에서 이미지를 재생시키면서 원하는 위치의 시간을 확인한 후 [음악도구]→ “시작 시간”에서 정확한 시간(초)을 숫자로 입력하거나 [음악도구]→ “시작 시간 설정”을 클릭하는데 이때는 마우스로 이미지와 음악에 걸쳐져 있는 막대바를 설정하고 싶은 위치에 옮겨 놓은 후 “시작 시간 설정”을 클릭하면 된다.

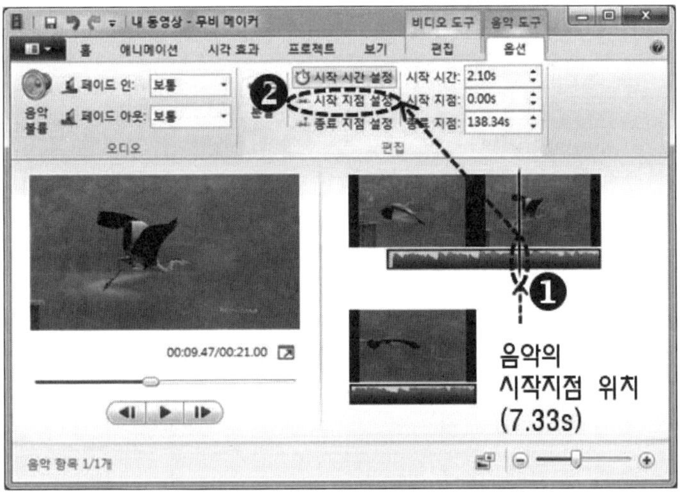

2. 시작지점 : 앞의 시작 시간과 달리 음악의 처음부터 시작하지 않고 특정 위치에서 시작하고 싶을 때 시작 지점을 설정한다. 만약 배경음악이 1절과 2절이 있는 경우 2절부터 시작하고 싶을 때 시작 지점을 변경할 수 있다. [음악도구] → "시작 지점 "칸에 직접 시간을 숫자로 입력할 수도 있고, 음악 시작 지점에 막대바를 갖다 놓은 상태에서 [음악도구] → "시작 지점 설정"을 클릭하면 시작 지점 칸에 시간이 숫자로 나타난다. 오른쪽 그림에서 보듯이 음악의 시작 지점을 7.33s로 설정하면 음악의 앞부분은 제거되고 7.33s가 이미지 재생시간으로 이동한다.

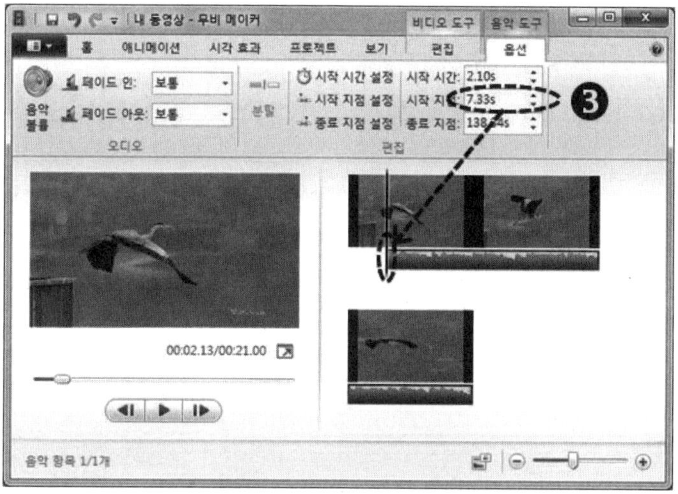

3. 음악 종료 지점 : 음악 종료 지점은 음악의 전체 재생시간을 나타낸다. 만약 음악의 길이보다 동영상의 길이가 짧을 경우 음악이 모두 재생되지 않고 동영상의 길이에 맞추어 재생 종료된다. 동영상 재생이 완료되어도 음악의 뒷부분은 파일상에 존재한다.

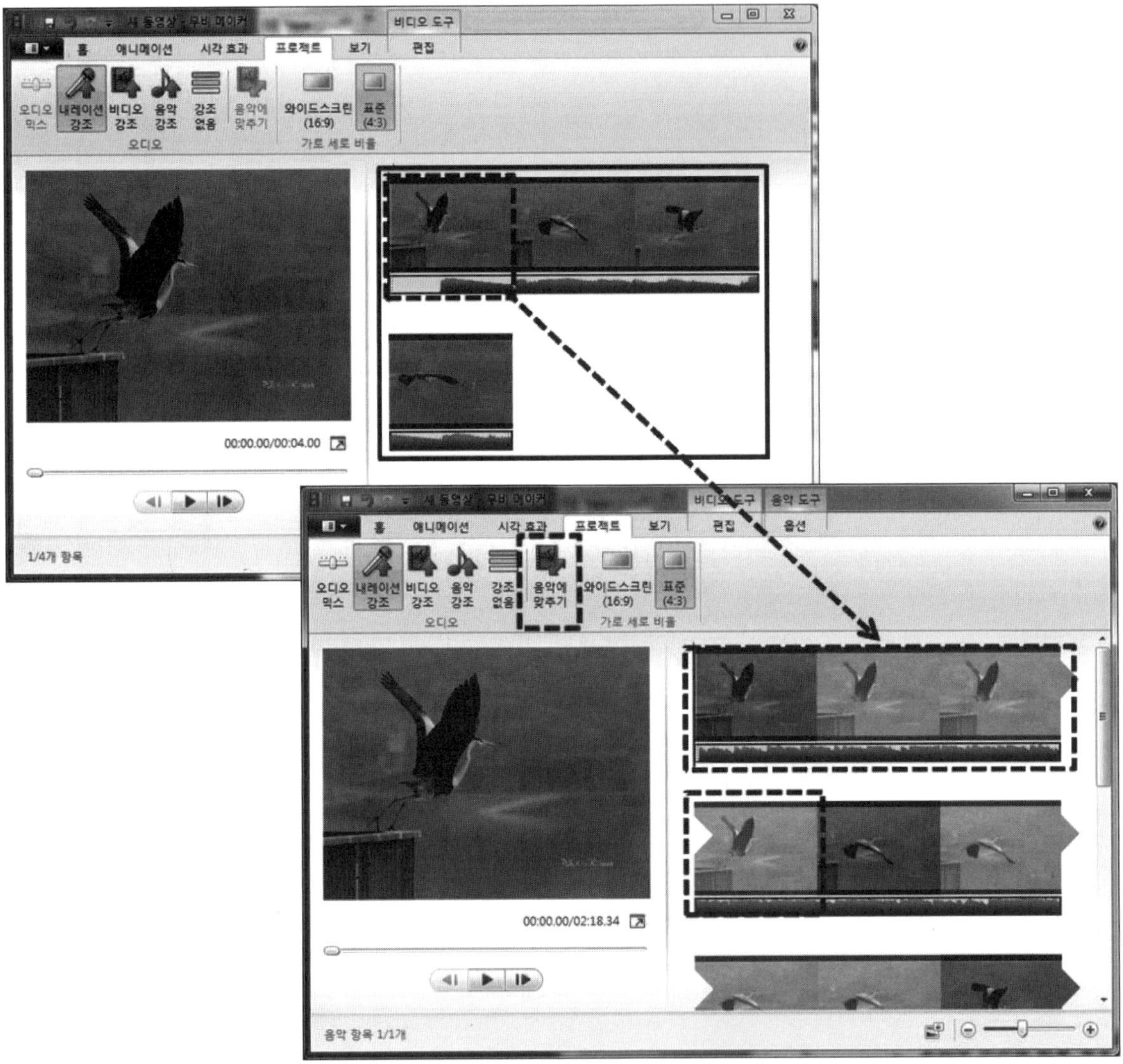

- 음악 추가 시 기본적으로 음악의 길이보다 클립의 길이에 맞추어 설정된다.
- 만약 음악을 모두 재생하고 싶으면 음악 길이에 동영상 맞추기를 설정하는데, [프로젝트]→ “음악에 맞추기”를 클릭하여 설정한다. 그러면 음악 길이에 맞게 동영상이 맞추어지며 각 이미지가 동일 간격으로 재생시간이 증가한다. 예를 들어 음악의 길이가 100초이고 동영상의 길이가 10초이면 음악에 맞추기 설정 시 동영상의 길이가 10배 증가하게 되며 결론적으로 같은 이미지를 10배 복사해서 동영상으로 만들기 때문에 파일의 크기가 증가된다.

4. 음악 효과 설정 : 추가한 음악을 시작 시 부드럽게 시작시키고 싶으면 [음악도구]→ "페이드인"을 설정한다. 이는 음악 소리가 점점 커지는 효과를 낸다. 반대로 페이드 아웃은 음악 소리가 점점 작아지는 효과를 낸다. 따라서 이 효과는 음악이 시작되고 끝날 때 적용하면 효과적이다. 페이드 인/아웃의 속도를 조절할 수 있으며 느림/보통/빠름 세 단계로 조정 가능하다.

5. 분할(음악 쪼개기) : 음악의 특정 위치에서 두 개로 분할할 경우, 분할하고자 하는 음악의 위치에 막대바를 이동한 상태에서 [음악도구]→ "분할"을 클릭한다. 분할된 음악의 일부를 다른 위치로 이동하여 재생 위치를 변경할 수 있다.

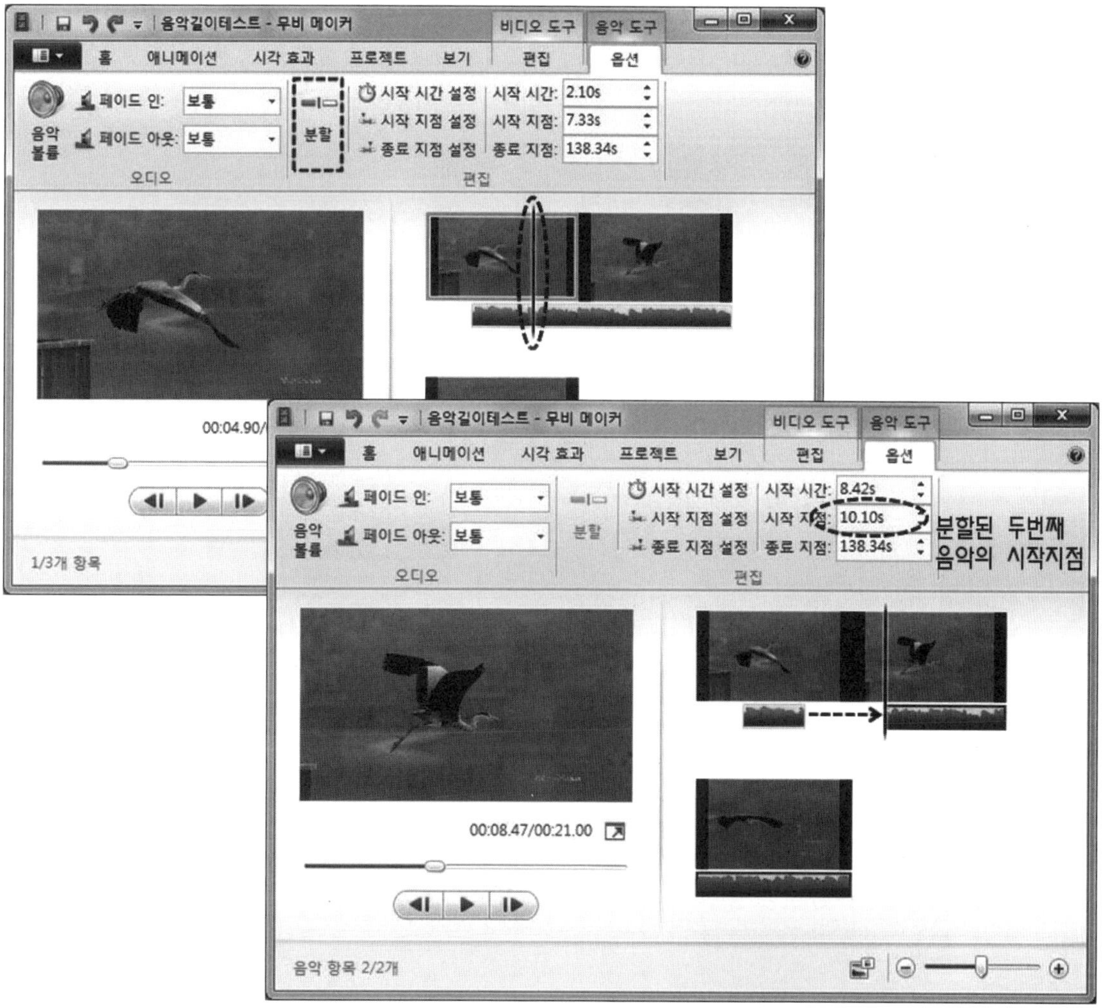

2-12-3 효과음 넣기 예 - 플래시 효과에 효과음 넣기

영상에 배경음악이나 음성녹음을 삽입하는 방법을 배웠으니 바로 적용해보자. 앞장에서 비디오 효과를 적용한 플래시 효과를 만들었다. 앞에서 플래시 터지는 효과를 만들기 위해 “흰색에서 페이드인”효과를 적용하였다. 여기에 플래시가 터지는 효과를 적용한 사진이 재생되는 시간에 맞추어 카메라의 “찰칵”하는 효과음을 삽입하면 된다. 이 효과음을 구하기 위해 “셔트소리”를 인터넷 검색어로 입력하면 여러 음원 제공 사이트에서 쉽게 다운 받을 수 있다. 참고로 다운 받은 효과음 파일은 .mp3 형식을 가진다. 효과음을 다운 받았으면 [홈]→[음악추가]를 클릭하여 효과음 저장해둔 폴더에서 불러들인다. 그런 후 두 번째 사진의 시작 위치에 효과음을 끌어다 놓으면 완성된다. 자 이제 스피커 소리를 크게 켜고 재생을 해보자. 드디어 재미난 동영상을 하나 만들어 보았다. 이렇게 쉽고 재미날 수가 있나. 빨리 다음으로 넘어가서 다른 효과들도 만들어 봐야겠다.

실습 : (이미지 play 3초)

1. 플래시 효과 만들기
2. mp4 파일 용량 크기 별로 저장해서 용량 확인해 보기

2-13 내레이션 넣기

배경음악뿐만 아니라 음성 녹음을 추가할 수 있다. 음성 녹음을 하기 위해 마이크나 헤드셋을 구비한다. 헤드셋에는 두 개의 단자가 있는데 이를 PC의 단자에 동일한 색깔끼리 서로 연결한다.(PC 본체의 앞쪽 또는 뒤쪽에 헤드셋을 연결할 수 있는 단자가 존재한다.) 준비가 되었으면 음성 녹음을 시작하자. 음성 녹음은 컴퓨터의 MS윈도우에서 제공하는 녹음프로그램을 사용해도 되고 윈도우 무비메이커에서 제공하는 내레이션 녹음 기능을 이용해도 된다.

1. PC 녹음기 프로그램으로 녹음 : [시작]→[보조프로그램]→[녹음기]를 선택한 후 녹음을 시작하고 녹음이 완료되면 녹음 중지를 클릭한다. 이때 녹음 파일의 이름을 지정하면 확장자 .wma의 형식으로 파일이 저장된다. 이를 윈도우 무비메이커에서 불러들이려면 [홈]→[내레이션 녹음]→ "소리추가"를 클릭 후 녹음 파일이 존재하는 폴더로 가서 파일을 선택하면 된다.

2. 윈도우 무비메이커에서 녹음 : [홈]→[내레이션 녹음]→ "내레이션 녹음"을 클릭하면 녹음할 수 있는 상태로 바뀐다. 이때 헤드셋이 컴퓨터에 연결되어 있어야 된다. 녹음이 완료되면 중지 버튼을 클릭과 동시에 저장할 파일 이름과 위치를 지정한다. 이 과정이 완료되면 음성 파일이 클립모음 창에 자동으로 올라오며 배경음악과 마찬가지로 녹음파일을 넣고 싶은 위치에 갖다 놓는다.

3. 배경음악과 내레이션은 무슨 차이가 있는 건가? 배경음악과 내레이션은 결국 음상 파일이다. 무비메이커에서는 배경음악과 내레이션을 분리하여 취급하는데 서로 다른 레이어(layer)로 구분되어 최종적으로 하나의 파일로 합쳐진다.

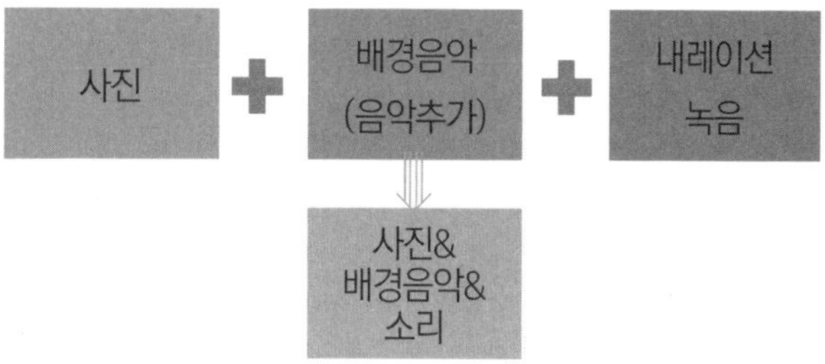

- 만약 동영상에 배경음악이 지정되었다면 음성 파일은 배경음악과 중첩되어 올라온다. 배경음악에 또 다른 배경음악은 기본적으로 중첩할 수 없다. 만약 배경음악을 중첩해서 올리고 싶다면 약간의 트릭을 사용해야 하는데 이것은 뒤에서 다루도록 한다.

2-14 제목/자막/제작진 넣기

앞에서 이미지를 구성하여 동영상을 만드는 방법을 살펴보았다. 동영상에 배경음악이나 내레이션 녹음 등을 삽입한 후 동영상 장면에 자막이나 제목, 제작진 등을 삽입하여 동영상을 최종 완성할 수 있다. 본 장에서는 영상에 글씨를 삽입하는 방법에 대해 알아보도록 하겠다.

제목 삽입

- 동영상의 제목을 삽입하는 과정은 [홈]→"제목"을 클릭한다. 제목을 클릭하면 클립모음창의 막대바가 있는 곳에 제목이 삽입된다. 이때 막대바가 있는 곳에 빈 화면(검은색 바탕화면)이 뜨고 화면 위에 제목을 입력할 수 있는 창이 뜬다. 제목을 빈 화면에 나타낼 때 검은색 바탕화면이 기본으로 올라오는데 바탕화면 색깔을 바꾸고 싶으면 [텍스트도구]→[서식]→ "배경색"을 클릭하여 바탕색을 변경할 수 있다. 빈 화면 이외에 영상위에 제목을 나타내고 싶으면 빈 화면에서 입력한 제목을 원하는 영상 위에 옮긴다. 빈 화면 하단에 입력한 제목 바가 보이는데 이를 클릭한 상태에서 원하는 영상의 사진 하단으로 옮기면 제목이 옮겨진 영상에 나타난다. 이때 빈 화면은 마우스로 클릭하여 Del Key를 눌러서 삭제한다.

- 제목바 이동시키기 : 제목을 다른 화면이나 위치로 이동시키려면 화면 아래쪽에 제목 바를 마우스로 클릭한 상태에서 드래그하면 제목 바가 이동한다. 제목 바가 선택되지 않으면 이동하지 않으니 제목 바가 선택되었는지는 마우스로 드래그하면서 확인한다.

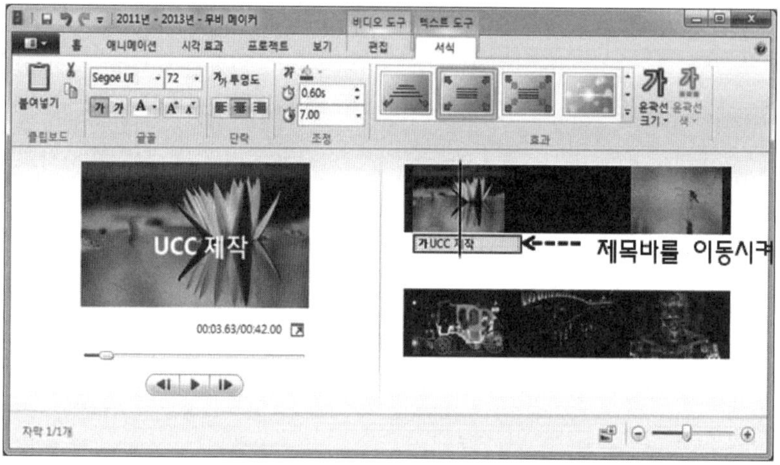

제목 수정 및 글씨체 편집

제목을 수정하기 위해 이미지 하단의 제목바를 더블 클릭하면 미리보기창에 이미지와 함께 제목창이 활성화된다. 여기서 제목을 수정하거나 [텍스트도구]→[서식]→ "텍스트편집"을 클릭하여 미리보기창에 텍스트 편집 상태로 뜬 후 수정한다. 또한 제목의 글씨체를 수정하는 방법을 알아보자. 제목을 입력하기 위해 [홈]→"제목"을 클릭하면 메뉴 상단에 [텍스트도구]라는 새로운 메뉴가 나타나는데 글꼴, 단락조정 및 효과를 적용할 수 있어서 글씨 서식을 편집할 수 있다. 글꼴에서는 글씨체, 글씨크기 및 색깔을 설정할 수 있으며, 단락에서는 문장의 정렬방식을 설정할 수 있다. 또한 글씨를 영상에 나타내는 효과(확대/축소, 회전, 스크롤, 날아오기, 시네마틱 등)를 설정할 수 있다.

제목 시작시간 및 재생시간 설정

제목의 시작시간은 이미지의 재생시간에 맞추어 지정한다. 제목 바를 클릭한 상태에서 이미지의 원하는 위치에 끌어다 놓으면 그 시간에 맞추어 재생되며 직접 시간을 숫자로 입력([텍스트 도구]→[서식]→"시작시간")하여도 된다.

제목이 동영상 화면상에 재생되는 시간도 별도로 지정해야 한다. 제목이 사진의 재생시간보다 길면 다음 사진에까지 제목이 나타날 것이므로(이미지 하단의 제목 바도 다음 사진에 걸쳐서 나타남) 필요에 따라서 재생시간을 조정한다. 하나의 동영상 이미지 내에서 제목을 나타내려면 이미지 재생시간보다 제목의 재생시간을 짧게 설정해야 할 것이다.

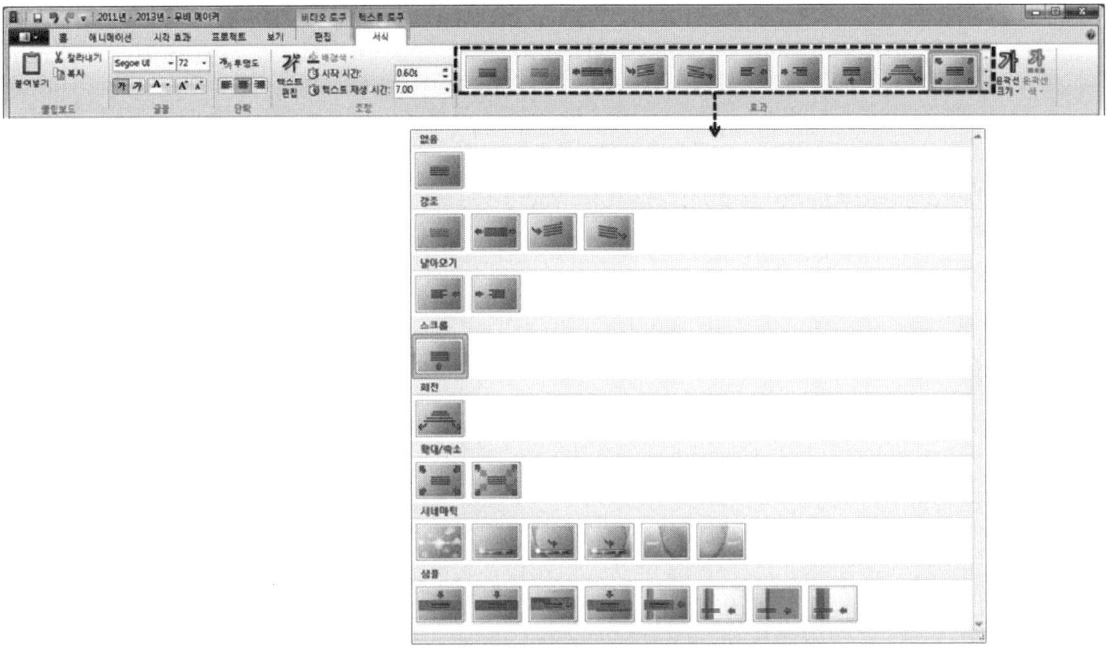

연습 : 제목(빈화면), 자막, 제작진(마지막화면)에 넣기

➔ 글꼴, 크기, 글자 색 변경 적용
➔ 정렬 방식 변경
➔ 제작진은 마지막 사진의 중간에서 시작하도록 시작시간을 설정
➔ 제작진 재생시간은 사진 재생이 끝나는 시점에 맞추어 끝나도록 설정

자막 삽입

동영상 화면에 자막을 삽입하는 과정은 막대바를 자막 입력 대상 이미지에 옮겨놓고 [홈]"자막"을 클릭한다. 그러면 미리보기 창에 자막 입력창이 활성화되고 자막을 입력한다. 자막 글씨에 대한 편집과 수정은 제목의 수정 및 글씨체 편집과 동일한 방식으로 한다. 자막의 재생시간 또한 제목의 설정 방식과 동일하게 적용한다. 자막은 매 이미지 마다 입력해야 하므로 동일한 방식으로 적용한다.

제작진 삽입

동영상화면에 제작진 관련 사항을 나타내려면 [홈]→"제작진"을 클릭하고 제작진 하위 메뉴는 오른쪽의 화살표를 클릭하면 하위 메뉴가 나타난다. 여기서 제작진, 감독, 출연 및 촬영지 등에 대한 사항을 삽입할 수 있다. 제작진 관련 사항은 일반적으로 동영상의 맨 마지막에 나타나므로 최초 입력 시 동영상의 맨 마지막에 빈 화면이 나타난다. 만약 동영상의 처음이나 중간에 나타내려고 하면 마우스로 끌어서 이동시켜 정렬한다.

제작진, 감독, 출연 등은 글씨를 하나의 화면에 동시에 나타낼 수 없으므로 입력한 순서대로 나타난다. 기본적으로 빈 화면에 나타나며 이미지 위에 나타내고 싶으면 앞에서와 동일한 방식으로 글씨(제작진, 감동 등) 바를 이미지 하단에 순서대로 끌어서 정렬한다. 글씨 서식이나 효과 등은 앞의 제목 편집 시 방법과 동일하게 적용한다.

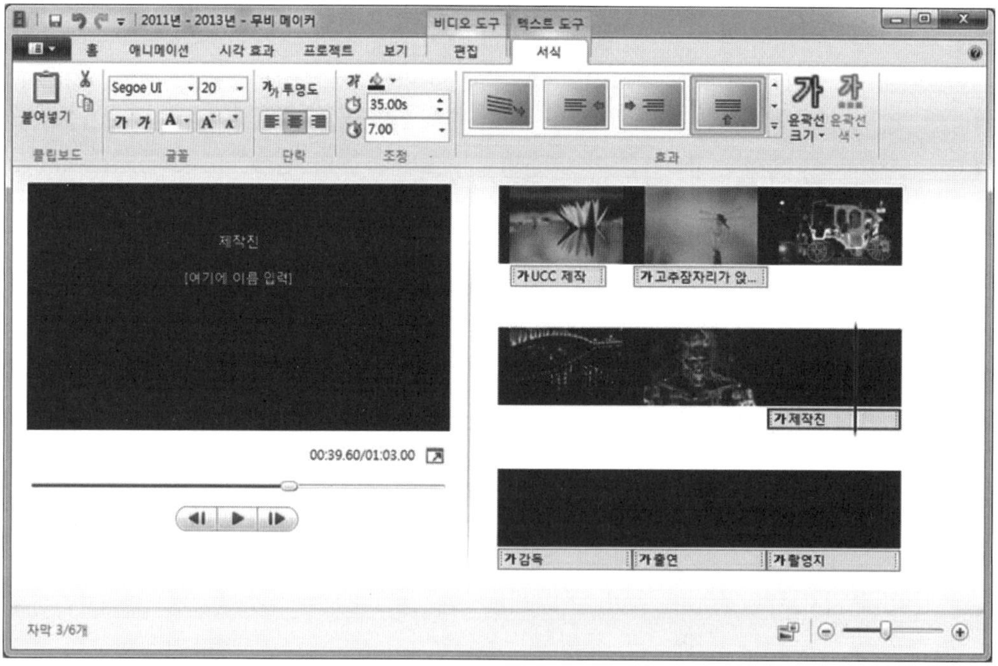

CHAPTER 3

윈도우 무비메이크를 사용한 영상효과 만들기

3-1 다중 자막 넣기

앞에서 제목이나 자막을 영상에 삽입하는 방법에 대해 알아보았다. 그런데 한 가지 궁금한 점이 생긴다. 영상 하나에 하나의 자막밖에 넣지 못하는가? 윈도우 무비메이커 상에서는 기본적으로 하나의 영상에 하나의 자막만 넣을 수 있다. 그렇다면 TV처럼 화면 맨 아래쪽에 자막이 흘러나옴과 동시에 화면 좌측 상단에 방송국 표시가 나오게 하는 것처럼 화면 여러 곳에 자막이 동시에 나오게 할 수가 없을까? 이 방법에 대해 알아보자.

- 무비메이커에서 자막화면 구성 : 기본적으로 영상화면에 자막을 입력하고 자막의 위치를 마우스로 옮겨서 설정하면 자막이 삽입된 하나의 화면이 만들어진다. 하나의 화면에 하나의 자막만 넣을 수 있다.

- 제목/자막 화면 구성 원리

제목과 같은 글씨를 동영상 화면에 삽입하는 원리에 대한 이해가 필요하다. 제목을 삽입 시 원래의 동영상 화면 위에 글씨정보를 가진 화면을 겹쳐서 새로운 영상을 만들어 넣는 방식이다. 즉 두 개의 영상 화면을 하나로 합치는 다층 구조를 형성한다. 따라서 자막이나 제목들을 하나의 화면에 삽입하는 것은 여러 층의 영상을 하나의 영상으로 만든 것이다. 따라서 하나의 이미지에서 자막을 입력하고 또 자막을 클릭하면 이전에 입력한 자막이 선택된다. 즉 새로운 자막 입력은 불가하다.

- 다중 자막이란 : 하나의 화면에서 여러 위치에 여러 개의 자막을 삽입하는 경우를 말한다. 동시에 각각 자막의 재생 시간을 다르게 조정할 수 있다. 무비메이커에서는 다중 자막을 넣을 수 있는 기능이 없으므로 다중 자막을 넣기 위해 약간의 편법이 필요하다. 하나의 이미지에서 화면 가장 하단에 "자막1"을 삽입하고 좌측 상단에 "자막2', 우측 상단에 "자막3"을 삽입하는 방법의 예를 들어 설명한다.

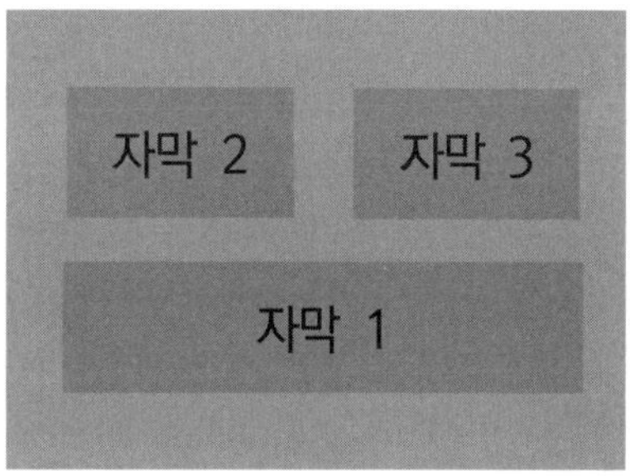

- 사진 분리 : 우선 제작한 동영상에서 다중 자막을 넣고 싶은 영상의 사진을 별도로 분리한다. 별도의 사진에 대해 새 프로젝트로 지정하여 다중 자막을 삽입하고자 하는 사진을 불러들인다. 본 교재에서는 편의상 빈 화면에 다중 자막을 넣는 과정을 살펴보겠다.

- "자막1" 삽입 : 일단, 첫 번째 자막을 삽입한다.([홈→]"자막") 본 문에서는 편의상 "자막 1"이라고 입력하였다. 자막의 위치를 설정하고 원하는 내용을 글씨 입력 창에서 "자막1"을 입력한 후 화면 하단에 삽입한다. 이때 재생시간을 설정한다. 이미지의 재생시간과 동일한 재생시간을 설정해보겠다.

- 동영상 저장 : 사진 및 자막의 재생시간 지정이 완료되었으면 동영상으로 저장한다. 동영상의 화질은 필요에 따라서 선택한다. 동영상으로 저장하면 기존의 영상과 자막이 합쳐져서 새로운 영상이 생성된다. 동영상으로 저장한 .mp4 파일을 다시 클립모음창에 불러들인다. 불러온 동영상은 하나의 사진 영상만 존재한다. 즉 자막은 별도의 층으로 구분되지 않고 하나의 영상으로 합쳐졌기 때문에 여기에 또다시 자막을 삽입할 수 있다. 이와 같은 방식을 반복하면 여러 개의 자막을 하나의 영상에 동시에 삽입하는 효과가 있다.

- "자막2" 삽입 : 저장한 동영상 파일을 클립모음창에 불러들인 후 이전에 작업한 남아있는 이미지를 삭제한다. 동영상에는 "자막1"이 삽입된 하나의 영상이 있다. 이때 또 자막을 클릭하여 "자막2"를 입력하고 화단 좌측 상단에 마우스로 드래그하여 옮긴다. 앞에서 "자막 2"를 입력하였으면 "자막2"에 대한 재생시간을 설정한다. "자막 2"의 시작시간은 "자막 1"과 같이 설정하고 재생시간은 이미지 재생시간보다 1초 짧게 설정한다. 그러면 "자막 1"과 "지막 2"가 동시에 나타났다가 "자막 2"가 먼저 화면에서 사라질 것이다.

- 앞에서 “자막 2”를 입력하였으면 “자막2”에 대한 재생시간을 설정한다. “자막 2”의 시작시간은 “자막 1”과 같이 설정하고 재생시간은 이미지 재생시간보다 1초 짧게 설정한다. 그러면 “자막 1”과 “지막 2”가 동시에 나타났다가 “자막 2”가 먼저 화면에서 사라질 것이다.

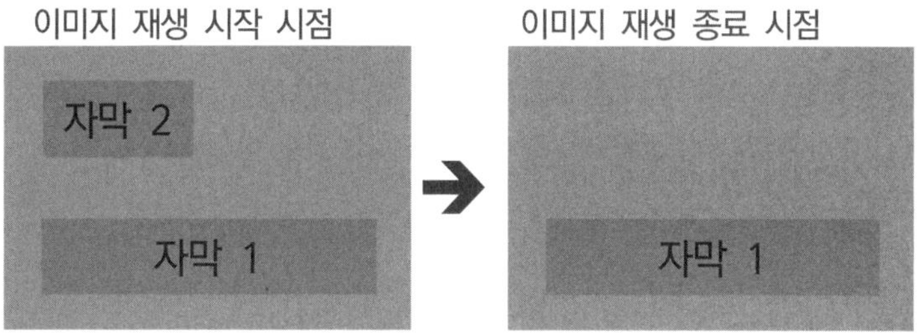

- “자막 3” 삽입 : 앞에서 “자막 2”를 입력하였으면 또다시 동영상으로 저장한 후 클립모음창에 불러들인다. 불러들인 동영상에는 “자막 1”과 “자막 2”가 하나의 영상으로 만들어져 있을 것이다. 여기에서 또다시 자막을 클릭하여 “자막 3”을 화면 우측 상단에 입력한다. “자막 3”의 시작시간을 이미지 재생시간보다 늦게(약 0.5초) 설정하고 재생시간은 이미지 종료시간과 일치하도록 설정한다. 그런 후 미리보기를 클릭하면 “자막 1”과 “자막 2”가 동시에 이미지와 함께 재생되고 0.5초 이후에 “자막 3”이 화면 우측 상단에 나타난다. 이미지가 종료되기 1초 전에 “자막 2”는 화면에서 사라지고 “자막 1”과 “자막 3”은 이미지 재생이 종료되는 시점까지 화면상에 나타난다. 이를 또다시 동영상으로 저장하면 완료 된다.

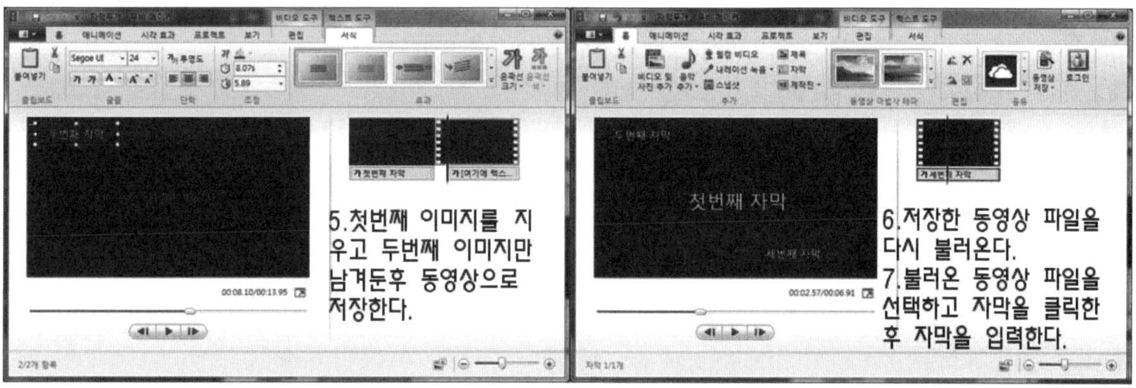

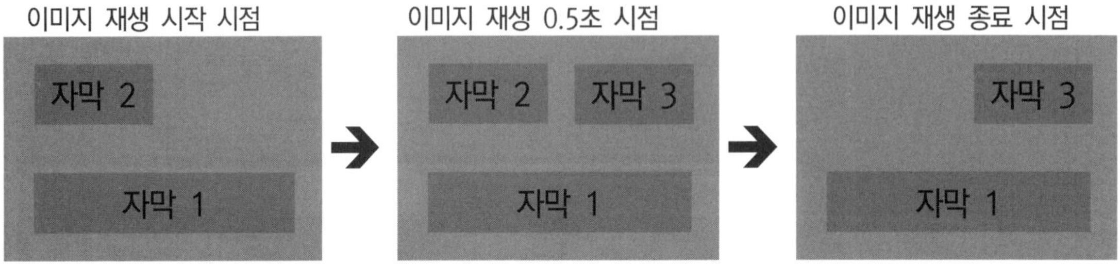

연습 : 다중 자막 넣기

➔ 글꼴, 크기, 글자 색 변경 적용
➔ 자막 1 재생시간 2초(사진 시작지점에 맞추어 재생)
➔ 자막 2 재생시간 1.5초(사진 시작 시점에 맞추어 재생)
배경색 파랑
➔ 자막 3 재생시간 1.5초
사진 시작시점 0.5초에 재생
배경색 빨강

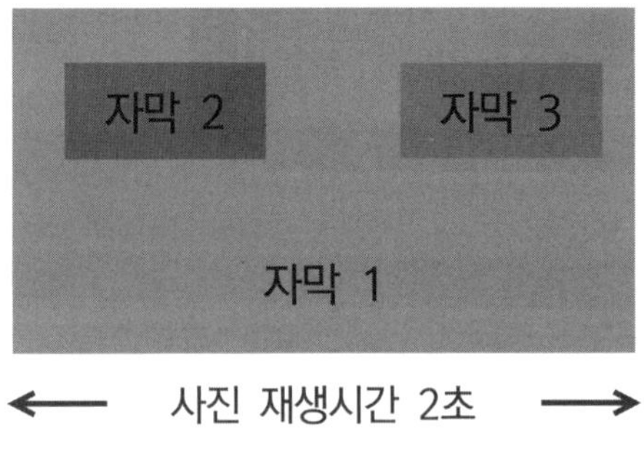

3-2 다중 자막영상과 타 영상 혼합

다중 자막영상과 타 영상 혼합하기 : 단일 자막이 입력된 여러 개의 이미지들 사이에 다중 자막이 입력된 동영상을 불러들여 작업하면 특정 영상에만 다중 자막이 입력된 영상을 만들 수 있다. 이를 응용하면 각각의 이미지에 다중자막 처리가 된 영상을 만들 수 있다.

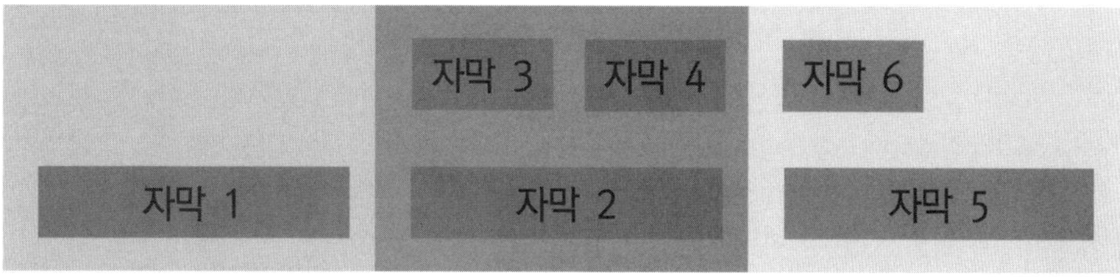

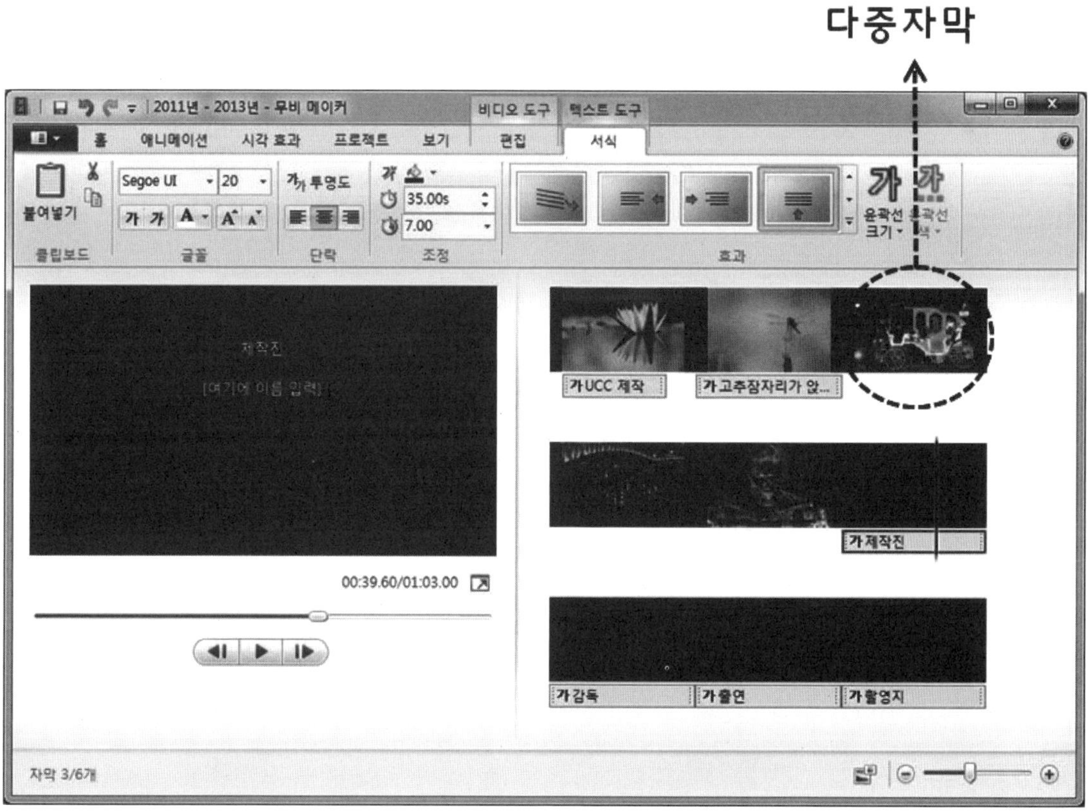

3-3 다중 자막 삽입시 이미지 재생시간 설정

- 자막과 이미지 재생시간 : 하나의 이미지 재생시간이 0.1초로 설정되어 있는 동영상이 있다면 1초에 10장의 이미지가 재생된다. 여기에 다중 자막을 넣을 경우를 고려해 보자. 이미지 한 장의 재생시간이 너무 빨라 자막의 재생시간을 이미지 재생시간 보다 길게 설정해야 한다. 그렇지 않으면 이미지와 함께 순식간에 자막이 넘어가 버려 자막을 읽을 수 가 없을 것이다. 자막의 재생시간을 길게 설정하기 위해 이미지 재생시간을 길게 주면 이미지 간격이 너무 길어져 아주 느린 화면이 될 것이다. 따라서 이미지 재생시간은 그대로 두고 자막 재생시간만 길게 설정해야 하며, 일반적으로 0.3초 이상은 지정해야 자막을 읽는 데 무리가 없을 것이며 자막의 내용이 길면 길수록 재생시간을 길게 설정해야 한다. 만약 0.3초로 재생시간을 설정한다면 이미지 3장에 걸쳐서 자막이 재생될 것 이므로 3장의 이미지가 필요하다.

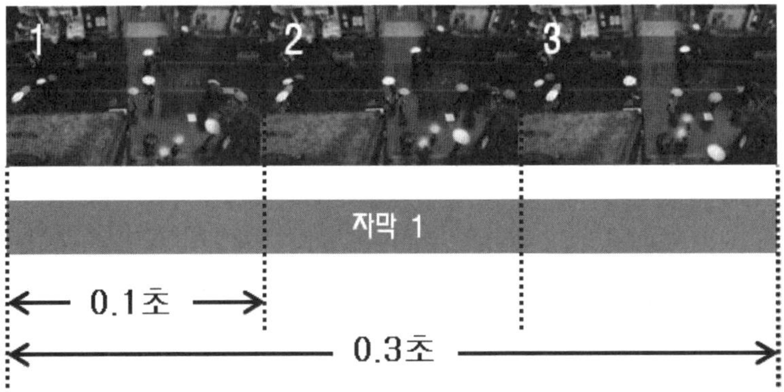

- 다중 자막을 넣기 위한 이미지 재생시간 : 다중 자막을 이미지에 삽입하려면 다중 자막 넣을 부분을 동영상으로 저장하여 다시 클립보드에 동영상을 불러들여 자막을 입력해야 한다. 그렇다면 다중 자막의 길이에 맞도록 이미지 길이만큼 동영상으로 저장해야 한다. 화면에 두 개의 자막을 겹쳐서 넣을 경우를 고려해보자. 두 개의 자막이 완전히 겹치지 않고 첫 번째 자막과 두 번째 자막이 1/3씩만 겹치도록 한다면 총 0.5초의 재생시간이 필요하다. 따라서 0.5초 길이의 이미지를 동영상으로 저장해야 한다.

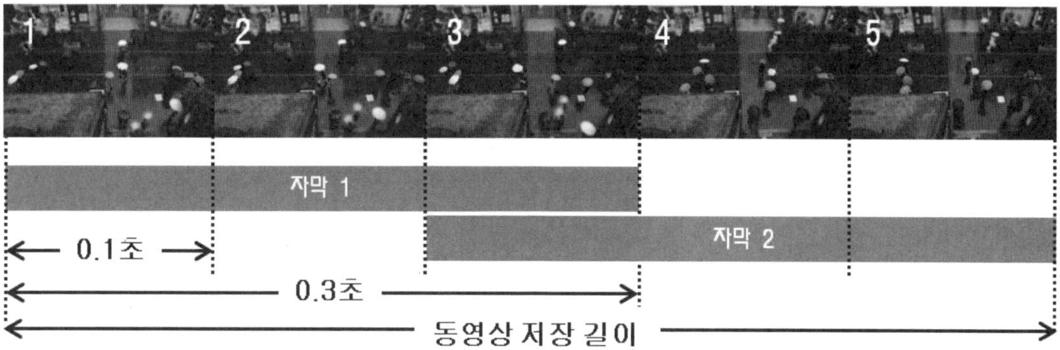

3-4 제목 또는 자막에 타이핑 효과 넣기

TV나 영상물에서 자막의 글자 한 자 한 자가 타자 칠 때 나는 소리와 함께 마치 타자 치듯이 나타나는 것을 본 적이 있을 것이다. 이러한 효과를 어떻게 만들 수 있을까? 방법은 간단하다. 자막의 글자를 하나씩 증가시키며 나타나는 영상을 만든다. 빈 화면에 만들어도 되고 영상의 화면에 만들어도 된다. 먼저 제목에 대해 타이핑 효과를 단계적으로 만들어보자.

1. 먼저 [홈][제목]을 클릭하면 빈 화면에 제목창이 뜨고 제목을 입력한다.

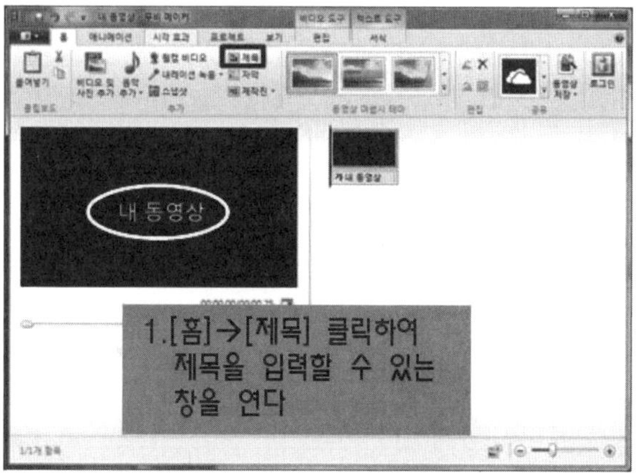

2. 이때 글자에 어떤 효과도 적용되면 안 된다. 따라서 [텍스트도구]→[서식]→[효과]→ "없음"을 클릭하여 제목 텍스트에 대한 효과를 모두 제거한다.

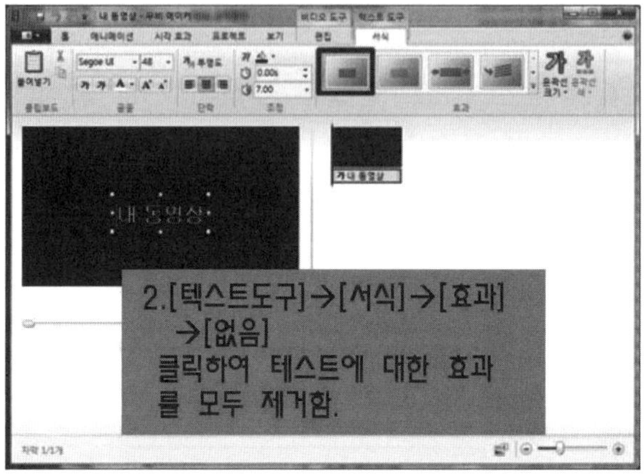

3. 미리보기 창에서 제목을 더블 클릭하여 제목을 수정한다

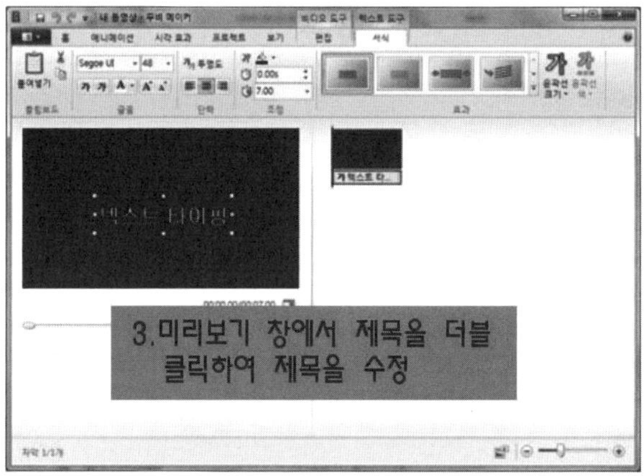

4. 제목에 들어갈 글자 수 만큼 빈 화면을 복사한다. 만약 사진 위에 제목을 넣으려면 사진을 글자 수 만큼 복사한다. 복사할 대상을 선택 후 Ctrl key와 c를 동시에 누르면 복사가 되므로 복사한 것을 붙여넣기를 통해 완료하는데 Ctrl key와 v를 동시에 누르면 복사된 화면이 붙여넣기가 된다. 복사하려는 화면 개수만큼 Ctrl key와 v를 누른다.

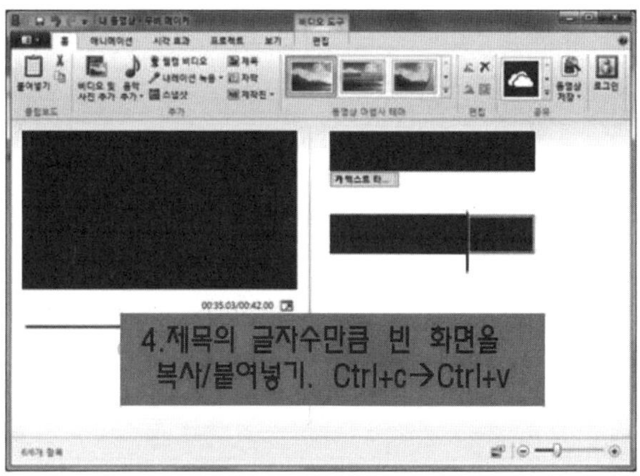

5. 복사된 빈 화면에 첫 번째부터 글자를 입력하는데 첫 번째 화면에는 첫 번째 글자, 두 번째 화면에는 두 번째 글자까지, 세 번째 화면에는 세 번째 글자까지 입력하고 모든 텍스트 입력이 끝날 때까지 반복한다. 만약 입력하려는 글자가 "텍스트 입력" 이면 "텍","텍스","텍스트", "텍스트 입", "텍스트 입력"과 같이 각 화면에 입력한다.

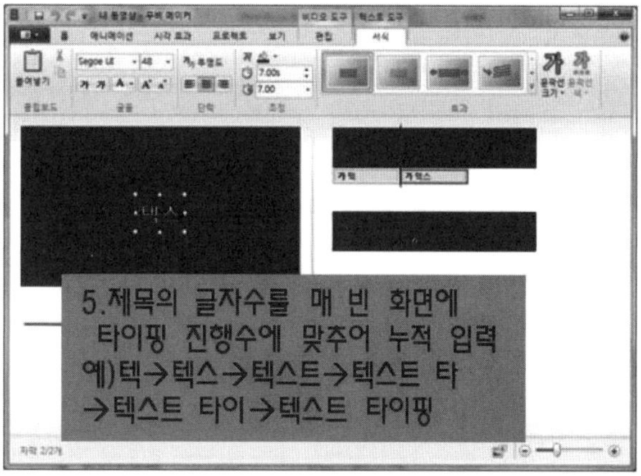

6. 각 화면에 모든 텍스트가 입력되었으면 전체 화면의 재생시간을 짧게 조정한다. 0.5초 이하로 설정하면 적당하다.

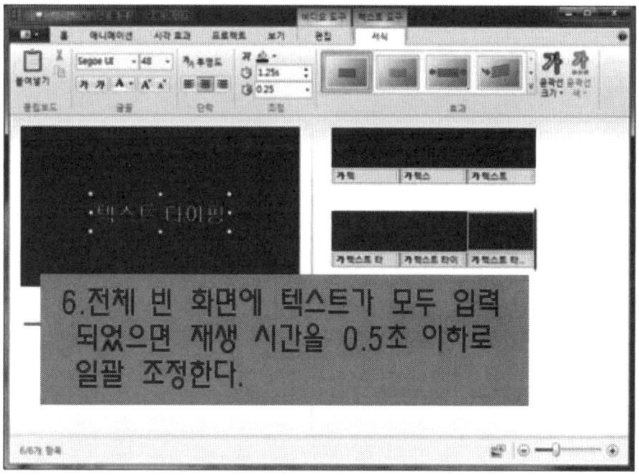

7. 전체 영상에 대한 재생시간 조정이 완료되었으면 타이핑 효과음을 삽입한다. 이 효과음도 인터넷에서 검색하면 쉽게 구할 수 있다. 인터넷 검색 시 검색어를 "타자 효과음", "타이핑 효과음" 등으로 검색하면 여러 가지 타자 효과음들이 검색될 것이다. 원하는 효과음을 다운 받아서 사용한다.

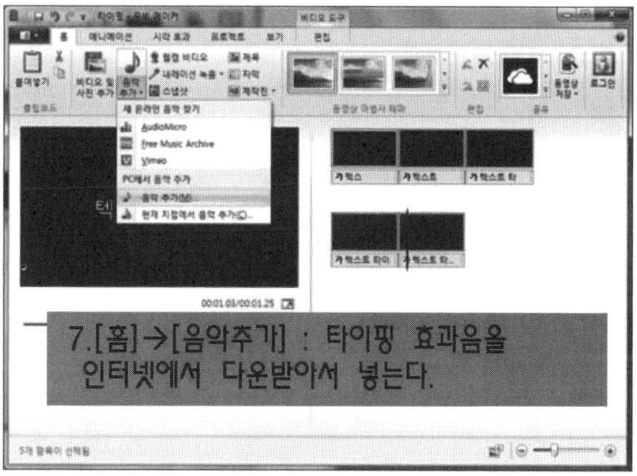

8. 만약 효과음이 “탁타닥탁탁”과 같이 연속된 타이핑 소리를 가진다면 “탁” 한 음절만 잘라서 붙일 필요가 있다. 한 음절을 분리해 내려면 음악도구를 사용하여 잘라내야 한다. [음악도구]→[옵션] → [분할]에서 음악 분할이 가능하므로 이 기능을 이용하여 음절을 잘라내어 사용하자. 분할 시 마우스로 이미지 아래에 불러온 음악 바를 클릭하면 [음악도구]메뉴가 활성화되고 메뉴 중간에 위치한 “분할”을 클릭한다. 음악 분할을 클릭하기 전에 마우스로 막대바를 이동하여 분할하고자 하는 위치로 옮긴 후 “분할”을 클릭한다. 분할된 음악을 필요한 부분만 남기고 불필요한 부분은 “del” Key를 사용하여 지운 후 이미지 시작 지점에 복사하여 붙여넣기로 복사한다. 그러면 이미지가 시작되는 시점에 글자가 나타나면서 효과음 “탁”소리가 동시에 나서 타자치는 효과를 만들 수 있다.

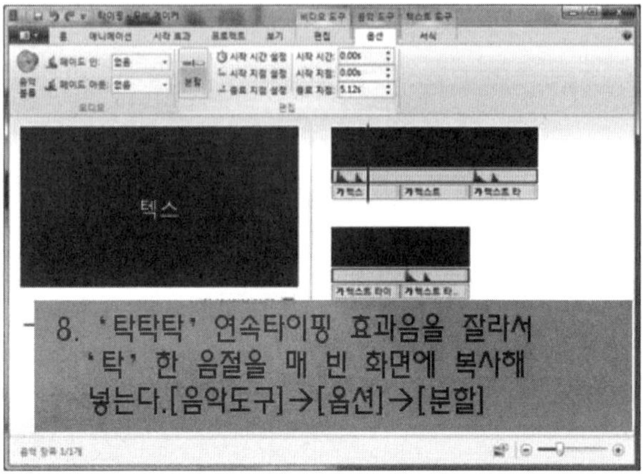

9. 최종 완료되었으면 전체를 재생해 보자. 타이핑 효과를 느낄 수 있는가?

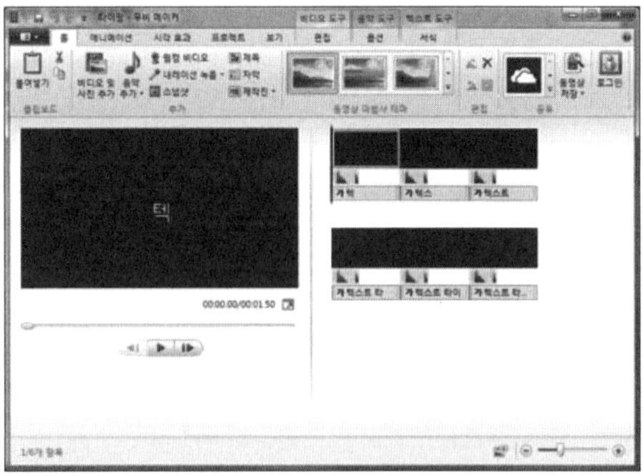

3-5 타이핑 효과음과 배경음악 동시에 넣기

2장에서 배경음악을 효과음으로 삽입하는 방법에 대해 알아보았다. 배경음악이 전체 영상에 깔려서 흐르는 상태에서 효과음을 삽입하려면 어떻게 해야 할까? 배경음악은 [홈]→[음악추가]를 클릭하여 삽입하였다. 배경음악이 [음악 추가] 기능에 의해 삽입되었으므로 효과음을 [음악추가]기능으로 삽입할 수 없다. 두 개의 음악을 하나의 기능으로 추가할 수 없으며 충돌이 발생하여 하나는 포기해야 한다. 이때 방법은 [홈]→[내레이션 녹음]의 [내레이션 추가] 기능을 이용하여 효과음을 삽입할 수 있다. 이와 같은 방법으로 두 개의 음을 충돌 없이 동시에 삽입할 수 가 있다.

3-6 Tip-프로젝트 파일 로딩오류 문제 분석 및 해결

예전에 작업한 프로젝트 파일을 수정하려고 다시 불러들였다. 그런데 작업한 파일이 올라오지 않고 클립모음창에 노란색 삼각형이 뜨는 경험을 한 적이 있을 것이다. 이와 같은 프로젝트 파일 로딩 오류 문제를 분석하고 해결하는 방법을 알아보자.

로딩 오류 문제의 발생

프로젝트 파일은 다음에 다시 불러내어 이미 제작한 동영상을 수정하려고 할 때 사용하는 파일이라는 것은 이미 알고 있을 것이다. 그런데 프로젝트 파일을 다시 열었는데 클립모음창에 예전에 작업시에 불러온 사진들이 하나도 뜨지 않고 사진이 있었던 흔적만 남아 있고 사진이 있었던 자리에 삼각형의 느낌표가 떠있는 경우가 있다.

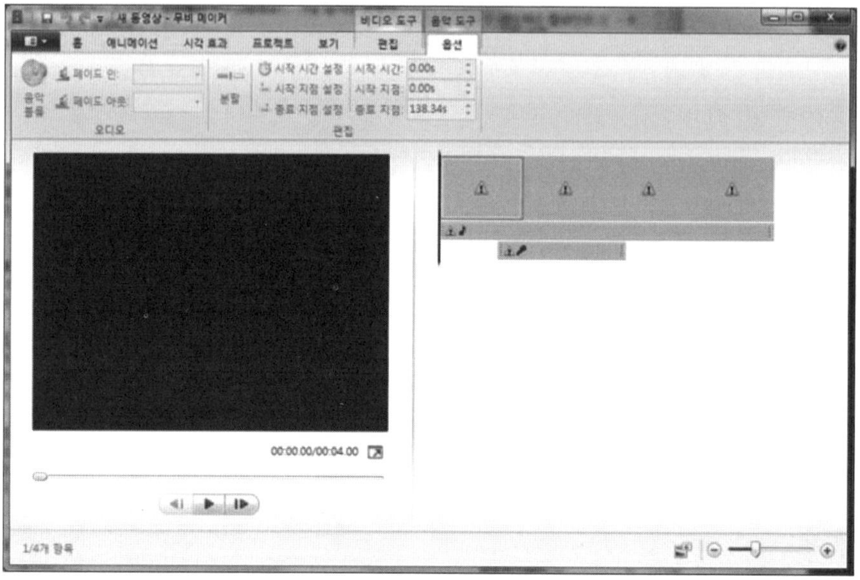

문제의 원인 찾기

무슨 문제가 있기에 이런 상황이 발생했을까? 무슨 문제인지 알아보기 위해 클립모음창의 문제 된 사진 위에 마우스를 갖다 올려보자. 무슨 메시지가 뜨는가? 사진파일의 이름과 동영상 작업 시 적용되었던 전환 효과 등에 대한 정보가 보일 것이다. 이 정보창의 맨 위에 "다음을 수정하려면 두 번 클릭하시오"라는 메시지가 보이는가? 두 번 클릭해보자. 그러면 이 사진을 찾을 수 없다는 에러 메시지 창이 열릴 것이다.

결론은 사진 파일이 저장된 장소와 프로젝트 파일이 있는 장소가 다르기 때문에 사진 파일을 찾지 못해서 발생한 문제이다. 이런 경우는 프로젝트 파일을 다른 장소로 옮겨서 저장한 후 사진 파일을 프로젝트 파일이 있는 곳으로 옮기지 않았기 때문에 발생한다.

로딩 오류 문제의 해결

해결 방법은 간단하다. 프로젝트 파일이 있는 곳에 사진파일을 옮겨놓든지 사진이 있는 위치를 지정하면 해결된다. 이러한 과정을 살펴보자. 먼저 사진이 올라오지 않은 이미지 위에 마우스를 올려놓고 오른쪽 버튼을 누르면 작은 창이 열리고 여서기 맨 위의 "항목수정"을 클릭한다. 그러면 메시지 창이 열리는데 이것은 대상 파일이 없다는 메시지이며 여기서 없는 파일을 찾으면 된다. 즉, "찾기"를 클릭하면 해당 사진이 있는 폴더를 찾아갈 수 있도록 탐색기 창이 열린다. 여기서 사진이 존재하는 폴더를 선택하면 파일이 정상적으로 나타난다.

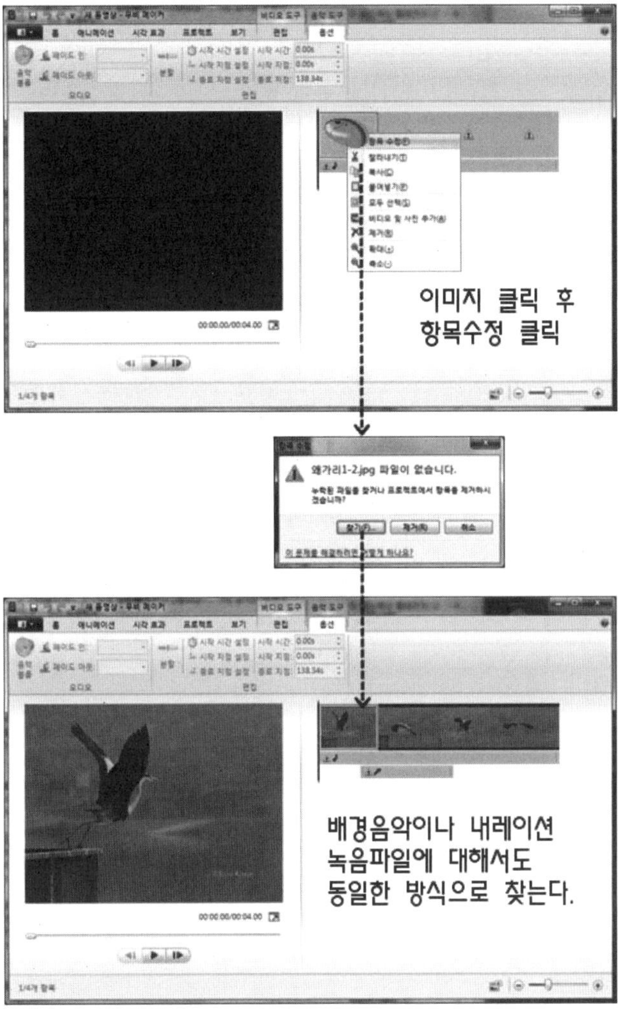

사진뿐만 아니라 기타 다른 배경음악이나 내레이션 녹음 파일도 동일한 방법으로 정상 폴더를 지정해준다. 배경음악바 위에 마우스를 올려 놓으면 배경음악으로 사용된 파일의 이름 및 관련 정보가 올라온다. 마우스 오른쪽 버튼을 누르면 작은 창이 열리고 여서기 맨 위의 "항목수정"을 클릭한다. 여기서부터 앞의 사진 찾기와 동일한 방식으로 배경음악이 존재하는 경로를 정확히 지정해 주면 배경음악 파일도 정상적으로 올라오는 것을 확인할 수 있다.

이와 같은 방식으로 나머지 오류 파일에 대해서 동일한 방식을 적용하여 로딩 오류 문제를 해결할 수 있다.

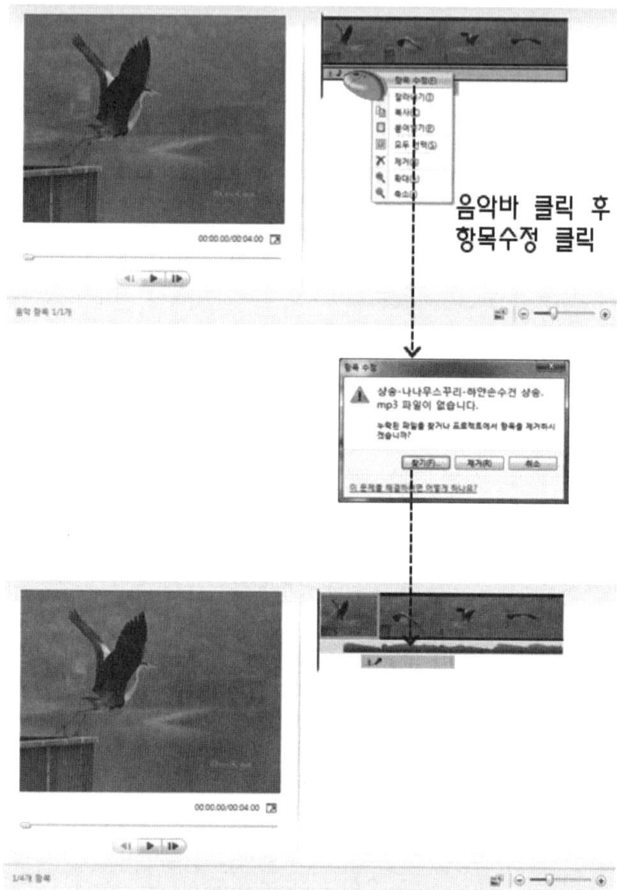

3-7 스마트폰으로 찍은 영상으로 스톱모션 만들기

동영상 제작에 여러 가지 방법들을 동원하면 재미난 동영상을 만들 수 있다. 윈도우 무비메이커로 동영상 제작하는 방법을 배웠으니 재미난 동영상을 만들어 보자. 이번에 만들어 볼 것은 스톱모션이다. 스톱모션은 애니메이션 제작에 활용되기도 하며 인형극 등을 만들 수 있다. 스톱모션 스마트폰을 이용하여 간단한 스톱모션 만들기를 해보겠다.

1. 스톱모션이란?

스톱모션은 움직이지 않는 대상을 마치 움직이는 것처럼 영상효과를 만드는 방법이다. 이때 사물이 움직이는 것처럼 표현하려면 사물을 조금씩 이동하면서 매 순간순간 움직인 상태를 사진으로 한 컷씩 촬영하여 연속된 장면으로 만드는 방법이다.

2. 스톱모션 작업 순서

1) 대본준비 : 스톱모션을 만들 대상을 선정하고 대상에 대한 스토리 대본을 작성한다.
2) 촬영 기기 고정 : 대본이 준비되었으면 대본대로 사진 촬영 준비를 한다. 사진 촬영 시 스마트폰이나 카메라를 준비하여 촬영할 수 있으며, 사진 촬영 위치에서 촬영 기기를 삼발이 등으로 고정한다.
3) 사진 촬영 : 사진 촬영 대상을 대본대로 움직여 가면서 한 컷씩 사진 촬영을 한다.
4) 사진 편집 : 촬영이 완료되면 사진을 무비메이커 클립모음 창에 불러와서 편집한다.

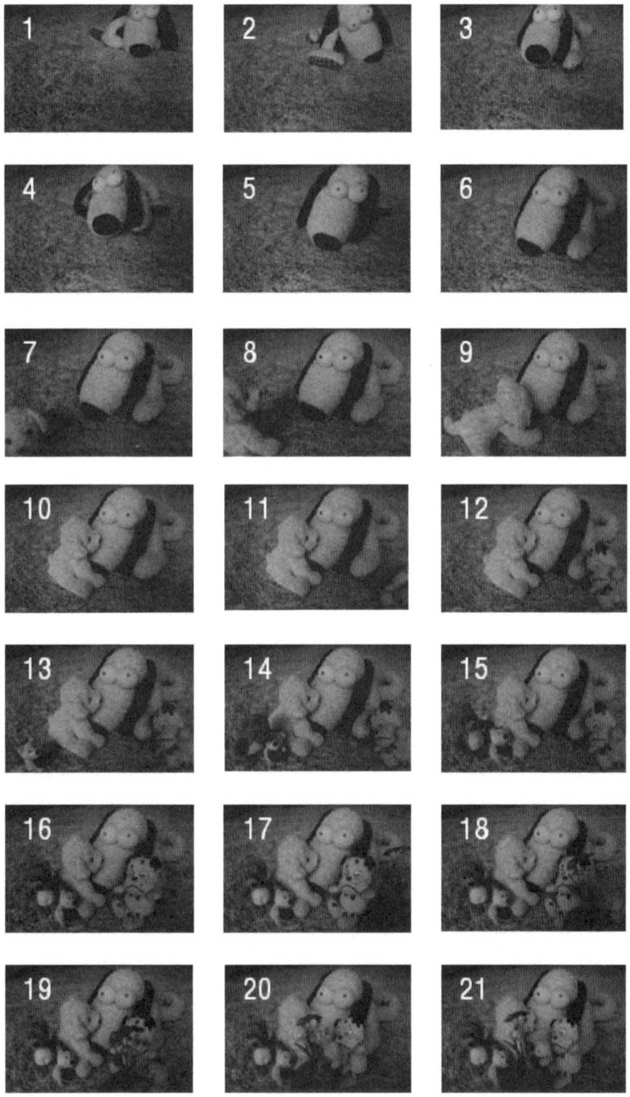

3. 스마트폰으로 스톱모션 영상 촬영 준비

우선 스톱모션 제작용 주제를 정하고 주제에 맞게 사진을 찍는다. 사진은 적당한 간격으로 이미지를 움직이면서 사진을 한 장씩 찍는다. 이렇게 일정한 간격으로 대상을 움직이면서 사진 촬영을 완료하면 여러 장의 사진 파일이 만들어질 것이고 이것을 한곳에 모아서 편집하면 끝이다. 이미지 촬영시 배경을 고정하고 촬영하면 좀 더 안정된 화면에서 스톱모션의 효과를 증가시킬 수 있다. 하지만 스마트폰으로 촬영 시 배경을 고정하는 장치를 구비하지 않으면 어렵고 꼭 배경이 고정되어야만 하는 것도 아니므로 그냥 촬영해도 무방하다. 간단한 생활용품을 가지고 스톱모션을 만들어 보자. 사진 찍을 장면의 앵글을 고정할 수 있도록 준비한다.

4. 스톱모션 영상 촬영

필자는 동물 인형 소품을 이용하여 동물가족 사진을 찍는 상황을 스톱모션으로 만들어 보겠다. 강아지가 화면 한쪽 구석에서 엉금엉금 기어오는 장면을 한 장면씩 찍기 위해 강아지 인형의 모습을 조금씩 바꾸면서 스마트폰으로 찍은 후 다른 강아지 인형들을 서서히 등장시키며 사진을 찍는다. 사진 "1"→사진 "2"→사진 "3"과 같은 순서로 사진을 촬영한 후 클립모음창에 불러들인다. 모두 촬영을 완료한 사진을 우측에 모아 두었다.

5. 사진 불러오기

앞에서와 같은 방법으로 적당한 분량의 사진을 찍은 후 이 사진들을 클립모음창에 한꺼번에 불러들인다. 클립모음창에서 재생하려는 사진 순서대로 정렬한다. 사진 순서는 이름 순서대로 정렬하여 불러오면 편리할 것이다.

6. 사진 편집

스톱모션 효과를 살리기 위해 전체 사진에 대해 재생시간을 0.2초 이하로 설정한다. 한 장씩 재생되는 시간이 길수록 다음 장면으로 전환하는 속도가 느려지므로 스톱모션 효과가 줄어들 것이므로 0.2초 정도의 간격으로 재생하도록 하는 것이 적당하다. 사진과 사진 사이의 움직임을 좀 더 부드럽게 하려면 사진 간격을 조밀하게 즉, 더 많은 움직임을 세밀히 찍어야 할 것이다. 마지막 영상의 사진은 재생시간을 1초 이상 길게 설정하는 것이 좋을 것 같다.

7. 사진에 제목/자막 넣기

재생시간 설정이 완료되었으면 영상 중간마다 자막을 넣어 주면 더욱 효과적일 것이다. 동영상의 제목을 붙이고 효과음도 삽입하면 스톱모션이 완료된다. 자 이제 제작한 스톱모션을 동영상으로 저장하여 재생시켜보자.

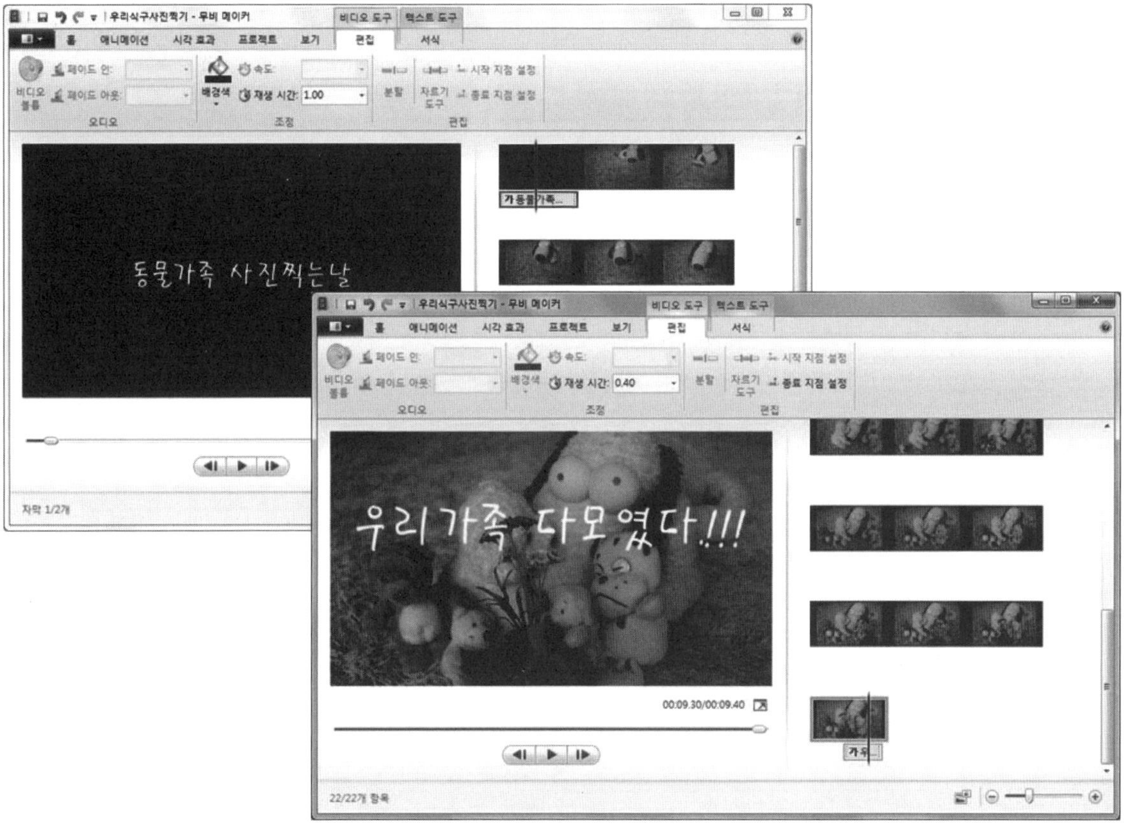

3-8 영상 거꾸로 돌리기

사람이 걸어가는 영상화면에서 갑자기 뒷걸음치는 영상화면을 본 적이 있을 것이다. 이런 장면은 어떻게 만들까? 조금만 생각해보면 간단히 해결할 수 있다. 연속 동작의 사진만 있으면 이미지 사진을 순서대로 거꾸로 배치한 후 재생시키면 간단히 해결된다. 영화 필름을 거꾸로 돌리는 것과 동일한 원리이다. 그러면 한 스텝씩 만드는 과정을 살펴보자.

동영상에서 사진 추출하기 :

영상 거꾸로 돌리기 효과를 만들기 위해 준비한 동영상에서 사진을 추출한다. 사진 추출하기는 앞에서 다루었기 때문에 상세한 설명은 생략한다. 곰플레이어를 사용하여 사진을 일정 간격으로 추출한다. 자연스러운 동영상을 얻기 위해서는 사진 추출 간격을 조밀하게 하는 것이 좋다. 추출한 사진을 클립모음 창에 불러들여 사진의 순서를 거꾸로 재배치한다.

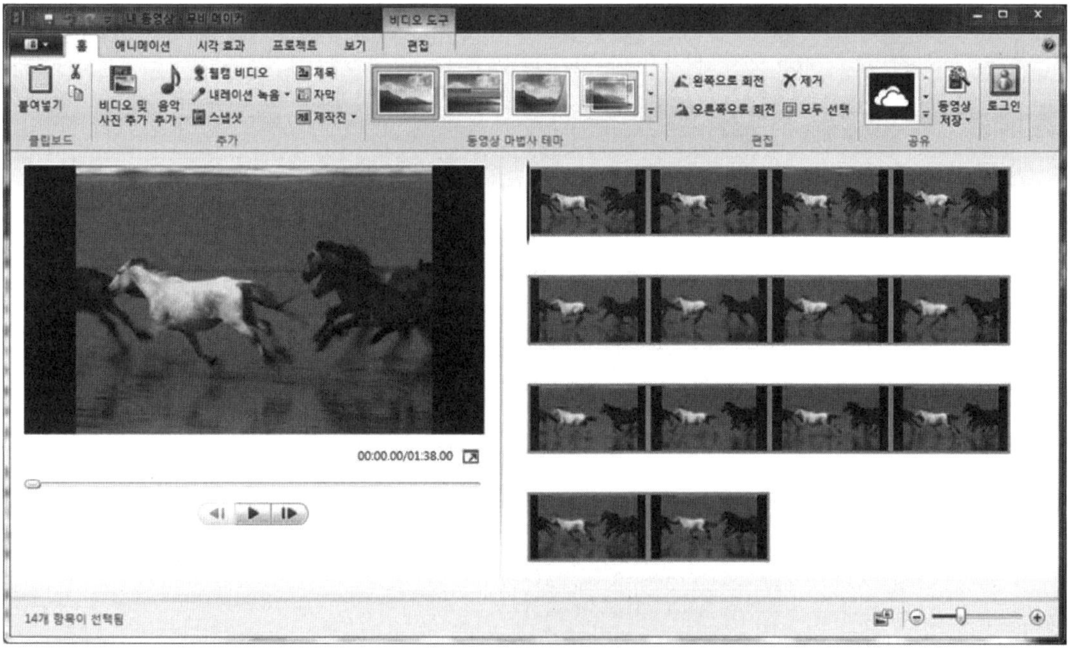

사진 거꾸로 배치하기 1 :

사진을 클립모음 창에서 원래의 이미지를 그대로 두고 전체를 복사하여 이미지의 순서를 거꾸로 재배치한다.

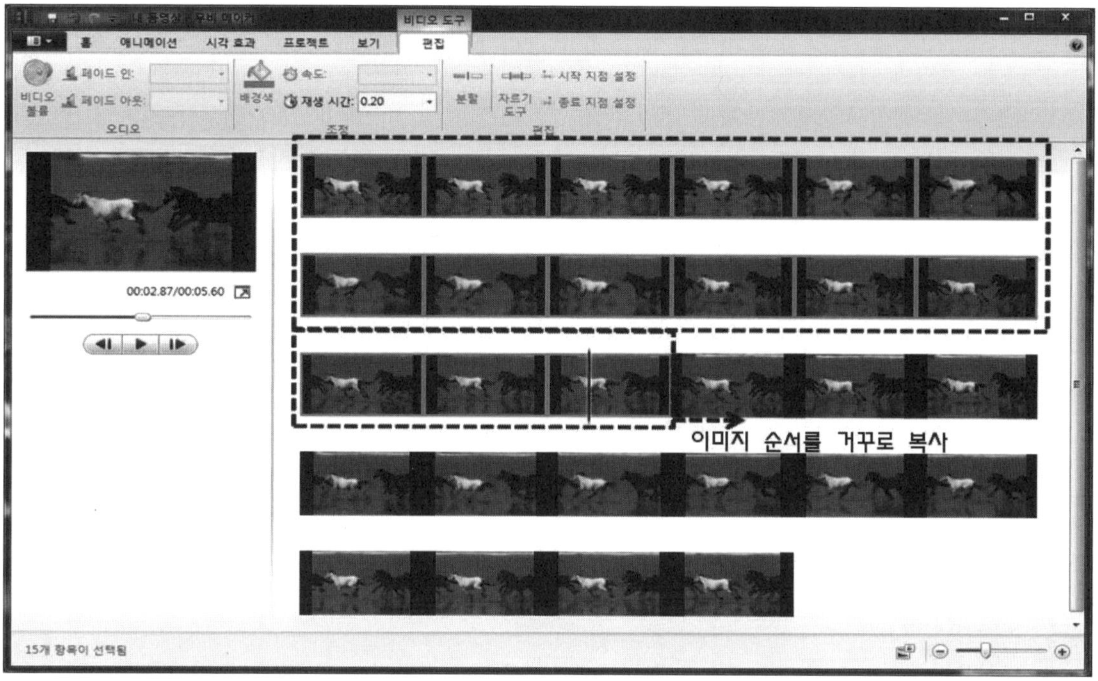

사진 거꾸로 배치하기 2 :

앞의 방법과 같이 이미지를 거꾸로 배치하면 되지만 사진이 많을 경우 거꾸로 배치하는 데 많은 시간이 소요될 것이며, 동영상으로부터 연속장면을 추출했기 때문에 이전의 이미지와 다음 이미지가 비슷하여 이미지를 골라서 역순으로 배치하기란 여간 혼란스러운 일이 아니다. 좀 더 간단하고 쉬운 방법을 찾아보자. 사진을 클립모음창에 불러오기 전에 저장된 폴더에서 사진의 파일 리스트를 확인해 보자. 폴더에서 마우스 오른쪽 버튼을 누르면 창이 열리고 여기서 “보기”를 클릭하면 “자세히”를 선택한다. 그러면 파일이름 순서대로 폴더에 나타나는데 처음에는 시간 순서대로 파일이 추출되어 있고 파일 이름도 시간 순서대로 만들어져 있다. 이 순서를 반대로 뒤집으면 시간의 역순으로 정렬될 것이다. 이는 탐색기 창 상단에 파일의 이름, 날짜, 유형, 크기 등의 순서로 파일에 대한 자세한 정보를 나타내고 있다. 여기서 파일의 이름을 한번 클릭하면 조금 전에 정렬되어 있던 순서가 역순으로 바뀌는 것을 확인할 수 있을 것이다. 여기서 파일 이름의 오름차순 내림차순 정렬이 가능하다. 따라서 파일 이름의 역순으로 정렬하면 시간의 역순으로 정렬된다. 이렇게 정렬된 파일을 모두 선택하여 클립모음창에 불러온다.

재생시간 설정 :

재배치한 사진의 재생시간을 가급적 사진 추출할 때 시간 간격과 동일한 시간을 설정하고 미리보기 창에서 재생시키며 확인한다. 이때 사진 추출시의 시간과 동일하게 재생시간을 설정하는 것은 원래 동영상의 재생시간과 동일하게 나타내기 위함이다.

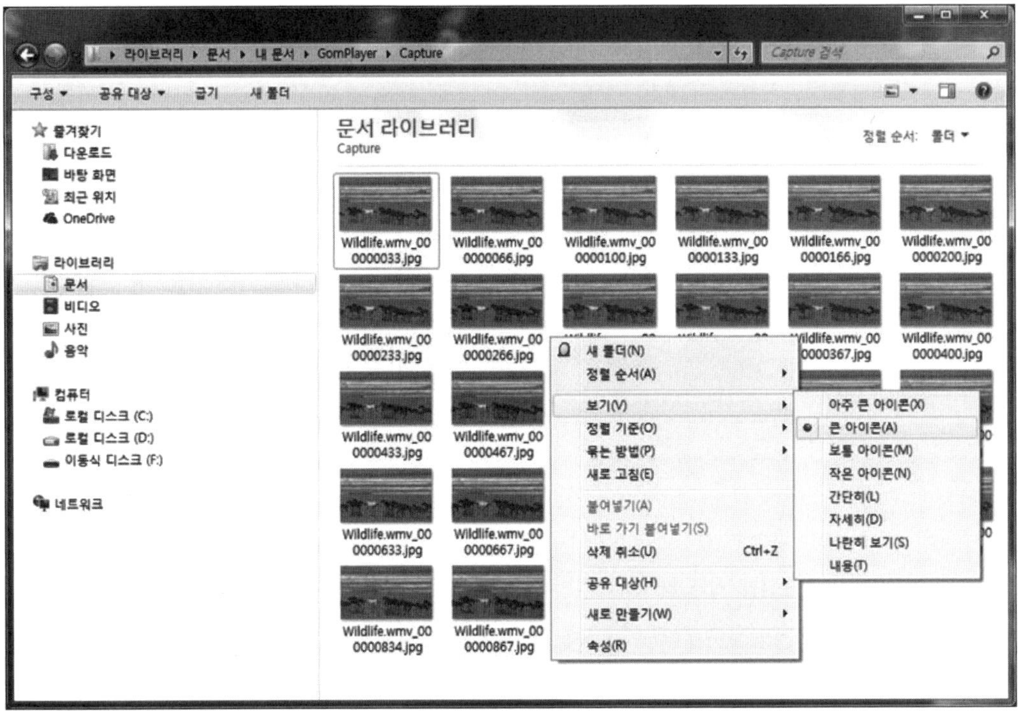

파일 자세히 보기 상태에서 마우스 오른쪽 버튼을 클릭후 [정렬기준]을 선택하면 현재 상태가 나타난다. 기본적으로 [이름]에 대해 [오름차순]으로 정렬되어 있다. 이는 파일 이름에 대해 낮은 순서에서 높은 순서로 정렬되어 있으며 이는 시간에 대해 순방향의 순서대로 추출된 것과 일치한다.

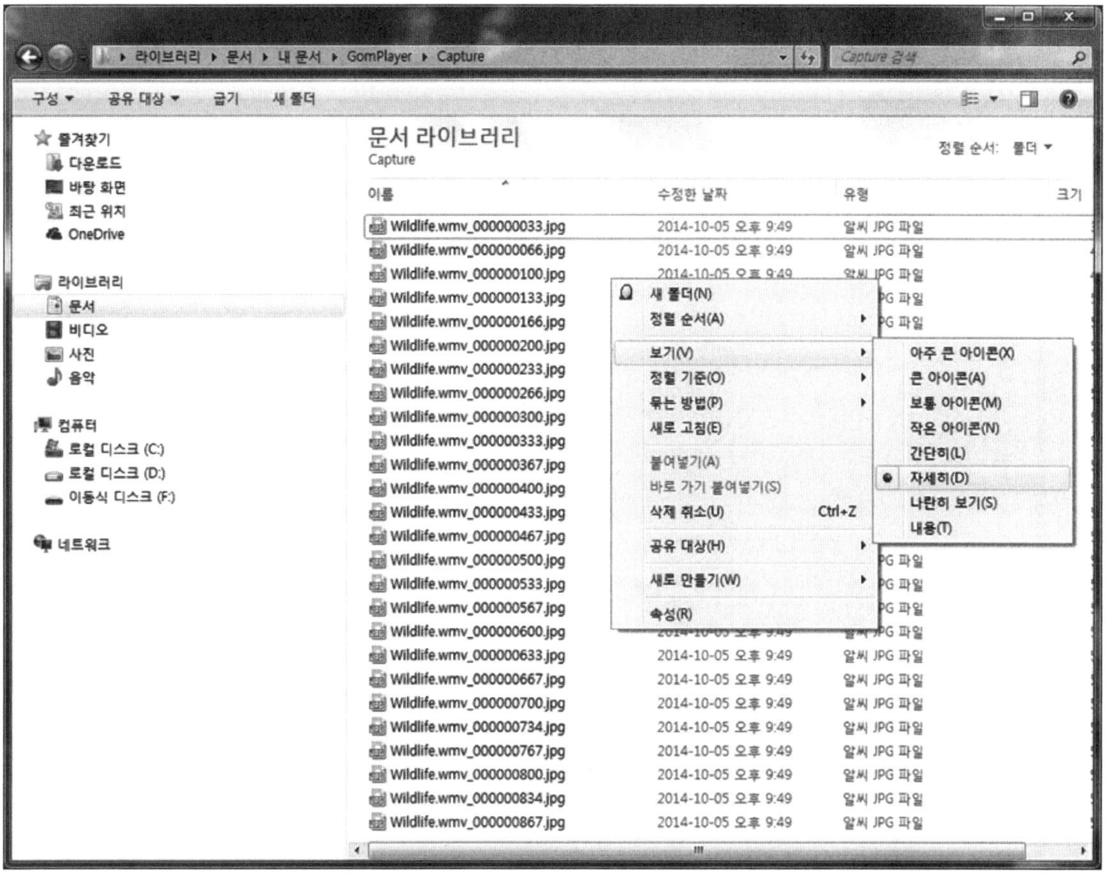
라이브러리 ▸ 문서 ▸ 내 문서 ▸ GomPlayer ▸ Capture
Capture 검색
구성 공유 대상 굽기 새 폴더
문서 라이브러리
Capture
정렬 순서: 폴더
이름
수정한 날짜
유형
크기
새 폴더(N)
정렬 순서(A)
보기(V)
정렬 기준(O)
묶는 방법(P)
새로 고침(E)
붙여넣기(A)
바로 가기 붙여넣기(S)
삭제 취소(U) Ctrl+Z
공유 대상(H)
새로 만들기(W)
속성(R)
아주 큰 아이콘(X)
큰 아이콘(A)
보통 아이콘(M)
작은 아이콘(N)
간단히(L)
자세히(D)
나란히 보기(S)
내용(T)

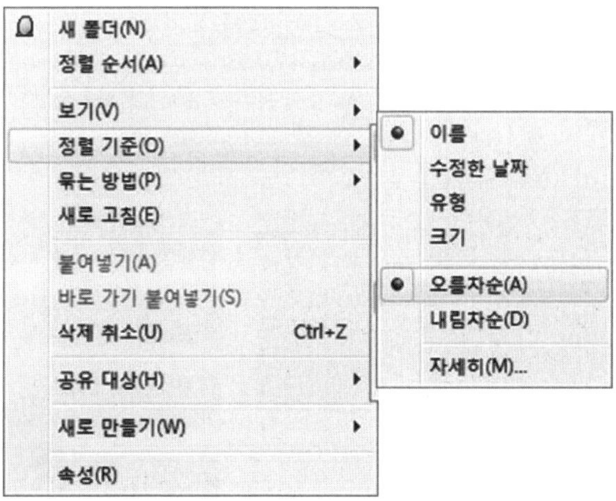
새 폴더(N)
정렬 순서(A)
보기(V)
정렬 기준(O)
묶는 방법(P)
새로 고침(E)
붙여넣기(A)
바로 가기 붙여넣기(S)
삭제 취소(U) Ctrl+Z
공유 대상(H)
새로 만들기(W)
속성(R)
이름
수정한 날짜
유형
크기
오름차순(A)
내림차순(D)
자세히(M)...

[정렬기준]에서 [이름]에 대해 [내림차순]으로 정렬하면 파일 정렬 순서가 역으로 배치된다. 즉 파일 이름이 높은 순서에서 낮은 순서로 정렬되며 이는 시간에 대해 역방향의 순서대로 추출된 것과 일치한다. 이 파일을 클립모음창에 순서대로 불러오면 영상 거꾸로 돌리기가 완성된다.

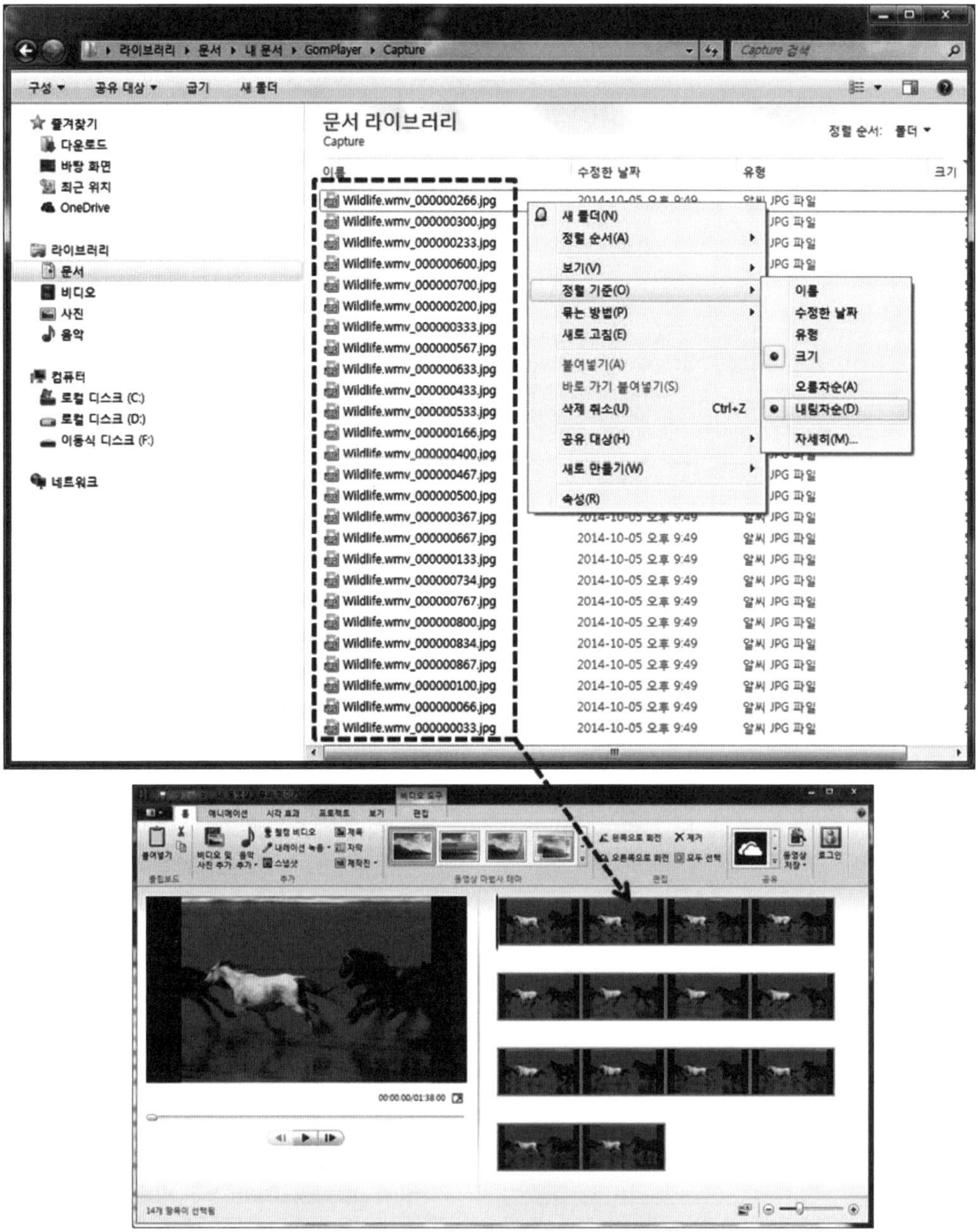

연습 : 영상 거꾸로 돌릭 스톱모션 만들기

➔ 스톱모션용 사진 활용
➔ 사진을 모아서 스톱모션 만들기
➔ 스톱모션 영상을 거꾸로 돌리기
➔ 재생시간 0.2 초

3-9 미니어처 효과 스마트폰에서 만들기

미니어처 효과는 말 그대로 영상을 찍은 대상을 작아 보이게 만드는 효과이다. 즉 마치 소인국을 보는 것 같은 착각을 불러일으키는 영상효과이다. 미니어처 효과를 만들기 위해 무비메이커에서 작업하기 이전에 사전 작업이 필요하다. 일반적으로 사진을 미니어처 효과로 만드는 과정이 필요한데 이런 효과는 무비메이커에서 제공하지 않으므로 별도의 툴을 사용하여 작업해보자. 일반적인 사진을 photoshop을 이용해서 미니어처 효과를 만들 수 있으나, 이를 이용하기에는 다소 복잡하여 쉽게 접근하기가 어렵다. 스마트폰에서 찍은 사진을 활용할 경우 스마트폰 앱에서 제공하는 사진 편집 툴중 Awesome miniature를 이용하여 간편하게 만들 수 있다. Awesome miniature를 사용하여 미니어쳐 사진을 만드는 방법을 알아보자.

1. 미니어처와 미니어처 효과란?

미니어처란 실제 크기보다 축소된 모델로 제작된 영화의 세트나 세트 속의 물건을 말한다. 이런 축소된 모델에 대해 특수한 조명을 사용하거나 촬영 방법을 통해 실제 환경인 듯한 환각을 만들어 낼 수 있다. 반대로 실제 환경을 대상으로 적절한 촬영 방식을 사용하면 마치 미니어처 같은 축소된 세계에 있는 듯한 효과 영상을 만들 수 있는데 이를 미니어처 효과라 한다.

2. 미니어처 효과 작업 순서

① **촬영 대상 및 위치선정** : 실제 환경을 촬영한다고 해도 미니어처 효과의 영상을 만들기 위해 사진 촬영 위치 및 장소가 중요하다. 일반적으로 길거리에서 촬영한 거리 사진은 미니어처 효과로 만들 영상으로 적절치 않다. 즉 사진의 촬영 각도가 위에서 아래로 내려다보면서 촬영한 사진이어야 미니어처 효과를 살릴 수 있다. 건물의 높은 위치에서 아래를 내려다보면서 촬영하면 더욱 좋은 효과를 얻을 수 있고 대상이 화면에서 너무 크게 촬영되어도 미니어처 효과가 줄어든다.

② **촬영 기기 고정** : 촬영 대상 및 위치 선정이 완료되었으면 촬영 기기를 삼발이에 고정한다.

③ **동영상 촬영 및 사진 추출** : 동영상 촬영을 완료하여 pc로 동영상 데이터를 받는다. 동영상에 대해 미니어처 효과 작업을 하기 위해 사진으로 추출한다, 사진을 추출하기 위해 앞에서 예시한 곰플레이어를 사용할 수 있다. 사진 추출 시 추출 간격을 적절히 설정하여 추출한다. 만약 대상이

빠르게 움직이는 물체라면 추출 시간 간격을 짧게 설정하고 반대로 느리게 움직이는 대상이면 추출 시간 간격을 길게 설정하는 것이 좋다.

④ **사진 편집** : 추출한 사진에 대해 미니어쳐 효과를 넣는 작업을 한다. 미니어처 효과를 넣는 작업은 사진 편집 프로그램에서 할 수 있다. 제공되는 사진 편집 프로그램 중 photoshop을 예로 들 수 있으나 일반사용자가 이용하기에 다소 복잡하고 어려우며 간단히 사용할 수 있는 프로그램을 소개하면 포토스케이프를 예로 들 수 있다. 포토스케이프는 무료로 제공되며 사진편집을 위한 다양한 기능들이 제공되므로 유용하게 사용할 수 있다. 또한 스마트폰에서 미니어처 작업할 수 있는 앱으로 Awesome miniature(안드로이드 기반) 등인데 일반적으로 미니어처 작업하기 위한 사진의 장 수가 많기 때문에 스마트폰에서 많은 사진을 작업하기에 다소 어려울 것이다. 따라서 PC에서 작업할 것을 권장한다. 각각의 사진에 대해 미니어처 작업을 완료하였으면 무비메이커의 클립모음 창으로 사진을 불러들여 최종 편집한다.

3-9-1 Awesome miniature 다운 받기

모바일 앱에서 제공하는 Play 스토어에서 Awesome miniature 를 검색하여 스마트폰에 다운 받는다. 이 앱은 무료와 유료 앱이 있으므로 무료 앱을 다운 받아도 무방하다.

Awesome miniature 초기화면 :

초기화면에서 "불러오기"를 터치하여 편집할 사진을 불러온다. 사진에 대해 미니어처 효과를 주기 위해 크게 두 가지 단계를 실행한다. 첫 번째는 미니어처 효과의 가장 중요한 부분인 사진의 특정한 부분에 포커싱을 맞추고 나머지는 흐릿하게 처리하는 단계이다. 사진 촬영 시에 초점 영역을 제외한 나머지 영역을 흐리게 처리하는 것을 아웃포커싱이라고 한다. 두 번째는 색상 및 채도를 조정하는 단계로 나누어진다.

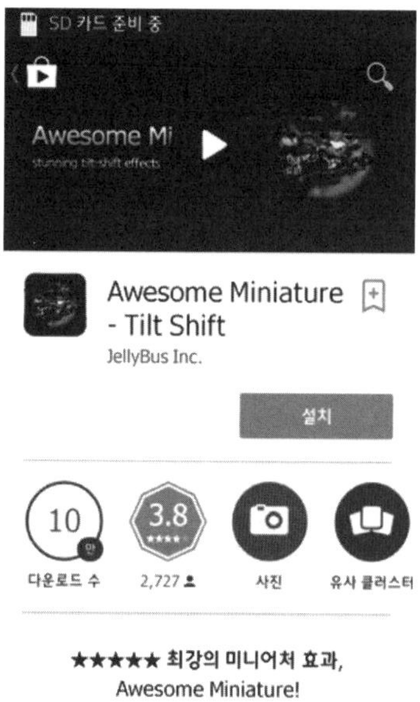

◆ 블러 조정 :

메뉴에서 물방울 모양의 아이콘을 선택하여 "블러"를 터치한다. 블러를 선택하여 들어가면 사진 가운데를 중심으로 노란색 줄이 여러 개 나타나고 가운데는 동그라미가 나타난다. 동그라미가 있는 부분을 중심으로 노란색 줄 테두리가 있는 곳까지는 ① 영역에 해당하며, 사진이 정상적으로 처리되고 가운데를 중심으로 아래 위쪽 바깥 노란색 테두리선까지는 ② 영역에 해당하는데, 약간 흐릿하게 처리되며 가장 바깥쪽은 흐릿한 강도가 가장 세게 적용된다. 즉 아웃포커싱의 강도가 영역 바깥으로 갈수록 강해진다. 이렇게 하면 영역 ③ 부분만 선명하게 나타나고 바깥 영역으로 갈수록 점점 흐리게 나타나는 효과를 낼 수 있다.

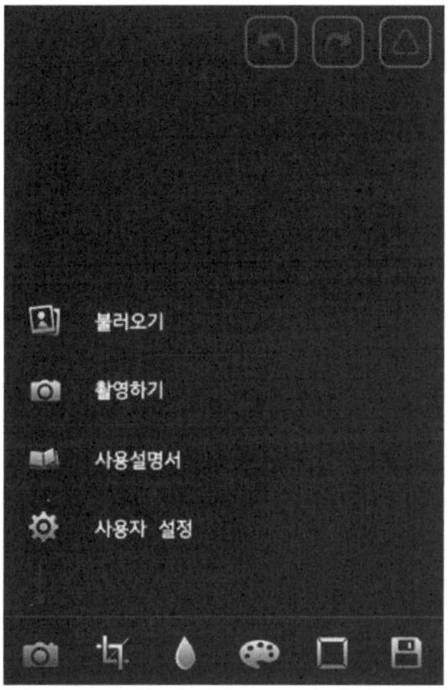

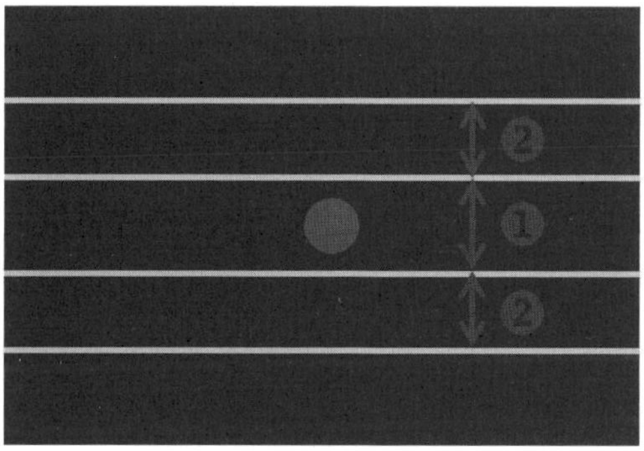

◆ 블러 영역 변경 :

블러 영역을 변경할 수 있는데 ①과 ② 영역의 폭을 조정할 수 있다. 왼쪽 하단에 "간격"이라고 표시된 부분의 바의 원을 밀거나 당기면 ② 영역의 폭이 넓어지거나 좁아진다. ① 영역의 조정은 손가락으로 폭을 넓히거나 좁히면서 조정한다. 블러 영역 모양을 초점 영역을 중심으로 원형으로 나타낼 수도 있고 화면 전체 수평 방향으로 길게 나타낼 수도 있는데 이는 앞에서 살펴본 블러 영역 변경을 위한 "간격"메뉴 오른쪽 옆에 존재한다. 오른쪽 편에 "="표시를 선택하면 블러 영역 모양을 수평 방향으로 설정해 주고 원이나 타원형 모양을 선택하면 블러 영역이 원이나 타원으로 설정된다. 블러영역의 가운데 원을 끌어서 상하로 이동하면 영역전체가 이동하므로 사진에서 영역위치를 잡을 때 필요하다.

◆ 블러 세기 변경 :

블러 세기란 ①과 ② 영역의 선명도를 조정하는 것으로 화면 하단에 "블러세기"라고 표시된 바의 원을 밀거나 당기면 선명도의 세기를 조정할 수 있다. ①은 가장 선명한 영역으로 선명도의 변화는 일어나지 않는다. 블러의 세기를 변경하면 ② 영역의 선명도가 변화하며 ② 영역 바깥 영역은 가장 선명도가 떨어진다.

◆ 색상 및 채도 메뉴 :

블러 변경이 완료되었으면 색상과 채도를 변경한다. 색상 변경을 위해 하단 메뉴 중에서 빠레트 아이콘을 선택하면 "노출/색상/색온도"를 변경할 수 있는 메뉴가 나타난다. 색상을 선택해 들어가면 색상과 채도를 변경할 수 있는 조정 바가 화면 하단에 나타난다. 이를 밀고 당기면서 색상과 채도를 조정할 수 있다.

◆ 노출 조정 :

노출은 사진의 전체 밝기를 조정할 수 있다. 만약 사진이 어둡게 찍혔다면 밝게 해주는 것이 좋다. 이때 노출의 세기를 변경하여 밝기 조절할 수 있다.

◆ 색상 조정 :

색은 모두 다른 가시광 영역의 서로 다른 주파수를 가지는데 주파수의 크기를 일정량 변경하면 색상이 바뀌게 된다. 전체 이미지에는 여러 가지 색들이 혼합되어 있고 이 색상들은 각기 다른 주파수를 가진다. 이 주파수의 크기를 일괄 변경하면 전체적으로 색상이 같은 양만큼 변경된다.

◆ 채도 조정 :

채도란 색의 선명한 정도를 말한다. 채도를 약하게 하면 색상이 약하게 되어 가장 약하게 하면 흑백으로 나타난다. 색상의 강도를 강하게 할수록 색이 진하게 나타나서 더욱 선명하며 원색에 가깝게 나타난다. 채도를 강하게 하면 미니어처 효과를 증대시킬 수 있다.

- 사진 저장 :

 사진 편집 작업이 완료되었으면 화면 오른쪽 하단에 저장하기 아이콘을 선택하여 저장한다.

미니어처 사진을 찍으려면 사진 구도가 위에서 아래로 내려다 보이는 구도이어야 한다. 이때 주변 배경을 흐릿하게 처리하여 미니어쳐 대상을 더욱 돋보이게 하면 효과가 더욱 크게 된다. 미니어처 효과를 내기 위한 사진편집 작업은 블러 영역 설정 및 블러 세기 등의 설정이 적절한 대상을 설정해야 한다. 블러 영역을 너무 넓게 잡으면 배경보다 주대상이 넓어져서 효과가 떨어질 수 있다. 사진 한 장 한 장을 모두 미니어처 효과를 주어서 만들어야 하니 시간이 다소 소요되며 정성을 요하는 작업이다.

3-9-2 Google 앱 사용하기

Google에서 제공하는 사진 관리 앱을 활용하여 미니어쳐 효과를 만들 수 있다. 기본원리는 앞에서 살펴본 Awesome miniature와 유사하다. 편집할 사진을 선택한 후 폰 좌측 하단의 기본 메뉴를 터치하여 "편집"을 선택한다. 그러면 편집할 앱을 선택할 수 있는데 바람개비 모양의 아이콘을 선택하면 편집할 수 있는 상태가 되는데 화면 하단에 여러 가지 메뉴("자동/자르기/회전/스타일…")가 나타난다. 이 메뉴를 우측에서 좌측으로 스크롤하면 다른 메뉴들이 나타나는데 마지막에서 두 번째에 "미니어처"를 찾을 수 있을 것이다.

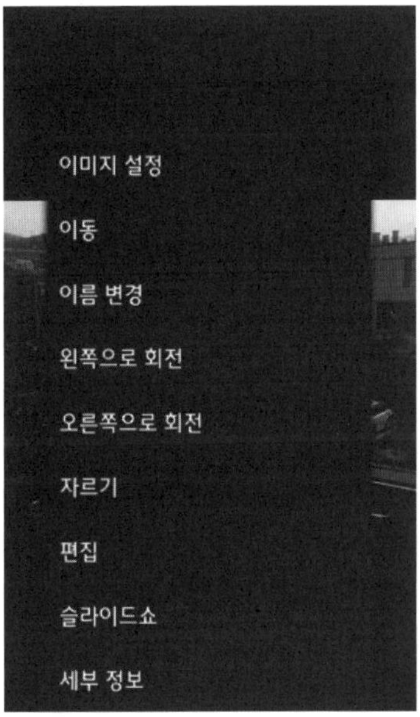

- 앱 초기화면 :

  사진에 대해 미니어처 효과를 주기 위해 크게 두 가지 단계를 실행한다. 첫 번째는 미니어처 효과의 가장 중요한 부분인 사진의 특정한 부분에 포커싱을 맞추고 나머지는 흐릿하게 처리하는 단계이다. 두 번째는 색상 및 채도를 조정하는 단계로 나누어진다. 이 부분은 앞에서 살펴본 Awesome miniature와 같은 범주이다.

- 전환 값 설정 :

편집할 사진을 밀듯이 터치하면 메뉴가 나타나는데 초점 영역의 크기를 조정하고자 할 때 "전환"을 선택한다. 화면 좌측하단에 전환 수치가 나타나는데 화면을 터치해서 좌우로 밀거나 당기면 이 수치를 변경할 수 있다. 사진 가운데를 중심으로 흰색 줄이 여러 개 나타나고 가운데는 동그라미가 나타난다. 동그라미가 있는 부분을 중심으로 흰색 줄 테두리가 있는 곳까지는 ① 영역에 해당하며, 사진이 정상적으로 처리되고 가운데를 중심으로 아래 위쪽 바깥 흰색 테두리 선까지는 ② 영역에 해당한다. 전환 값을 크거나 작게 하면 영역 ②의 폭이 넓어지거나 좁아진다. 영역을 나누는 것은 앞에서 살펴본 Awesome miniature와 동일하다.

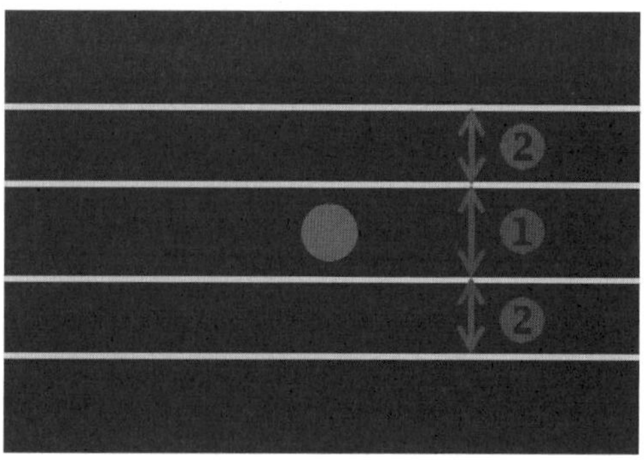

- 아웃포커싱 강도 변경 :

영역의 폭 설정이 완료되었으면 아웃포커싱의 강도를 지정한다. 아웃포커싱 강도도 화면 아래쪽에 수치로 나타나며 화면을 좌우로 밀거나 당기면 강도를 변경할 수 있다. 아웃포커싱 강도를 설정하면 영역이 약간 흐릿하게 처리되며 가장 바깥쪽은 흐릿한 강도가 가장 세게 적용된다. 이렇게 하면 영역 부분만 선명하게 나타나고 바깥 영역으로 갈수록 점점 흐리게 나타나는 효과를 낼 수 있는데 Awesome miniature와 동일한 원리이다.

- 색상 및 채도 메뉴 :

아웃포커싱 강도 변경이 완료되었으면 색상과 채도를 변경한다. 색상 변경을 위해 사진을 밀듯이 터치하면 “밝기/채도/대비”를 변경할 수 있는 메뉴가 나타난다. 사진이 전체적으로 어두우면 밝기를 선택하면 화면 하단에 밝기 수치가 나오고 사진을 좌우로 밀거나 당기면 밝기 수치가 바뀌면서 밝거나 어두워진다.

◆ 채도 조정 :

채도란 색의 선명한 정도를 말한다. 채도를 약하게 하면 색상이 약하게 되어 가장 약하게 하면 흑백으로 나타난다. 색상의 강도를 강하게 할수록 색이 진하게 나타나서 더욱 선명하며 원색에 가깝게 나타난다. 채도를 강하게 하면 미니어처 효과를 증대시킬 수 있다.

3-10 미니어처 효과 PC에서 만들기

앞에서 미니어처 효과를 만들기 위해 스마트폰의 앱을 사용하는 방법에 대해 알아보았다. 스마트폰의 앱을 사용하면 스마트폰에서 찍은 사진을 스마트폰에서 미니어처 효과를 만들수 있다는 장점이 있다. 만약 동영상에서 사진을 추출하여 만든다면 PC로 동영상을 받아서 앞에서 살펴본 곰플레이어를 이용하여 사진을 추출한다. 추출한 사진에 대해 미니어쳐 효과를 적용하기 위해 스마트폰으로 또다시 가져가서 작업하는 것은 번거로운 일일 것이다. 따라서 PC에서 작업할 수 있는 방법을 알아보자

3-10-1 Tiltshiftermaker.com Site를 이용하여 미니어처 효과 만들기

미니어처 효과를 만들어 주는 사이트가 있는데 titlshiftmaker.com 이다. 이곳에서 회원 가입을 한 후 미니어처 효과를 간단히 만들 수 있다. 이 사이트는 유료 회원제이지만 guest user로 등록하여 무료로 이용할 수 있다.

◆ 등록 :

tiltshifter.com에 접속하여 화면 우측 상단에 로그인 창 아래에 “sign up”을 클릭하면 회원 가입 절차가 나온다. 간단히 이름, e-mail 주소, password를 입력하면 등록된다. 등록되었다는 이메일을 받은 이후 이 사이트를 이용할 수 있다. 그러나 로그인하지 않고도 홈 화면에서 사진을 upload 하여 사용할 수 있다.

- Tiltshifter.com 초기 화면

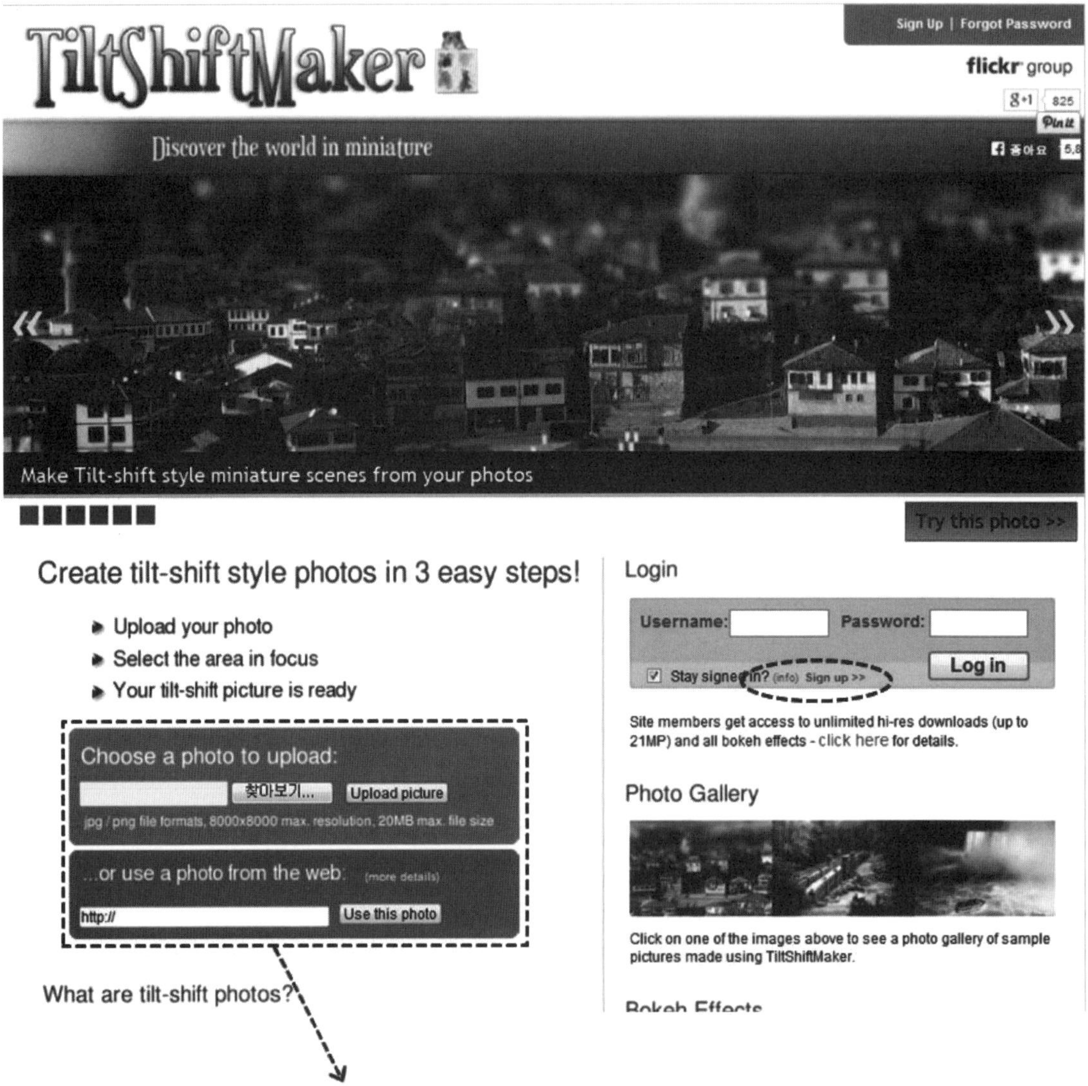

로그인 없이 사진을 upload하여 작업할 수 있다

◆ 로그인 초기 화면 :

이 사이트는 유료 회원제로 운영되기 때문에 로그인하면 초기 화면에 유료회원 가입 관련 창이 뜨며 만약 guest user로 사용하려면 화면 아래에 “Click here”를 클릭하면 정상 사용 가능하다.

◆ 미니어처 효과 만들기 :

홈 화면에서 우측 중간쯤 미니어쳐 영상이 나타나며 이를 클릭하면 미니어처 효과를 만들 수 있는 창으로 돌아간다. 이때 만들고자 하는 사진을 불러와야 하는데 화면 좌측 하단에 “Upload photo”난의 찾아보기를 클릭하여 사진이 있는 곳을 찾아가서 upload 하면 미니어처 작업이 가능하다.

- 초점 영역 설정

초점 영역은 수평/수직 방향으로 설정 가능하다. 일반적으로 수평 방향으로 설정하나 경우에 따라서는 수직 방향으로 설정할 필요가 있을 수도 있다. 수평 방향일 경우 사진의 좌측, 수직 방향일 경우 사진의 하단에 막대바 있는 곳에 화살표가 있으면 마우스로 화살표를 밀고 당기면 초점 영역의 위치 이동도 가능하다. 변경 적용 후 "Preview"를 클릭하여 변경된 사진을 확인한다

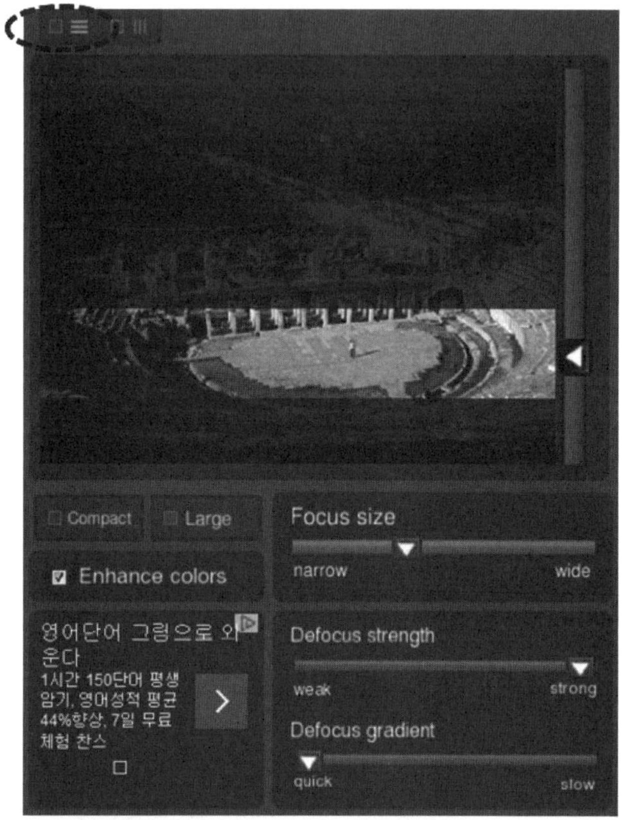

◆ 초점 영역의 크기 설정

초점 영역의 위치를 설정했으면 초점 영역의 크기를 조정한다. 이는 좌측 중간에 있는 "Focus size" 바의 화살표를 밀고 당기면서 영역의 크기를 좁히거나 넓게 확장할 수 있다.

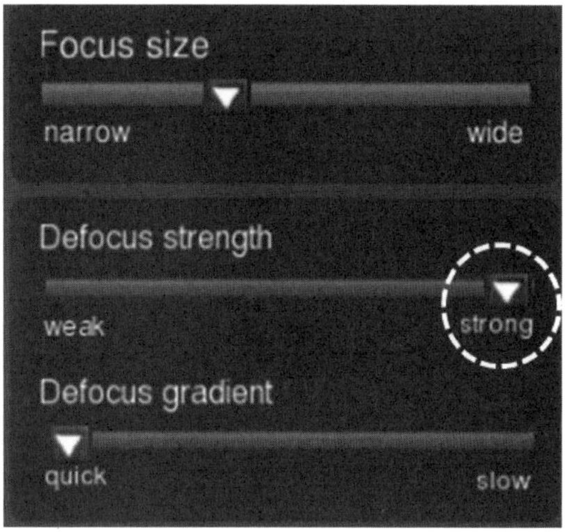

◆ 초점 영역의 아웃 포커싱 강도 설정

초점 영역의 크기 설정이 완료되었으면 초점 영역 바깥부분의 선명도를 조정한다. 이는 좌측 중간 부분의 메뉴에서 "Defocus strength"바의 화살표를 밀거나 당겨 조정하는데 strong쪽으로 갈수록 아웃 포커싱의 강도가 강해진다.

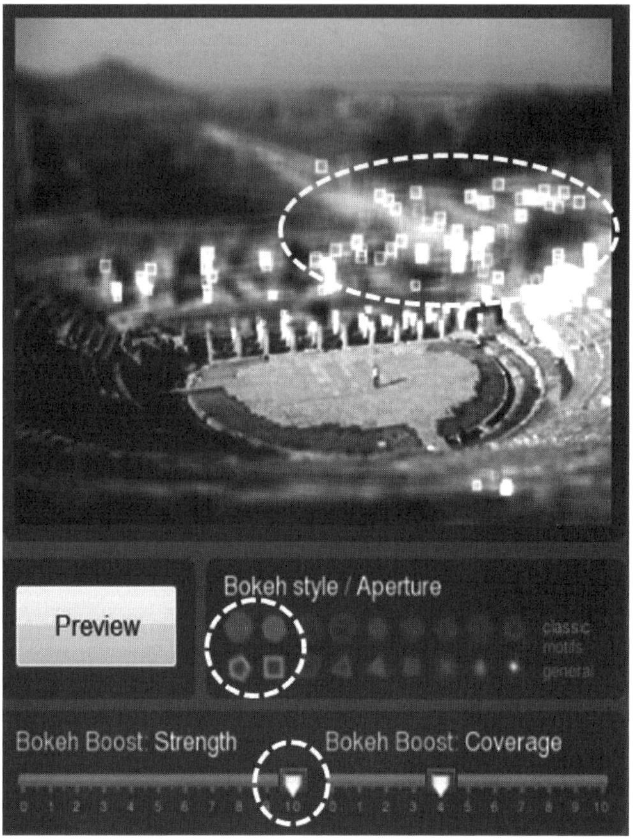

- 보케(Bokeh) 효과 설정

보케 효과는 미니어처 효과뿐만 아니라 일반적인 사진 편집에 많이 적용되는 효과이다. 호숫가의 잔잔한 물결이 햇살을 받아 반짝이는 효과를 극대화하기 위해 보케 효과를 적용할 수 있다. 빛이 반짝이는 모양을 별모양/동그라미 등 여러 가지 모양으로 표현 가능하다. 공연장의 조명등에 의한 빛 줄기를 보케 효과로 표현하면 색다른 느낌으로 표현할 수 있다.

- 보케 효과의 모양 설정

보케 효과로 나타내기 위한 모양이 화면 하단에 종류별로 있으며 별모양/사각형/다각형 등으로 표현 가능한데 guest user는 일부 모양만 사용할 수 있다.

- 보케 효과의 강도 설정

보케 효과의 세기를 나타내기 위해 “Bokeh Boost”를 조정한다.

- 파일 저장

미니어쳐 효과 작업을 완료하면 오른쪽 하단에 “Download”를 클릭하여 작업한 파일을 저장할 수 있다. 사진의 크기를 설정한 후 “Download”를 클릭하면 저장 받을 위치를 묻는 메시지가 나타나며, 이때 저장 받을 위치를 설정한다.

이 사이트는 미니어쳐 효과 사진을 만들 수 있는 기능을 제공하는 사이트이다. 한 가지 아쉬운 점은 미니어쳐 효과 사진에 채도나 기타 색상을 적용하는 기능이 없다는 것이다. 이러한 점을 보강하기 위해 사진 편집기를 다시 활용해야 한다. 다음 장에 사진 편집기능을 제공하는 프로그램을 소개한다.

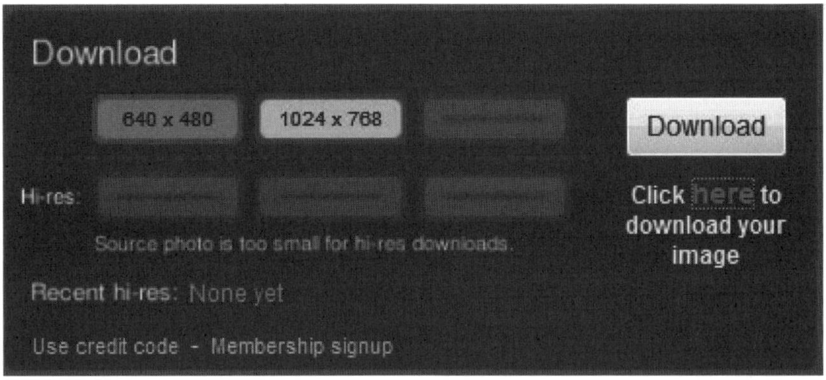

연습

1. 동영상을 준비하여 PC에서 곰플레이어를 사용하여 사진 추출
2. 추출한 사진을 다시 스마트폰에 받아서 미니어쳐 사진 작업을 한다.
3. 사진 작업이 완료되었으면 다시 PC로 받아와서 무비메이커에서 미니어쳐 영상 작업을 완료한다.
4. 완료한 동영상을 발표

3-10-2 포토스케이프(PhotoSacpe)를 이용한 사진 편집 및 미니어처 효과 작업

무료로 제공되는 사진 편집 툴들 중 포토스케이프는 다양한 기능을 제공한다. 홈 화면에서 보다시피 사진 편집 관련 부가기능을 포함하여 애니메이션 기능까지 다양한 기능을 제공하고 있다. 먼저 앞에서 작업한 미니어처 효과의 사진에 대해 사진 편집기를 이용하여 채도나 색상을 진하게 적용하도록 한다. 또한 포토스케이프는 미니어처 효과의 핵심 기능인 초점 영역 설정이 가능하다. 따라서 포토스케이프를 사용하여 미니어처 효과 작업을 한 번에 완료할 수 있다.

◆ 사진 편집

앞에서 tiltshitermaker.com에서 작업한 아웃포커싱 처리한 미니어처 효과 사진에 채도나 색상을 진하게 넣기 위해 포토스케이프 홈 화면에서 [사진편집] 기능을 선택한다. [사진편집]을 선택해서 들어왔을 때 초기화면이 다음과 같이 나타난다. 우측 상단에 사진이 있는 폴더를 선택할 수 있는 창이 나타나고, 우측 하단에 선택한 폴더에 존재하는 사진이 나타난다. 그리고 메인 화면 하단에 사진 편집 도구들이 나타난다. 폴더에서 사진을 선택하면 메인 화면에 선택한 사진이 나타난다.

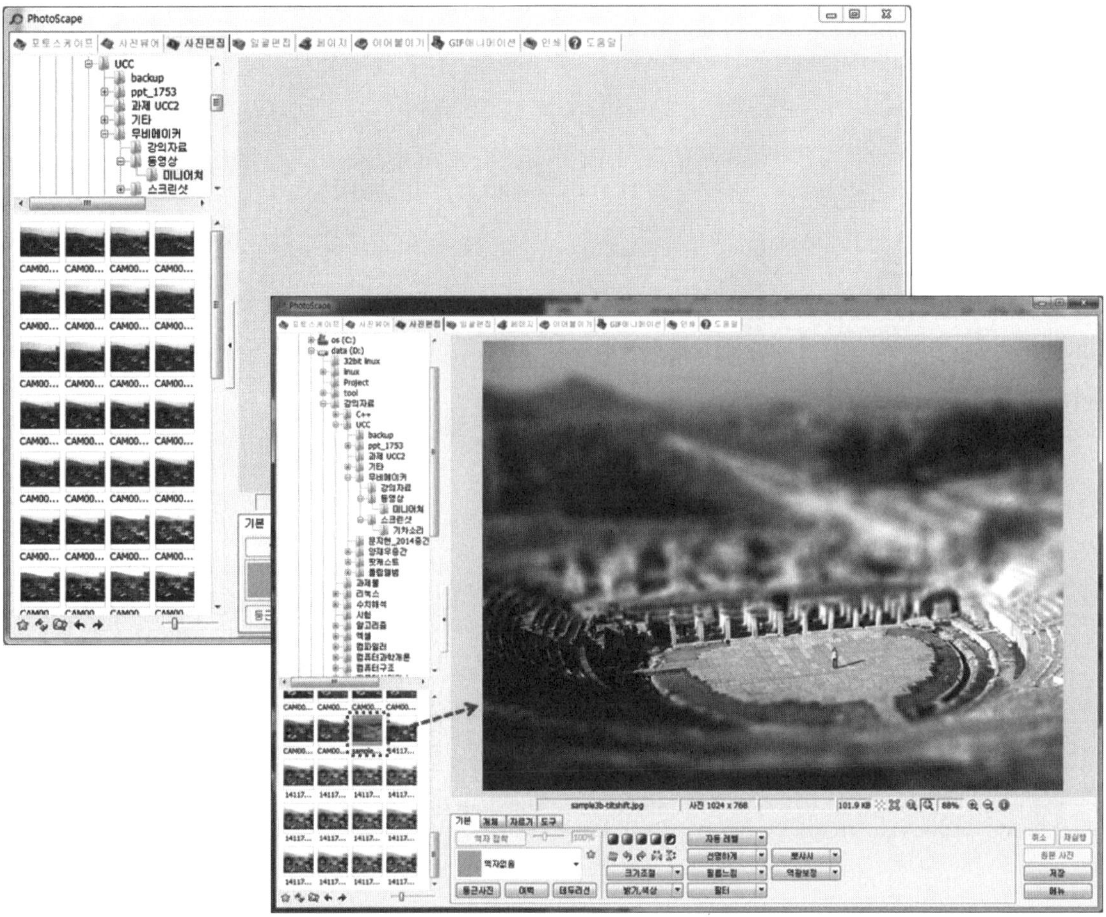

- [밝기,색상] 조정

메인 화면 하단에 사진의 채도/밝기 등을 조정할 수 있는 도구가 있다. [밝기,색상]도구의 box의 오른쪽 화살표를 클릭하면 하위도구 상자가 열리고 이곳에서 진하게/밝기/어둡게 등을 선택하여 색상을 조정한다. 이때 각 기능들에서 약/중/강 세 단계로 설정할 수 있도록 하였다. 기타 여러 가지 색상 조절도구가 있으니 필요에 따라서 사용한다. [밝기,색상]도구의 box의 가운데 부분을 클릭하면 색상 조정을 할 수 있는 창이 열리는데 직전에 살펴본 동일한 도구들을 사용할 수 있으며 이곳에서는 색상 진하기/밝기/어둡기를 막대바를 좌우로 조정하여 변경할 수 있어서 좀 더 섬세하게 조정할 수 았다. 또한 채도 조정 등을 할 수 있는 기능들도 있다.

◆ 밝기, 색상 조절 시 설정조건 저장하기

[밝기,색상]도구의 box의 가운데 부분을 클릭하면 밝기와 색상을 조절할 수 있는데 여기서 설정한 조건을 다른 사진에도 동일하게 적용할 수 있다. 매 사진에 대해서 동일한 조건의 밝기와 색상 등을 적용하는 것은 번거로운 일일 것이다. 이때 동일한 조건의 색상을 적용하려는 여러 개의 사진이 있다면 이 조건을 저장해 두었다가 다음 사진을 불러와서 작업시 저장한 설정을 그대로 불러와서 적용할 수 있다. [밝기, 색상]조정 창의 오른쪽에 [설정저장] 도구가 있고 이를 클릭하여 저장할 폴더를 선택하고 파일 이름을 지정하여 저장한다. 다음에 다른 사진을 불러서 조금 전에 저장한 설정 조건을 불러오면 되는데 이때는 [설정열기]를 클릭하여 조금 전에 저장한 설정 조건 파일이 있는 폴더를 찾아가서 파일을 불러온다. 그러면 [밝기, 색상]창이 설정한 조건으로 바뀌어 올라오는 것을 확인할 수 있다.

- 아웃포커싱 방법1

포토스케이프에서 미니어처 작업에서 핵심요소인 아웃포커싱 작업도 가능하다. 아웃포커싱 작업을 위해 메인 메뉴 하단에 [필터]도구를 선택하면 새로운 창이 열리는데 여기서 [미니어쳐느낌]을 선택한다. 이를 선택하면 새로운 미리보기 창이 열리는데 초점 영역이 “+”표시로 나타나고 이 영역을 중심으로 주변부가 아웃포커싱 된다. 새로 열린 미리보기 창의 상단에 아웃포커싱의 강도를 변경하기 위해 [흐리게]의 바를 마우스로 좌우로 움직여 조정한다. 또는 미리보기 창의 우측 상단에 [기본값]메뉴가 있으며, [기본값]을 클릭하여 강하게/연하게를 선택하여 조정할 수 있지만 콘트라스트도 같이 변경되기 때문에 각각 조정해 주는 것이 좋다. 여기서는 초점 영역의 넓이를 조정할 수 없는 단점이 있다.

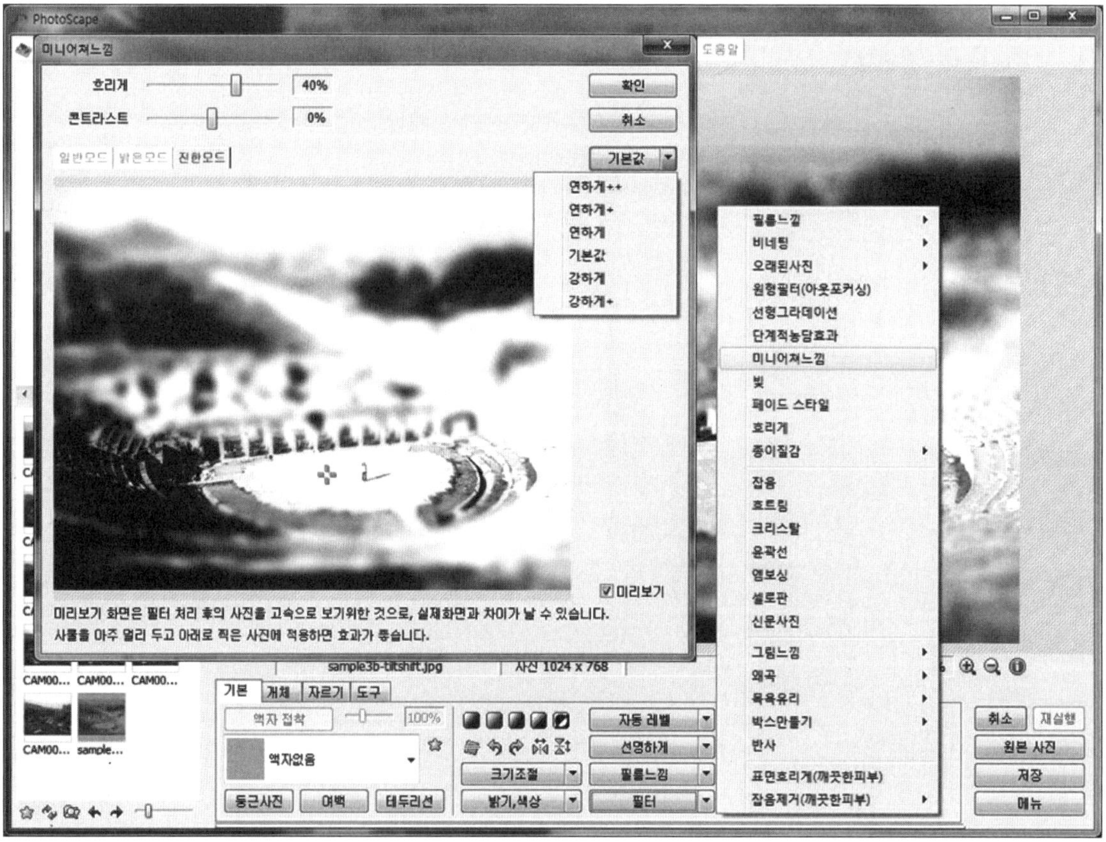

◆ 아웃포커싱 방법1

앞에서 tiltshitermaker.com에서 작업한 아웃포커싱 처리한 미니어처 효과 사진에 채도나 색상을 진하게 넣기 위해 포토스케이프 홈 화면에서 [사진편집] 기능을 선택한다.

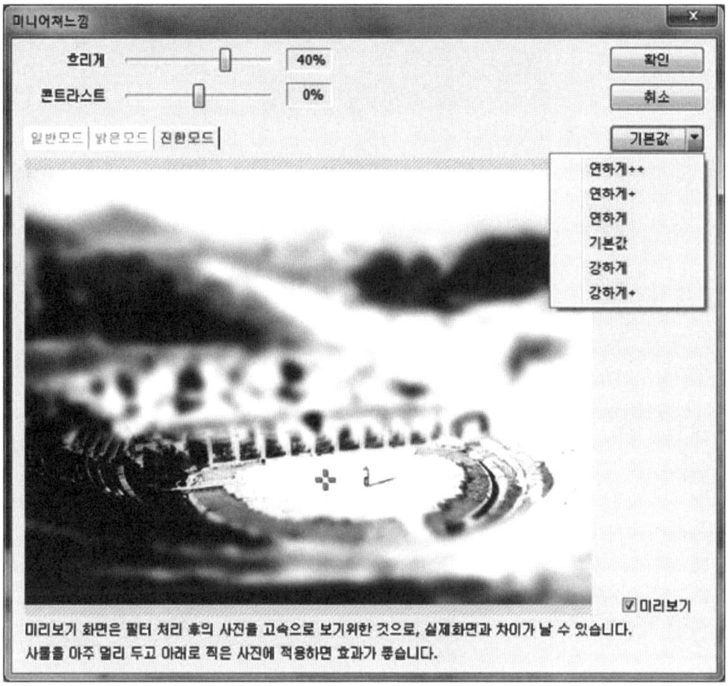

◆ 아웃포커싱 방법 2

[필터]도구에서 [미니어처느낌]을 선택 시 초점 영역의 넓이를 변경할 수 없는 단점이 있으므로 다른 기능을 사용하면 이를 해결할 수 있다. 먼저 작업할 사진을 불러온 상태에서 [필터]도구를 선택하여 [원형필터(아웃포커싱)]을 선택하면 새로운 미리보기 창이 열린다. 새로 열린 미리보기창의 좌측 상단에 아웃포커싱 영역 모양이 있는데 초점 영역을 중심으로 둥글게 설정할 수도 있고 수평 방향이나 수직 방향으로 설정할 수도 있다. 이는 메뉴에서 [원형/좌우/상하…]등으로 구분되어 있으며 이를 선택하여 아웃포커싱 영역 모양을 변경할 수 있다. 또한 미리보기 창의 좌측에 여러 가지

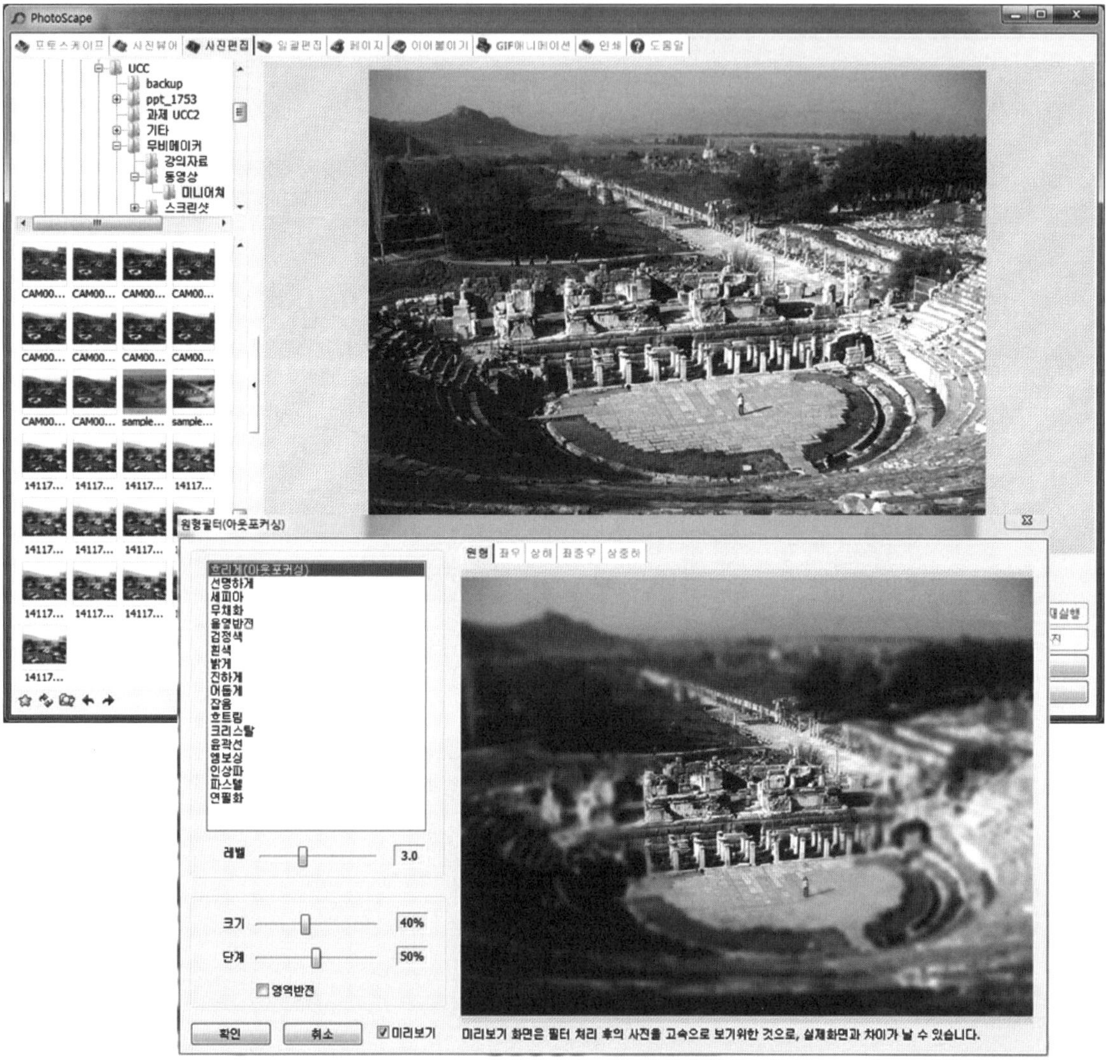
PhotoScape
사진편집
GIF애니메이션
UCC
backup
ppt_1753
과제 UCC2
기타
무비메이커
강의자료
동영상
미니어쳐
스크린샷
원형필터(아웃포커싱)
원형
흐리게(아웃포커싱)
선명하게
세피아
무채화
흑백반전
검정색
흰색
밝게
진하게
어둡게
잡음
흐트림
크리스탈
윤곽선
엠보싱
인상파
파스텔
연필화
레벨
3.0
크기
40%
단계
50%
영역반전
확인
취소
미리보기
미리보기 화면은 필터 처리 후의 사진을 고속으로 보기위한 것으로, 실제화면과 차이가 날 수 있습니다.

◆ 아웃포커싱 방법 2

효과들 중에서 가장 위에 위치한 "흐리게(아웃포커싱)"를 선택하여 초점 영역의 크기를 변경할 수 있다. 크기바를 마우스로 좌우로 움직이면 초점 영역이 넓어지거나 좁아지므로 적당한 영역 크기를 설정하면 된다. 아웃포커싱 영역 크기를 고정한 상태에서 초점 영역과 아웃 포커싱 영역의 경계 영역을 단계별로 나누어 완충 지역을 조정할 수 있다. 단계를 0%로 하면 초점 영역과 아웃포커싱 영역의 경계가 완충 영역 없이 나타나므로 또렷이 경계 지점이 구분되며 단계의 값을 크게 할수록 아웃포커싱 영역과의 경계 지점이 자연스럽게 나타난다.

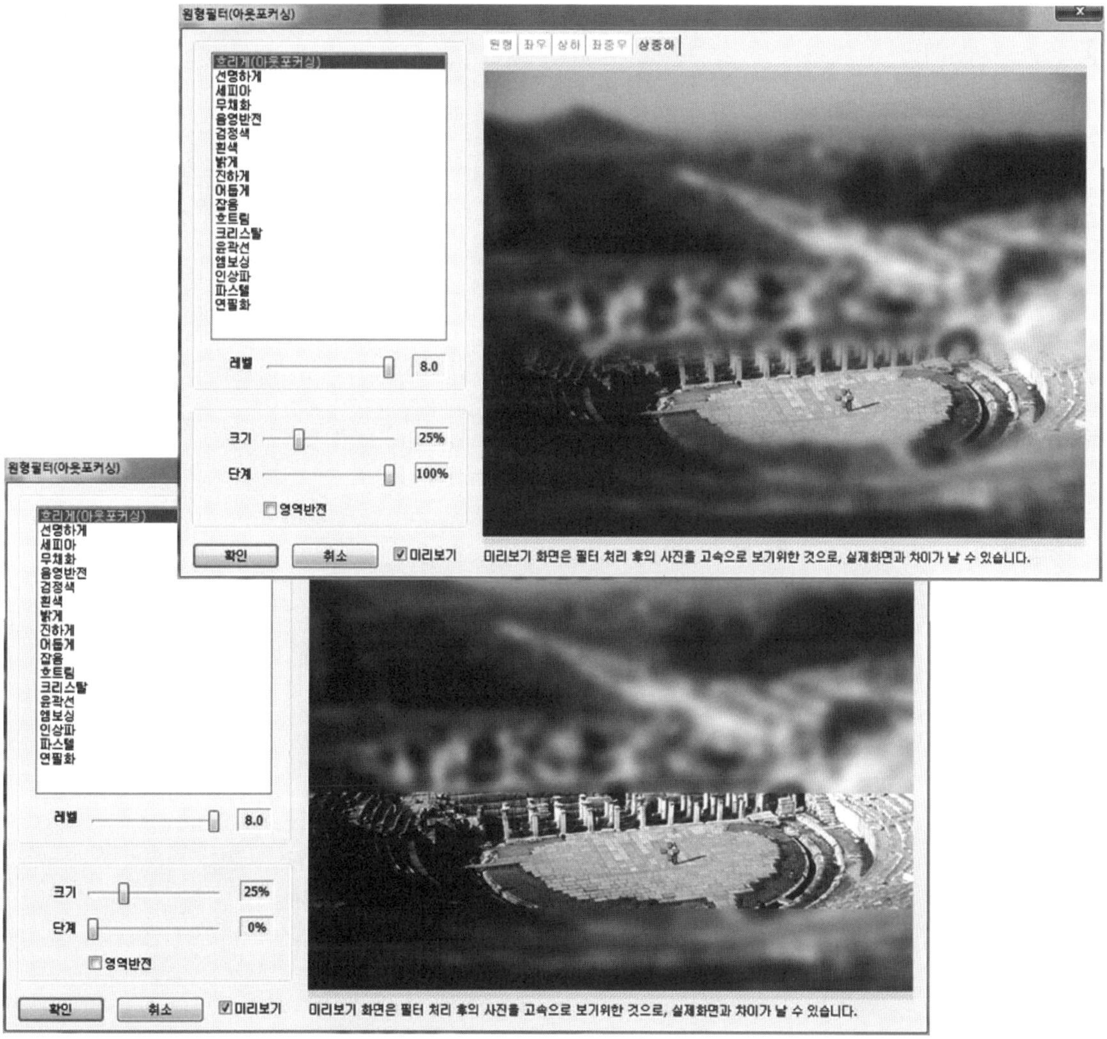

◆ 아웃포커싱 방법 2

단계를 고정한 상태에서 크기를 변경하면 아웃포커싱 영역의 크기가 변경된다. 크기가 100%와 0%일 때의 차이를 확인할 수 있다. 또한 아웃포커싱 강도를 변경하기 위해 미리보기 창에서 레벨바를 좌우로 조정하여 변경할 수 있다. 레벨 수치가 높을수록 아웃포커싱을 강하게 변경할 수 있다.

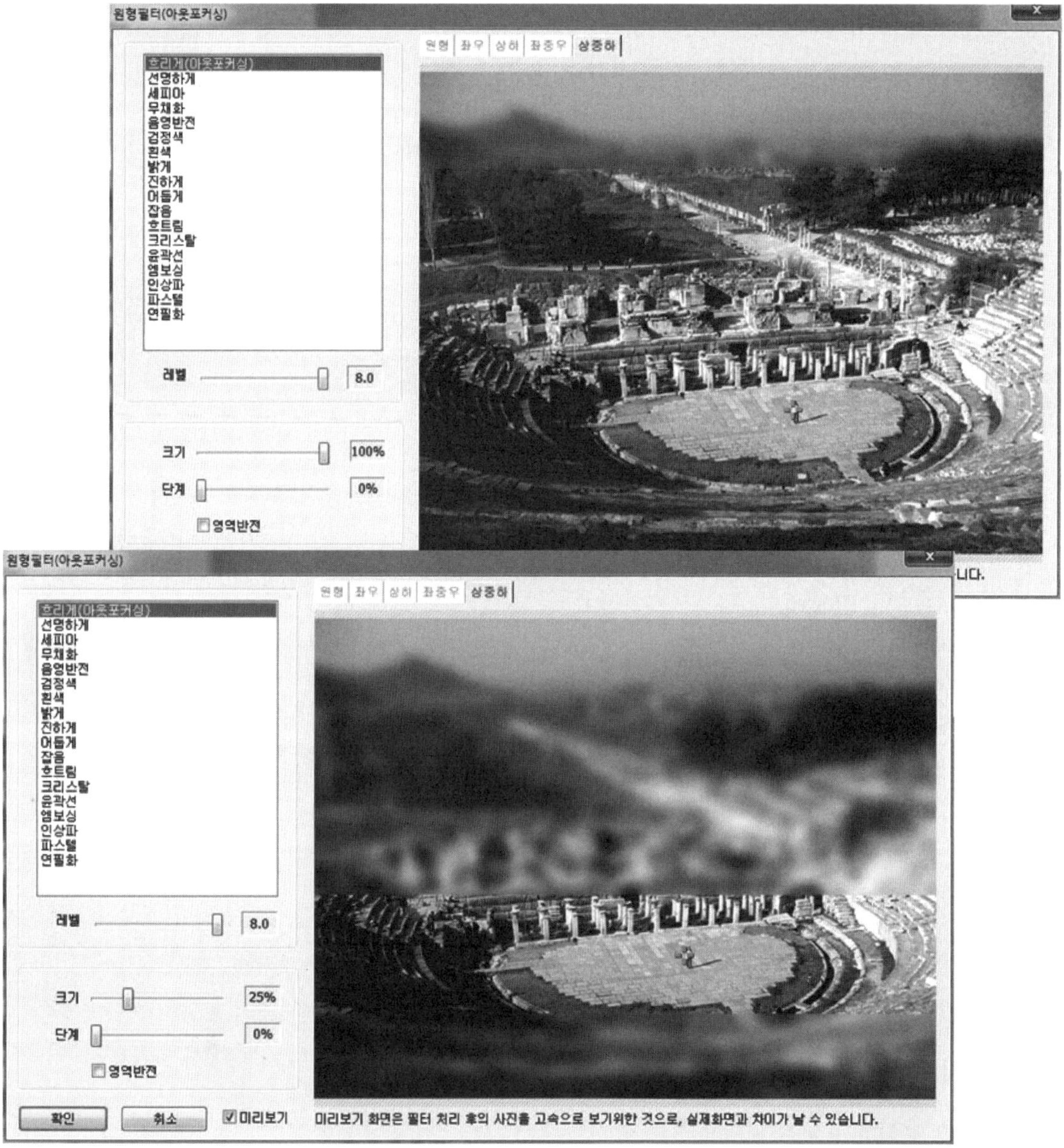

- 작업한 파일 저장하기

앞에서 아웃포커싱 작업을 한 파일은 최종적으로 “확인”을 클릭하면 아웃포커싱에서 설정한 상태로 사진이 변경되고 메인화면으로 돌아온다. 마찬가지로 메인 화면에서 밝기나 색상 등을 조정하여 변경한 후 “확인”을 클릭하면 설정한 상태로 사진이 변경되고 메인화면으로 돌아온다. 사진에 대한 일련의 작업이 완료되면 파일을 저장해야 한다. 메인화면 오른쪽 하단에 “저장”버튼이 있으면 이를 클릭하여 저장하고자 하는 파일 이름과 폴더를 지정하여 저장한다.

3-10-3 미니어처 효과에 타이밍핑 효과 넣기

아래 사진과 같은 미니어처 영상을 만든 후에 타이핑 효과를 넣어보자.

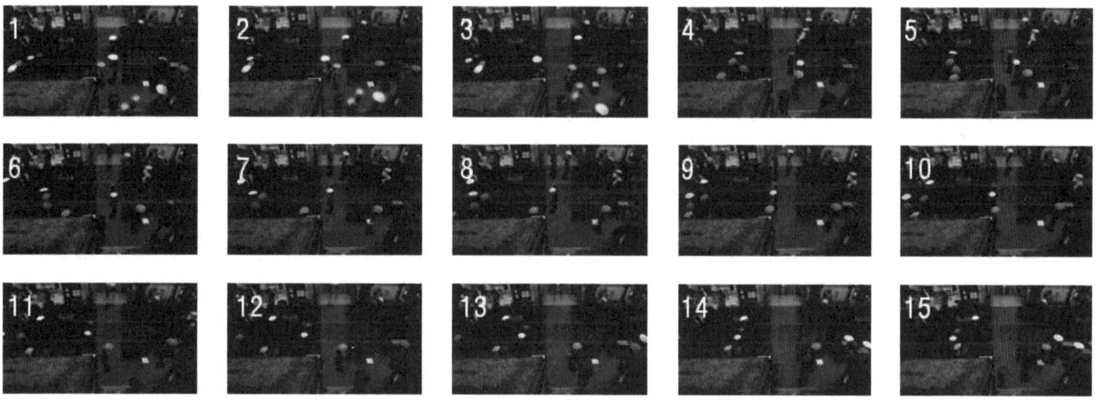

- 먼저 이미지 위에 넣고자 하는 자막을 입력한다. 이 이미지는 “인사동 쌈지길”을 배경으로 했기 때문에 이 글자를 타이핑 효과로 넣는 예를 만들어 보겠다. 자막을 입력하고 자막의 크기/색깔/위치를 설정한다. 첫 번째 자막을 입력 후 다음 자막을 입력 시 이전 이미지의 자막과 다음 화면의 자막의 위치가 바뀌면 이미지 재생 시 자막이 화면상에서 위아래 또는 좌우로 움직여 보기에 좋지 않다, 따라서 고정된 위치를 설정해 주어야 효과적인 타이핑효과가 만들어질 것이다.

텍스트 고정 방법

1) 먼저 텍스트 위치를 설정하고 텍스트 문단을 설정한다. 가운데 정렬 방식으로 정렬하자. 첫 번째 이미지에 [홈]→[자막]을 클릭 후 자막으로 입력할 글자 "인"을 입력한다.
2) 그런 후 [텍스트도구]→[서식]→[단락]에서 [가운데정렬]늘 선택한다. 가운데 징렬을 완료했으면 첫 번째 이미지의 자막을 복사하여 두 번째 이미지에 붙인다. 이때 마우스로 첫 번째 이미지 자막을 선택 후 마우스 왼쪽 버튼을 누른채 Ctrl+Shift Key를 누른 상태에서 두 번째 이미지에 끌어 붙인다.
3) 텍스트를 마우스로 두 번 클릭하여 "인사"로 고친 후 텍스트 박스 오른쪽 끝 가운뎃점을 클릭하여 화면 오른쪽 끝까지 드래그한다. 동일하게 박스 좌측 끝 가운뎃점을 클릭하여 화면 좌측 끝까지 드래그한다. 박스가 화면을 가득 채운 상태에서 텍스트가 가운데 정렬된다. 모든 텍스트에 대해 동일한 방식으로 입력한다. 텍스트를 모두 입력하였으면 미리보기 창에서 재생해 본다.

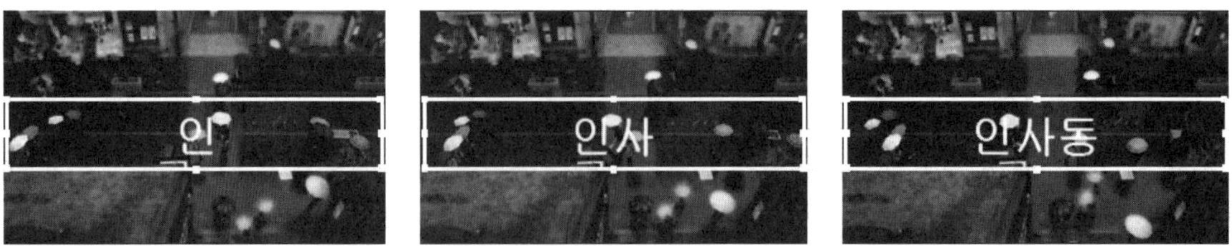

재생시간 설정

- 미니어처 효과에 타이핑 효과를 넣기 위한 핵심은 재생시간이다. 즉, 미니어처 효과를 만들기 위해 이미지 한 장의 재생시간은 0.2초 이하로 설정하는 것이 좋다고 했다. 그런데 하나의 이미지에 나타내는 타이핑 효과는 0.5초 이상은 설정해야 글자 한 자씩 타이핑하는 것이 눈으로 인식 될 것이다. 미니어처 이미지 한 장의 재생시간에 타이핑 효과를 넣으면 타이핑하는 장면을 인식할 수 없을 정도로 순식간에 타이핑이 지나가 버린다. 따라서 타이핑하는 글자 한 자는 미니어처 이미지 재생시간 길이보다 길다. 즉 여러 장의 이미지에 걸쳐서 글자 한 자를 타이핑하는 것이 재생되도록 재생시간을 설정해야 한다.

1) [텍스트 도구]→[서식]에서 텍스트 재생시간을 입력. 텍스트 재생시간 설정 시 이미지 재생시간보다 길게 설정할 수 없다. 만약 텍스트 재생시간을 이미지 재생시간보다 길게 설정한다면 다음 이미지 위에 이전의 텍스트가 나타날 것이다.

2) 이미지 재생시간을 0.1초로 설정했으므로 재생 속도가 너무 빨라 타이핑 효과의 텍스트가 너무 빠르게 넘어가므로 텍스트 재생시간을 이미지 재생 속도보다 두 배 길게 설정한다.

3) 재생시간 설정이 완료되었으면 타이핑 효과음을 인터넷에서 검색하여 다운 받은 후 삽입한다. [홈]→[음악추가]를 선택하여 효과음을 다운 받은 폴더를 찾아가서 추가한다.

3-10-4 미니어처 효과에 이중 자막 넣기

다중 자막 넣기는 1절에서 다루었다. 다중 자막 넣기를 응용하여 미니어처 효과에 다중 자막을 넣어보자. 앞에서 미니어처 효과에 타이핑 효과를 넣을 때 핵심은 재생시간이었다. 이중 자막 넣기 또한 재생시간 설정이 가장 핵심이다.

1) 미니어처 효과 재생시간은 이미지당 0.1초로 설정 시 이중 자막은 더 긴 재생시간이 필요하다. 이중 자막중 첫 번째 자막의 재생시간을 설정하면 해당 이미지 길이만큼 자막 재생 길이가 확장될 것이다. 따라서 두 번째 자막의 길이를 계산하여 추가로 필요한 이미지 길이를 계산한 후 첫 번째 자막을 입력한다.

2) 첫 번째 이미지와 두 번째 이미지가 포함될 길이만큼 동영상으로 저장한다.

3) 동영상을 클립보더에 불러들인 후 두 번째 자막을 입력한다.

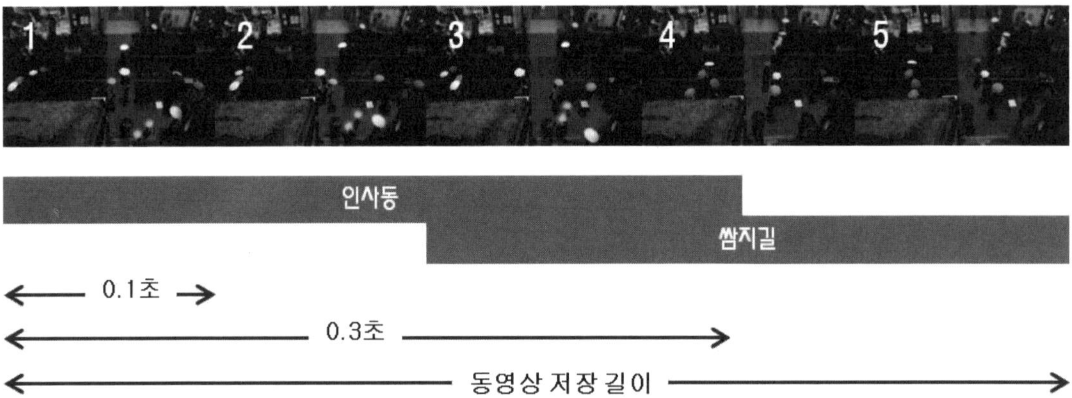

3-10-5 타임랩스

타임랩스(time-lapse)의 사전적 의미는 저속 사진 촬영을 의미한다. 자연계의 현상을 실제의 시간 흐름에서 촬영하지 않고 더 천천히 시간 간격을 설정하여 촬영하는 것이다. 따라서 동영상을 정상 속도(real time)보다 빨리 돌려서 보여주는 효과와 유사한 특수영상기법을 말하는 것이다. 이러한 것은 비디오카메라를 이용한 빨리 돌리기와 유사하지만, 디지털카메라를 이용한 일정 시간 간격으로 연속 촬영하여 비디오카메라의 촬영 영상과는 차원이 다른 영상 표현이 가능해졌다. 타임랩스 기법의 촬영에는 장시간 노출이 필요한 극지방의 오로라나 밤하늘의 은하수를 영상으로 촬영한 것이 대표적인 예이다.

◆ 촬영대상 :

타임랩스의 주요 대상은 어떤 변화가 아주 천천히 일어나는 것들이다. 실제 시간에서는 움직임이 거의 보이지 않아서 변화를 느끼지 못하거나 특징 없는 영상이지만, 그 영상을 빠르게 재생시킴으로써 대상이 극적으로 변화하여 나타나는 것이다. 시간에 따라 조금씩 움직여 가는 그림자나 구름, 해와 달, 그리고 별과 같은 천체의 움직임, 도심 야경과 노을, 차량 궤적의 움직임 등이 주요 대상이다. 한편, 움직임이 빨라서 real time으로 충분히 표현할 수 있는 대상을 빨리 돌리면 영상이 너무 빨리 움직여 아니 함만 못하게 되기도 하고, 아예 움직임이 없는 대상은 타임랩스로 촬영하는 것이 무의미하다.

◆ 촬영용도 :

다큐멘터리에서 시간의 경과를 표현하는 브릿지 장면에서부터, 모션 컨트롤이나 'Day to Night'까지 부드럽게 연결하는 촬영 장비 및 촬영 기술의 발전으로 고품질의 영상이 제작되면서 광고나 예고편 등 짧고 강렬한 시각적 효과가 필요한 곳에서 많이 사용되고 있다.

1. 타임랩스, 기본적인 촬영 방법

◆ 카메라 기능설정 :

카메라에 삼각대를 장착하고 카메라의 타이머 기능을 이용하여 일정 시간 간격으로 촬영한다. 이때 카메라의 기능들 중에서 자동으로 설정된 기능이 있으면 해제하는 것이 좋다. 왜냐하면 자동 기능들은 프로그램된 조건으로 동작하여 시각의 변화에 따른 빛의 변화 등에 원하지 않는 상태로 촬영이 이루어질 수 있기 때문이다. 따라서 각각의 장면들이 일정하게 촬영되려면 카메라의 촬영 조건을 수동으로 설정하는 것이 좋다. 초점과 촬영모드를 수동(M)으로 설정하면 촬영 중 노출이 변화하지 않기 때문에 동일한 조건으로 촬영이 가능하다. 경우에 따라서는 카메라의 촬영 조건을 수동으로 설정한 것이 좋지 않을 수도 있다. 예를 들어 온종일 아침부터 밤까지 24시간을 타임랩스로 촬영할 경우 빛의 변화량이 극심하여 카메라의 수동 조건에서는 이런 변화에 대처할 수 없다. 이러한 경우는 별도의 방법이 필요한데 여기서는 다루지 않겠다. 일반적으로 타임랩스의 전제 조건이 촬영 대상의 상태 변화가 아주 미미한 것을 촬영하는 것이다. 따라서 촬영의 조건도 극심하게 변화하지 않는 경우가 대부분이다.

◆ 촬영간격 :

타임랩스 촬영에서 가장 중요한 것은 촬영 간격(Interval)의 설정이다. 촬영 간격은 영상의 재생 속도를 결정하는 것이다. 10초 간격으로 촬영해서 24fps로 상영한다면 240배속이 된다. 즉 배속은 촬영 간격(second) × 재생 시의 초당 프레임 수(fps)가 되는 것이다. 촬영 대상에 따른 적절한 촬영 간격을 설정하는 것이 영상의 느낌을 좌우한다. 촬영 간격을 너무 넓히면 움직임이 뚝뚝 끊겨서 보기 좋지 않고, 너무 촘촘하게 찍으면 움직임이 느려져서 재미가 없다. 촘촘하게 찍은 것은 중간 프레임을 들어내어 더 빨리 움직일 수 있지만, 듬성듬성 촬영한 것은 늘이기 어렵다.

◆ 촬영간격 설정 방법 :

대상에 따른 적절한 촬영 간격(Interval)은 촬영 대상의 움직이는 속도와 표현하고자 하는 영상의 속도감, 그리고 만들어질 영상의 길이에 좌우된다. 구름이 눈으로도 움직임이 보일 정도로 빠르다면 1초 내외의 짧은 간격으로 촬영하고, 눈으로 움직임이 거의 보이지 않는다면 5~10초까지 간격이 늘어나기도 한다. 그림자의 움직임을 촬영하는 것도 해의 움직임과 각도에 따라 촬영 간격을 다르게 설정해야 한다. 그림자가 빨리 움직이는 아침과 저녁에는 10초 정도이지만, 움직임이 느려지는 정오경에는 30초 이상으로 시간 간격을 잡는 것이 좋다. 별의 움직임을 촬영할 경우에는 대개 20초 정도의 간격을 설정하는 것이 좋다. 반면 빠르게 움직이는 대상은 촬영 간격을 짧게 설정해야 하는데, 차량의 궤적을 촬영 시 1초 내외의 짧은 간격으로 촬영하는 것이 좋다.

2. 타임랩스를 위한 기본 촬영 장비

타임랩스 촬영을 위해서는 기본적으로 디지털카메라와 삼각대, 그리고 일정 시간 간격으로 카메라 셔터를 조작하는 타이머 기능이 있는 릴리즈가 필요하다. 이런 장비들은 장비 자체가 간단하고 값싸서 디지털카메라를 사용하여 고품질의 영상을 만들 수 있기 때문에 최근에 영상 전문가뿐만 아니라 아마추어 사진 애호가들도 촬영할 정도로 일반화되고 있다.

◆ 릴리즈

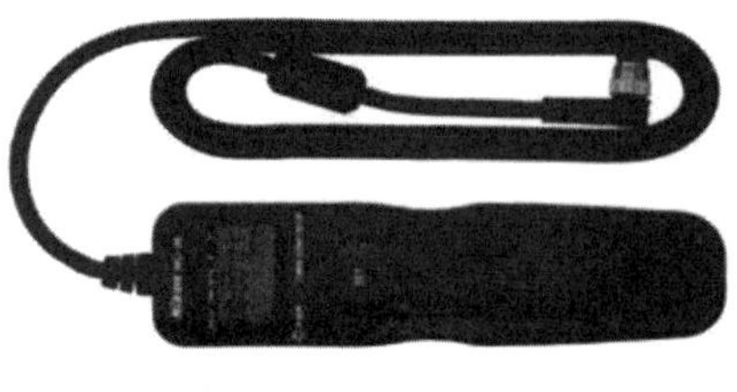

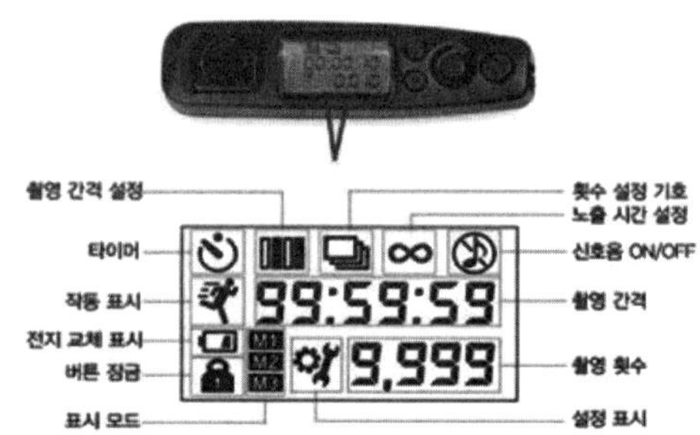

◆ 인터널 타이머 :

카메라 내부에 타임 간격 설정 기능

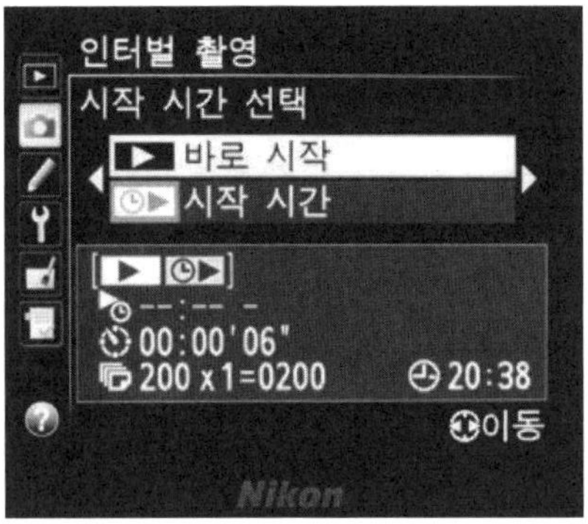

◆ 상하좌우 모션 컨트롤러 :

고정된 위치에서 촬영 시 구사할 수 없는 역동적인 화면과 더 넓은 화각을 구현할 수 있다. 카메라의 상하좌우 움직임을 장시간 동안 흔들림 없이 제어할 수 있는 장비가 전동 슬라이드이다.

상하틸트 헤드

틸트 모션 컨트롤러

좌우 모션 컨트롤용 전동슬라이드

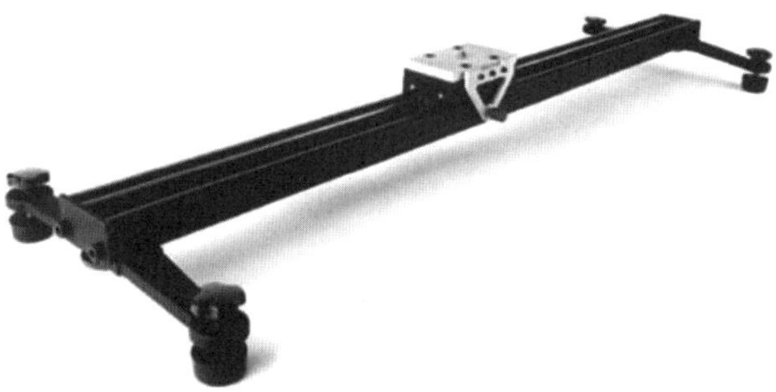

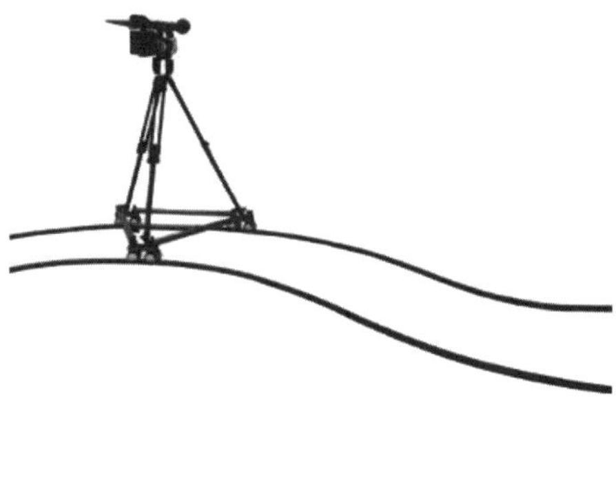

3-11 강의자료 동영상 만들기

강의할 내용을 동영상으로 만들어 보자. 우선 강의 자료가 구비되어야 할 것이다. 강의 자료는 여러 내용을 함축적으로 표현했을 것이기 때문에 이에 대한 상세한 설명이 필요할 것이다. 동영상을 만들기 위해 내레이션 녹음도 필요하고 영상으로 보여줄 자료도 필요하다. 임의의 주제에 대한 상세한 설명 동영상을 만들기 위해 한 장의 자료도 단계적으로 나누어 준비한다.

앞에서 다루었던 "프로젝트 파일 로딩 오류" 문제에 대해 강의 자료를 만들어 보겠다. 한 장의 자료에 여러 개의 그림이 포함되어 있다. 이를 단계적으로 세분화하고 하나씩 그림을 분리하여 한 장의 동영상 사진으로 만들자. 자료를 세분화하여 그림 하나를 하나의 영상으로 분리하여 총 8개의 화면을 구성하도록 하겠다. 각 그림에 대해 순서대로 번호를 기입하였다.

1. 강의자료 만들기 작업 순서

① 주제 선정 : 강의 자료로 만들고자 하는 주제를 선정한다. 주제 내용은 무엇이든지 가능하다. 설명하고자 하는 내용을 동영상 자료로 만들기 위해 필요한 것들을 생각해 보자.

② 자료 분할: 설명하고자 하는 주제를 한꺼번에 하나의 이미지화면에서 설명 자료로 만들면 복잡하고 집중력도 떨어져서 이해하기가 어렵다. 단계적으로 여러 이미지 화면을 만들어서 설명해 나가는 것이 좋다. 하나의 이미지에 나타내고자 하는 분량을 계획하는데 주제를 여러 개의 이미지 화면으로 분할하자. 설명 자료는 하나의 화면에서 전달하고자 하는 내용을 가급적 간결하게 작성하여 여러 개의 화면으로 나누어 작성한다.

③ 자료 작성 : 분할한 내용을 파워포인트로 옮겨보자. 파워포인트 한 장에 너무 많은 내용이 들어가면 안 된다. 가급적 간결하게 작성하여 한 장의 내용이 10~20초 정도 설명할 분량의 내용으로 분할하는 것이 좋다.

④ 자료 이미지화 : 작성한 자료를 이미지화해야 한다. 이미지라는 것은 사진일 수도 있지만 여기서는 파워포인트에서 작업한 내용을 이미지화해야 한다. 방법은 화면 캡처로 이미지 화면을 만든다.

⑤ 음성 설명자료 작성 : 화면 캡처로 이미지 자료를 만들었으면 순서대로 무비메이커의 클립모음창에 불러온다. 그런 후에 각 이미지에 들어갈 설명을 추가한다. 설명은 내용을 내레이션 녹음이나 스마트폰에서 녹음하여 붙인다.

⑥ 재생시간 설정 : 음성녹음이 재생될 동안 이미지가 재생되도록 이미지 재생시간을 설정한다. 한 장의 이미지에 대해 음성녹음 파일까지 첨부했으면 다음 이미지에 대해 동일한 방법으로 작성한다.

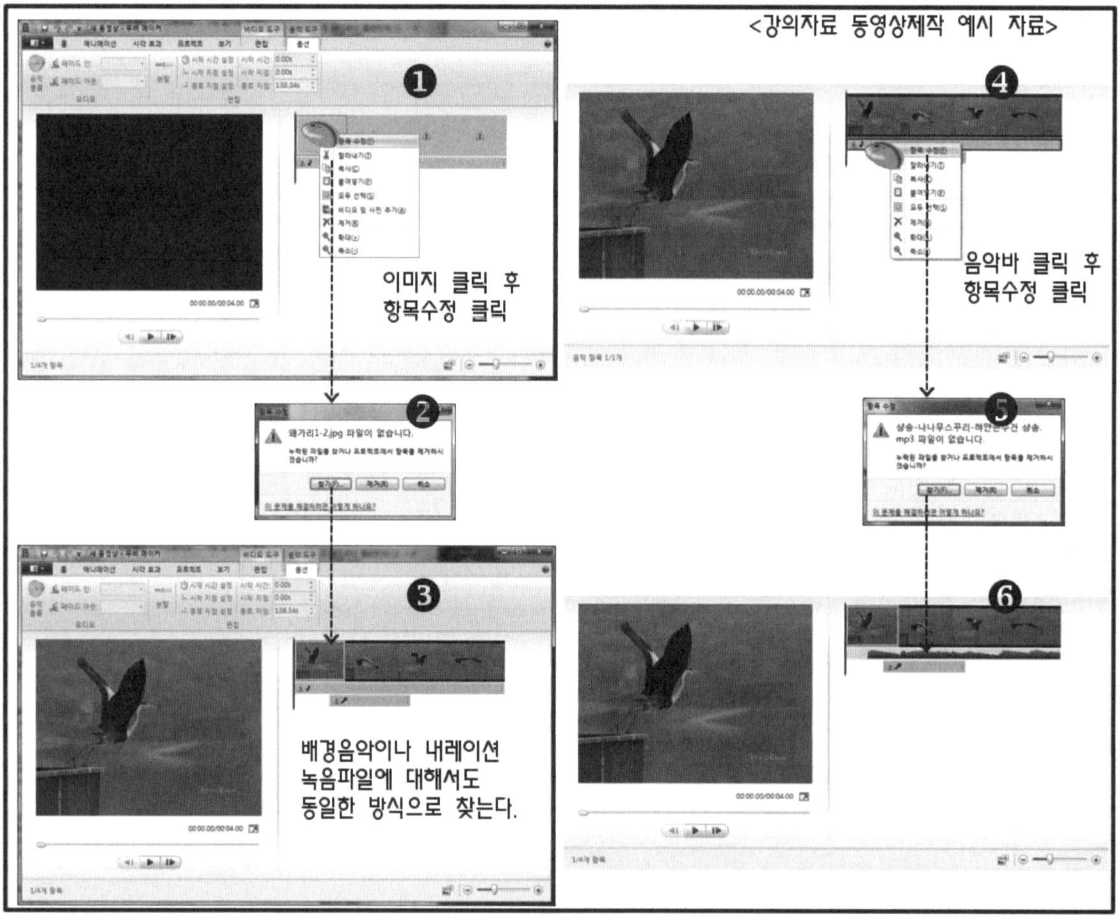

- 앞의 자료 그림에서 ①의 그림에 대해 영상자료를 만든다. ②의 그림은 무비메이커를 실행시켰는데 자료를 찾지 못하여 사진 불러오기 오류가 발생한 장면을 나타낸다. 따라서 이러한 장면을 재현하여 이미지 캡처를 뜬다. 이미지 캡처는 MS윈도우에서 제공하는 캡처 프로그램을 이용하여 화면상에서 이미지 데이터를 받을 수 있다.
    - Tip-화면캡처 프로그램 : MS윈도우에서 제공하는 캡처 프로그램은 [시작]→[보조프로그램]→[캡처도구]를 실행하여 사용할 수 있다. 이 프로그램을 사용하면 모니터 화면상에 나타나는 기본적인 이미지를 데이터로 받을 수 있다.

1) 먼저 강의 제목을 입력하자. 여기서 강의하고자 하는 전반적인 설명을 추가한다, 내레이션 녹음으로 녹음하여 내레이션 녹음의 재생 길이만큼 제목의 재생 시간으로 설정하면 되겠다.

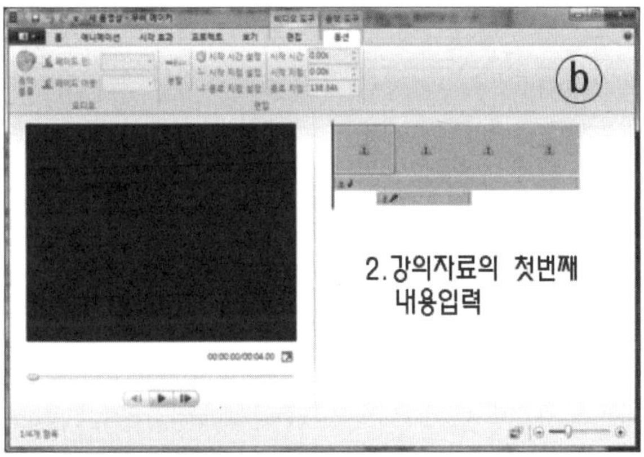

2) 이제 본론으로 들어가서 ①에서 재현해서 캡처 뜬 이미지를 무비메이커상에서 [비디오 사진추가]를 클릭하여 불러들인다. 그러면 그림 ⓑ와 같은 이미지를 클립모음창에 불러올 수 있을 것이다. 마찬가지로 ⓑ에 대한 설명을 내레이션으로 녹음해서 녹음 재생 길이만큼 이미지 재생시간을 설정한다.

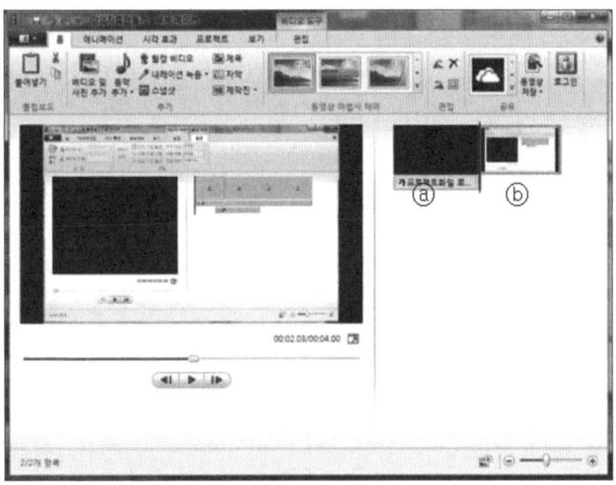

3) 이제 ②에 대한 설명 자료를 만들어 보자. 는 클립모음창의 사진에 나타난 오류 메시지를 설명하기 위한 자료이다. 즉, 마우스를 오류가 발생한(삼각형 메시지) 이미지 위에 마우스를 얹어 놓으면 작은 창이 열린다는 내용을 설명과 함께 영상으로 보여 준다.

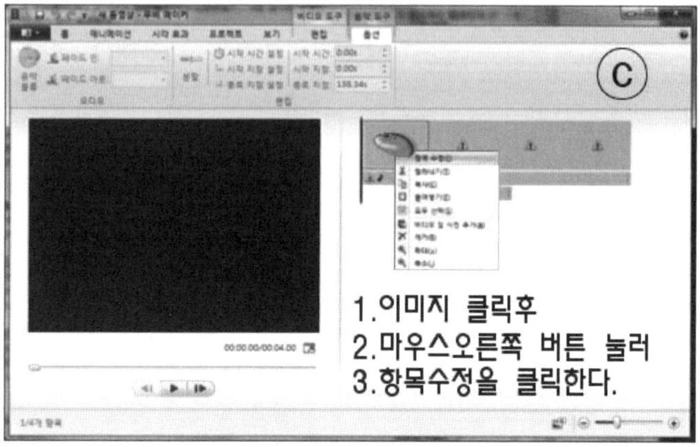

4) 앞에서 오류 메시지에 대한 영상을 만들었으면 다음 단계로 오류를 해결하기 위해 오류가 발생한 사진의 정상 경로를 설정해 주기 위해 "항목수정"을 클릭하는 과정을 설명하는 단계 ⓒ를 만들어 보겠다. ⓒ를 설명하기 위해 세 단계의 영상으로 만든다. 즉 "마우스를 클릭하면 작은 창이 열리고 이때 마우스 오른쪽 버튼을 누르면 항목 수정이 창의 맨 위에 보이는데 이를 클릭한다."라는 내용을 단계적으로 보여 주도록 한다. 이 세 단계는 영상을 다른 영상보다 빨리 재생시키면 좀 더 효과적일 것이다. 또한 마우스 이미지는 인터넷에서 구할 수 있으므로 이를 추출하여 추가한다. 마우스를 클릭했을 때 열리는 작은 창은 별도로 캡처로 추출하여 영상에 추가한다.

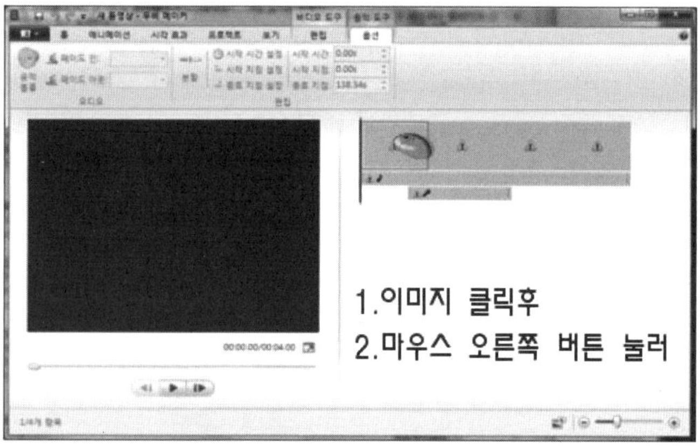

- MS 윈도우의 캡처도구를 사용한 부메뉴(sub-menu) 캡처 : 현재 모니터 화면상의 윈도우 창을 지정하여 캡처하거나 마우스로 영역을 설정하여 캡처하는 것 이외에 무비메이커내의 부 메뉴를 캡처할 수 있다.

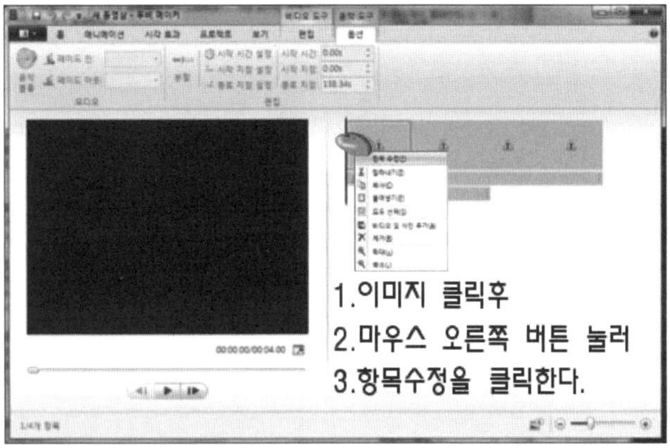

5) 단계 ⓒ의 세 가지 이미지를 모두 캡처했으면 클립모음창에 불러온다. 클립모음창에서 세 개의 영상은 마우스로 클릭하는 단계를 보여주기 위한 것으로 재생시간을 줄여서 설정한다.

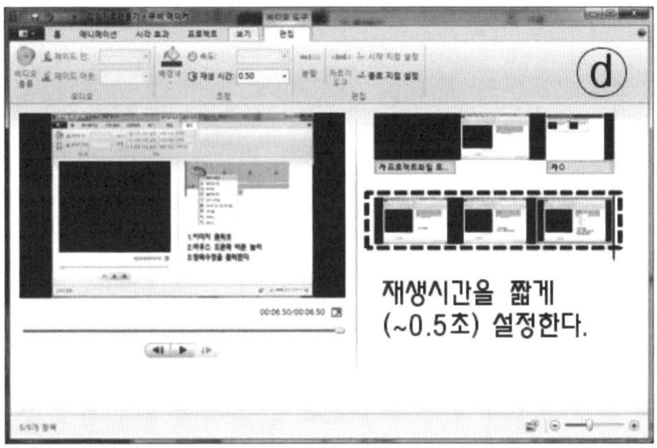

6) 마우스로 "항목수정"을 클릭했을 때 클릭한 이미지를 찾기 위한 안내창이 새로 열리는데 이 또한 영상에 추가한다.(ⓔ)

누락된 항목 찾기
→ 이미지파일 경로설정

7) 안내창으로부터 “찾기”를 클릭 후 사진의 정상 경로를 설정하면 사진이 정상으로 올라온 영상(ⓕ)을 이미지에 추가한다. 배경음악이나 효과음에 대한 에러 메시지를 해결하는 방법도 동일한 방식으로 추가한다.

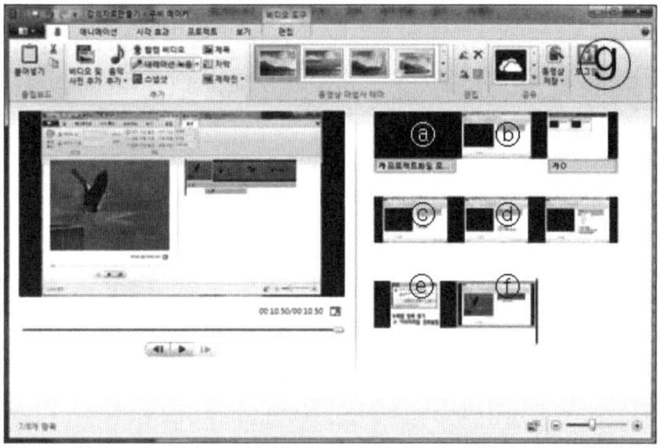

8) 강의할 내용에 대한 이미지 정렬이 완료되었으면 각 이미지에 들어가야 할 설명을 [홈]→[내래이션 녹음]을 통해 삽입한다.각 영상마다 내레이션 녹음을 추가하여 최종 완성하면 전체를 재생시켜 보자.(ⓗ)

- 내레이션 녹음할 때 이미지 화면 단위로 끊어서 녹음한다. 그렇지 않고 전체를 한꺼번에 녹음하면 이미지 재생시간 길이를 녹음 길이에 맞추는 번거로운 작업을 해야 한다. 따라서 화면 단위로 설명 내용을 분리 녹음하는 것이 강의자료 동영상 제작에 용이하다.

◆ 최종적으로 완료한 강의 동영상을 재생해보자. 많은 시간을 들여서 만든 영상을 재생하는데 1분 정도밖에 소요되지 않는다. 처음 만들어본 것이라 시간이 많이 소요되었지만, 숙달되면 동영상 제작 시간이 빨라질 것이다.

ⓗ

◆ 화면 동영상 캡처를 이용하여 제작하는 방법 :

앞에서와 같이 이미지 한 장씩 동영상 자료를 만들면 많은 시간이 소요된다. 예를 들어 앞의 그림 ⓒ를 설명하기 위해 세 장의 이미지를 만들었다. 그런데 화면 동영상 캡처를 이용하면 간단하게 하나의 동영상으로 받을 수 있다. 화면 동영상 캡처 방법은 뒤에서 설명한다.

2. MS-윈도우 화면 캡처

MS윈도우에서 제공하는 화면 캡처 프로그램은 [실행]→[보조프로그램]에 들어가면 화면 캡처 프로그램이 있다. 화면 캡처에는 윈도우창을 선택적으로 캡처할 수 있는 창캡처, 일정 영역을 설정해서 캡처할 수 있는 사각형 캡처 및 자유형 캡처와 전체 화면을 캡처할 수 있는 기능이 있다. 이러한 캡처 이외에 마우스로 클릭했을 때 열리는 창을 캡처할 수 도 있다.

3. 화면 동영상 캡처

1) 앞에서 살펴본 화면 캡처 프로그램은 캡처 한 번에 한 장의 이미지를 얻는 방법이다. 화면 동영상을 캡처할 수 있다면 앞에서 만든 강의 동영상을 좀 더 쉽게 만들 수 있다. 먼저 화면 동영상을 녹화하여 받을 수 있는 프로그램을 소개한다.

2) 화면 동영상 무료 프로그램

오캠(oCam)
한글/영어 | 프리웨어
Windows | 6MB
다운로드

안캠코더(AnCamC...
한글 | 프리웨어
Windows | 1MB
다운로드

4. 오캠(Ocam)

오캠 화면 동영상 녹화 프로그램을 설치하여 실행하면 녹화하고자 하는 대상에 대한 윈도우를 설정하도록 네모 박스가 뜬다. 윈도우가 고정되어 있다면 이 박스 크기를 설정하여 녹화할 수 있다. 만약 전체 화면에 대해 녹화하려면 전체 화면설정을 한다.

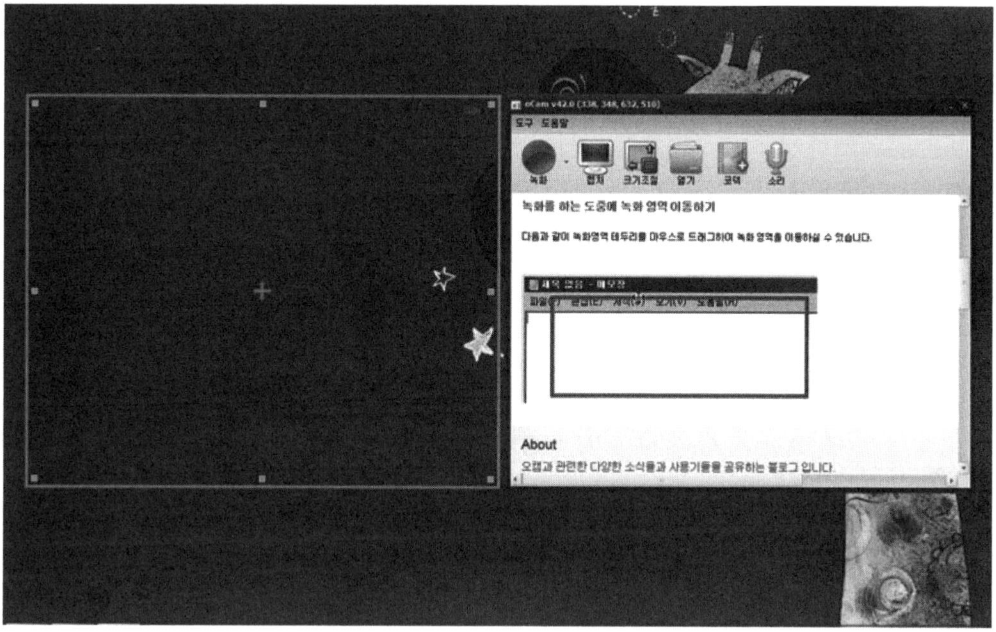

CHAPTER 4

윈도우 무비메이커를 사용한 동영상 편집하기

4-1 동영상 불러오기
4-2 스냅샷
4-3 동영상 분할
4-4 비디오 동영상에 플래시 효과 넣기
4-5 동영상 자르기
4-6 음악 강조하기
4-7 부분적으로 음악 강조하기
4-8 비디오 볼륨 조절하기
4-9 비디오 동영상 음악 중 특정음악의 일부 볼륨소리 조절하기
4-10 메아리 효과 넣기

4-1 동영상 불러오기

앞에서는 사진을 가지고 동영상을 만드는 여러 가지 방법들을 알아봤다. 이제부터는 스마트폰에서 찍은 동영상을 콘텐츠에 적절하도록 편집하는 방법에 대해 알아보자. 동영상 기본 자료는 편의상 MS 윈도우에서 제공하는 것을 사용하겠다. [홈]→[비디오 및 사진추가 클릭]→영상이 있는 폴더를 열어서 선택 후 열기 클릭.

동영상의 회전 : 스마트폰에서 촬영한 동영상을 편집하기 위해 무비메이커 상에 불러들였는데 영상화면이 90도 기울어져 재생되거나 아예 뒤집어져서 올라오는 경우가 있다. 이런 경우는 스마트폰에서 촬영 시 잘못 촬영되었기 때문이므로 무비메이커 상에서 정상 화면으로 고쳐서 작업해야 할 것이다. 클립모음창에 불러온 동영상이 뒤집어져 있거나 90도 회전되어 있다면 [홈]→[오른쪽으로 회전]/[왼쪽으로 회전]을 클릭하면 동영상이 회전하며 정상 위치에 올 때까지 회전시켜서 바로 잡는다.

4-2 스냅샷

동영상에서 특정 부분의 사진을 받는 방법을 알아보자. 사진을 받을 동영상의 위치에 막대바를 이동시킨 후 [홈]→[스냅샷]을 클릭하면 막대바가 위치한 곳의 사진을 캡처해 준다. 스냅샷을 클릭하는 순간 사진을 어디에 저장할 것인지 물어보는 창이 열리고 사진 이름과 폴더를 지정한다. 지정한 폴더에 사진이 저장됨과 동시에 클립모음창에도 사진이 올라온다. 저장한 사진의 형식은 .png이다. png 형식의 파일은 jpg 형식의 파일에 비해 동일 화질대비 용량이 적은 특징이 있다.

4-3 동영상 분할

스마트폰에서 받아온 동영상의 특정 위치에 다른 영상 또는 이미지를 삽입하려면 어떻게 해야 할까? 우선 원래의 동영상에서 삽입하려는 위치를 기점으로 동영상을 분할한 후 새로운 영상을 삽입해야 한다. 즉 기존의 영상에 새로운 영상이나 이미지를 삽입할 때 동영상 분할 기능을 이용할 수 있다.

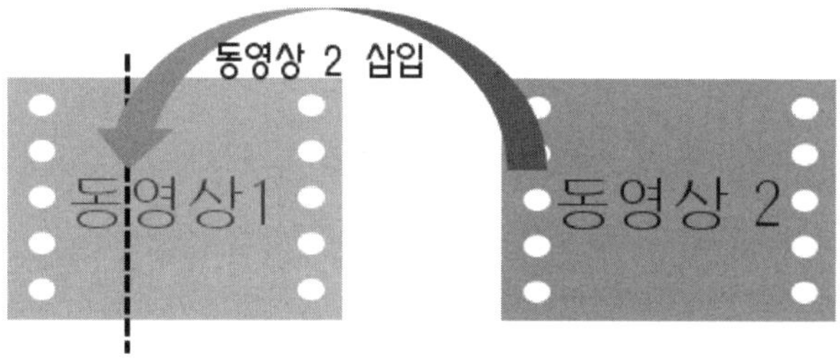

◆ 동영상 분할 :

동영상의 특정 위치에서 두 개의 동영상으로 분할하는 방법에 대해 알아보자. 초기에 동영상을 분할하기 위해 클립모음창에 불러왔을 때는 분할 메뉴가 활성화되지 않는다. 동영상 위에 막대바를 이동시켜 분할하려는 위치에 갖다 놓으면 비로소 분할 메뉴가 활성화된다. [비디오도구]→[편집]→ "분할"을 클릭하면 막대바를 기점으로 동영상이 분할되어 두 개로 쪼개어져 클립모음창에 나타나는 것을 확인할 수 있다. 분할을 실시한 후에 분할 메뉴가 다시 비활성화 상태로 돌아가는데, 만약 또 다른 부분을 분할하려면 원하는 위치로 막대바를 이동시키면 다시 분할 메뉴가 활성화된다. 따라서 반복해서 분할할 수 있다.

◆ 동영상 삽입 :

동영상이 분할되었으면 분할된 위치에 새로운 동영상이나 사진을 클립모음창에 불러와서([홈]→ [비디오 및 사진추가]) 삽입한다.

◆ 주의 :

기존 동영상을 분할하여 새로운 동영상이나 이미지를 삽입할 경우, 원본 동영상은 그대로 남겨 놓아야 하므로 새로 작업한 동영상을 다른 프로젝트 이름으로 저장하는 것을 잊지 말자.

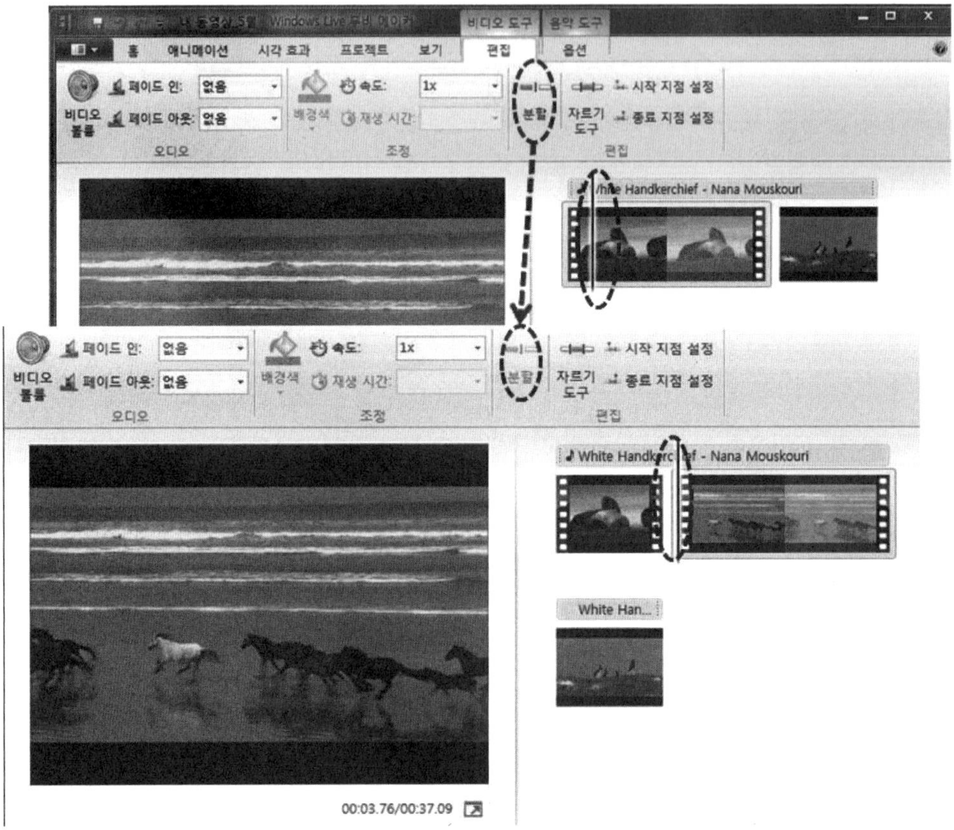

4-4 비디오 동영상에 플래시 효과 넣기

앞의 2-10절에서 비디오 효과를 이용한 플래시 효과 삽입 방법에 대해 알아보았다. 이를 활용하여 동영상 사이에 플래시 효과를 넣는 방법을 알아보자. 컴퓨터에 저장된 공용 동영상(야생.wmv)에서 말이 해변을 달려가는 장면이 재생되다가 특정 시간에서 동영상이 멈추고 멈추어진 화면이 정지된 상태에서 플래시가 터지면서 사진찍는 효과음("찰칵")을 삽입하면 된다.

1) 먼저 플래시 효과를 삽입하고자 하는 위치에 막대바를 위치시키고 [비디오 도구]→[편집]→ "분할"을 클릭한다.

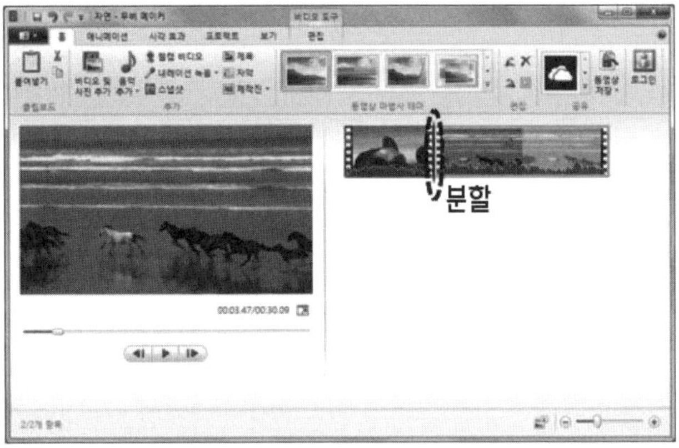

2) 동영상이 분할되었으면 분할된 위치에서 바로 앞의 동영상 사진에 대해 플래시 효과를 삽입한다. 동영상이 분할된 위치에 막대바를 이동(스냅샷을 만들고자 하는 사진 위치)시켜놓고 [비디오 도구]→[편집]→ "스냅샷"을 클릭한다. 그러면 스냅샷 사진이 만들어져서 클립모음창 맨 마지막에 올라 온다.

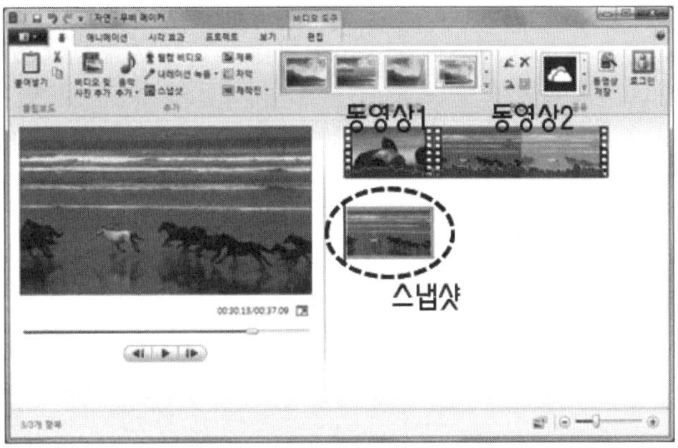

3) 스냅샷 사진을 분할한 동영상 사이에 이동시킨다.

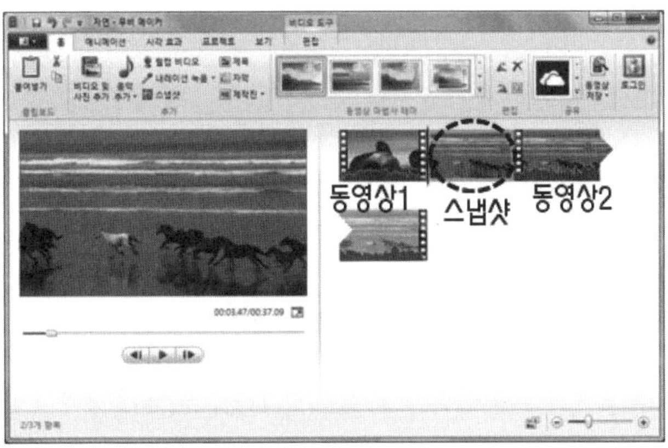

4) 복사하여 붙여 넣은 두 번째 사진에 대해 페이드인 효과를 적용하는데 중요한 것은 “흰색에서 페이드인” 효과를 적용해야 한다. 이것은 [시각효과] → ”효과” 에는 없으므로 “효과”의 하위 메뉴 중 다양한 효과를 클릭하여 적용한다. 앞에서 이에 대한 부분은 상세히 설명하였으므로 생략한다.

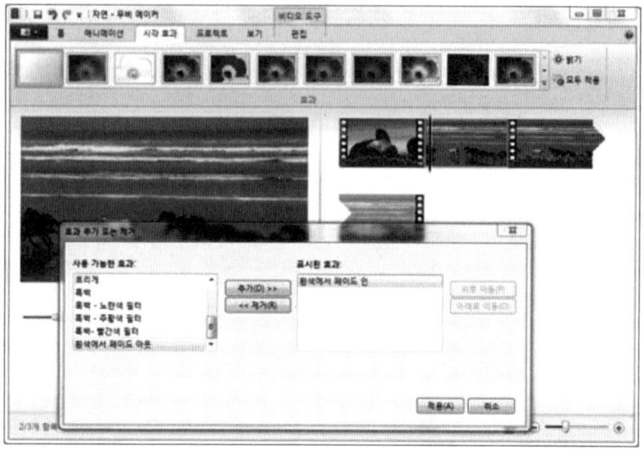

5) 첫 번째와 두 번째 사진의 재생시간을 1초 내외로 설정하고 플래시 효과음을 삽입하고 완료한다.

4-5 동영상 자르기

스마트폰으로 동영상을 찍었는데 불필요한 내용들이 많이 들어있을 것이다. 아무리 준비를 철저히 해서 동영상을 찍었다고 해도 원하는 동영상에 불필요한 내용이 들어갔을 수도 있고 애초에 기획했던 바가 변경되어 일부의 내용이 필요 없을 때가 있을 것이다. 이럴 때 원래의 동영상에서 특정 부분만 떼어내서 활용하고 나머지 부분은 버려야 할 것이다. 앞에서 배운 동영상 분할 기능을 이용할 수도 있으나 분할은 동영상을 두 개로 나눌 때 사용한다. 따라서 동영상 중 필요한 임의의 영역만 골라내어 사용하는 방법에 대해 알아보자.

1. 자르기 1-시작 지점 설정

- 동영상의 특정 부분을 잘라내기 위해 두 가지 방법이 있는데 첫 번째 방법을 알아보겠다. [비디오도구]→[편집]→[자르기 도구] 옆에 "시작지점 설정"과 "종료지점 설정" 부분이 있다. 먼저 자르기 할 시작 부분을 설정해야 하는데, 마우스로 막대바를 동영상 앞부분의 잘라낼 부분에 드래그하여 갖다 놓는다. 그런 후 "시작지점 설정"을 클릭하면 바로 막대바 앞부분의 동영상은 잘려나간다. 이때 자를 부분의 위치를 정확하게 설정하기 위해 마우스로 막대바를 움직이는 데는 한계가 있다. 따라서 미리보기 창에서 재생 버튼 좌우의 버튼을 이용하여 자를 부분의 위치를 미세 조정하여 정확히 설정한다.

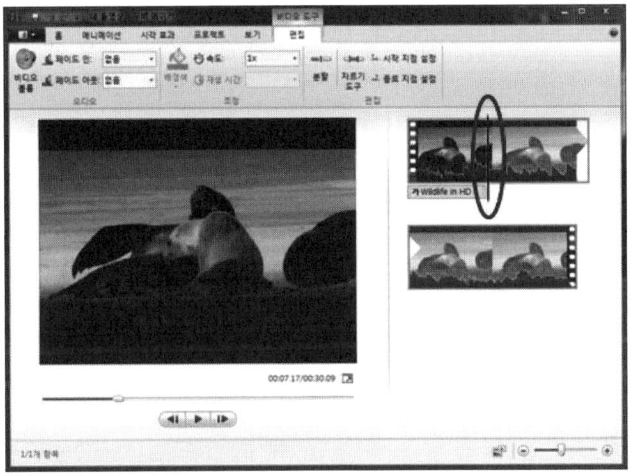

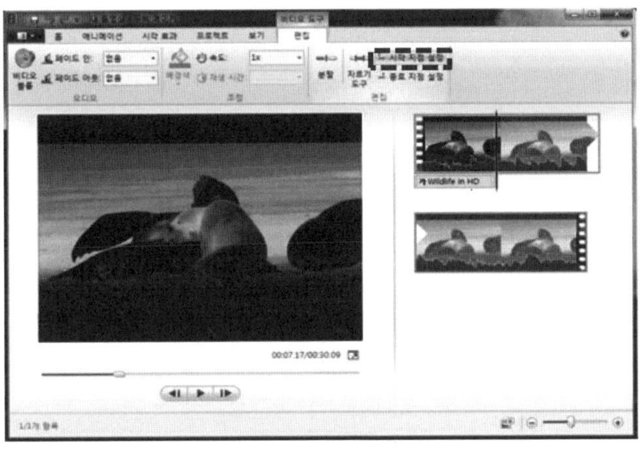

2. 자르기 Ⅰ - 종료 지점 설정

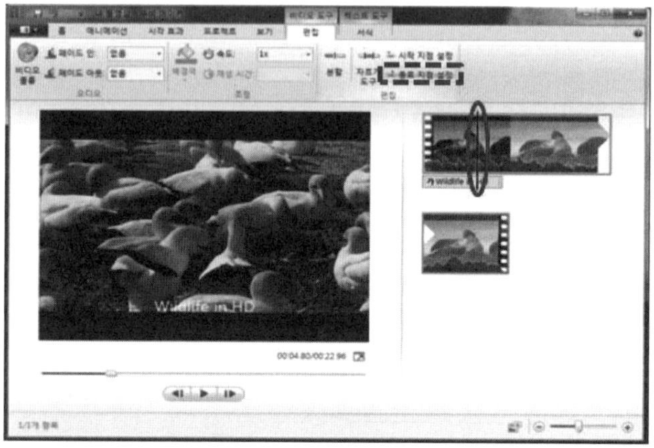

- [비디오도구]→[편집]→[자르기 도구] 옆에 "종료지점 설정" 부분을 클릭하면 동영상 뒷부분 자르기가 가능하다. 먼저 자르기 할 시작 부분을 설정해야 하는데, 마우스로 막대바를 동영상 뒷부분의 잘라낼 부분에 드래그하여 갖다 놓는다. 그런 후 "종료지점 설정"을 클릭하면 바로 막대바 뒷부분의 동영상이 잘려 나간다. 이때 자를 부분의 위치를 정확하게 설정하기 위해 앞에서 살펴본 대로 마우스로 막대바를 미세 조정하여 정확히 설정한다.

- 동영상 자르기를 완료하면 그림에서처럼 동영상의 원하는 부분만 남아 있다. 만약 잘못 잘렸다면 당황하지 말고 Ctrl+Z Key를 사용하면 직전 상태로 복귀되므로 다시 작업할 수 있다.

파일저장

자르기 작업이 완료되었으면 최종 동영상을 저장한다. 저장할 때 프로젝트 파일로 저장하거나 동영상으로 저장할 수 있다.

> 주의 : 잘라진 영상만 남아있다.
> 자르기 취소시 Ctrl+Z
> ➔ 자르기전 영상으로 돌아옴

2. 자르기 II

◆ 앞에서 [자르기도구] 옆에 있는 도구창을 이용하여 자르는 방법에 대해 알아 봤다. 이번에는 [자르기도구]를 직접 클릭하여 들어가서 자르는 방법을 알아보자. [비디오도구]→[편집] → "자르기 도구"를 클릭하면 동영상 자르기에 필요한 메뉴창으로 바뀌는데 기본적으로 동영상 자르기의 시작 부분과 종료 부분을 설정하는 메뉴창으로 구성돼 있다.

1) 자르기 시작 지점 : 자르기 할 시작 지점을 미리보기 창에서 좌측 끝의 바를 마우스로 드래그하여 설정하거나 메뉴창에서 자르기 할 시작 지점의 시간을 직접 입력하여 설정한다. 미리보기 창에서 마우스로 드래그하여 설정 시 메뉴창 상단의 시작부분 창에 자르기 시작 지점의 시각이 나타난다.

2) 자르기 종료 지점 : 자르기 할 종료 지점을 미리보기 창에서 우측 끝의 바를 마우스로 드래그하여 설정하거나 메뉴창에서 자르기 할 종료 지점의 시간을 직접 입력하여 설정한다. 마우스로 드래그하여 설정 시 앞에서와 동일하게 메뉴 상단의 종료 지점 창에 자르기 종료 지점의 시각이 나타난다.

주의 : 잘라진 영상만 남아있다
자르기 취소시 Ctrl+Z or "취소" 클릭
→ 자르기전 영상으로 돌아옴

3) 동영상 자르기를 완료하면 그림에서처럼 동영상의 원하는 부분만 남아있다. 만약 잘못 잘려졌다면 화면 상단의 "취소"를 클릭하거나 Ctrl+Z Key를 사용하여 직전 상태로 복귀할 수 있다. 따라서 작업 수정이 가능하다.

4) 시작/종료지점 설정 후 “자르기 저장” 을 클릭하면 자르기 시작 지점에서 종료 지점까지의 영상만 프로젝트 파일에 남고 나머지 영상은 제거되면서 무비메이커 홈 화면으로 되돌아간다. 홈 화면서 다른 작업을 계속할 수 있다.

4-6 음악 강조하기

동영상 제작 시 여러 개의 음원을 중복으로 올릴 경우가 있다. 예를 들어 배경음악이 추가되어 있는 비디오 동영상에 [홈]→[음악추가] 기능을 사용하여 효과음을 추가하고, 그 상태에서 내레이션 녹음을 추가했다고 가정하자. 이 경우 3개의 음원이 하나의 동영상에 혼합되어 있는데, 각각의 음원이 동시에 재생되므로 내레이션 녹음을 통해 설명한 음성의 구분이 잘 안될 수도 있다. 이럴 때 3가지 중에서 하나를 강조하여 나타낼 수 있다. 만약 내레이션 녹음으로 삽입한 음성 녹음을 강조하려면 메인창에서 [프로젝트]를 클릭하면 3가지 상태 중 하나를 선택하여 강조할 수 있는 메뉴 [내레이션 강조/비디오강조/음악강조]가 나타난다. [내레이션강조]를 선택하면 3가지 음원 중에서 내레이션 녹음으로 삽입한 음성이 크게 재생되고 나머지 2개는 작게 재생된다. 만약 비디오에 삽입된 배경음악을 강조하려면 [비디오강조]를, 효과음을 [음악추가]로 삽입하였을 경우, 불러들인 효과음을 강조하려면 [음악강조]를 클릭한다. 이와 같이 여러 개의 음원이 중복될 경우 하나만 강조하는 기능을 사용할 수 있다.

4-7 부분적으로 음악 강조하기

앞에서 동영상에 여러 개의 음원이 혼합되어 있을 때 특정 음악을 강조하는 방법에 대해 알아보았다. 그런데 앞에서 살펴본 음악 강조하기는 영상이 끝날 때까지 같은 상태를 유지하기 때문에 중간에 상태를 바꿀 수 없다. 만약 효과음을 강조했다면 효과음은 동영상 중간에서 사라지는 경우가 대부분이다. 따라서 효과음이 사라진 상태에서 효과음을 강조할 필요가 없다. 이럴 경우 대처 방법에 대해 알아보겠다.

1. 부분적으로 음악 강조하기 작업순서

- 강조하고자 하는 음악을 강조 설정한다. 효과음을 강조했다고 가정하자.

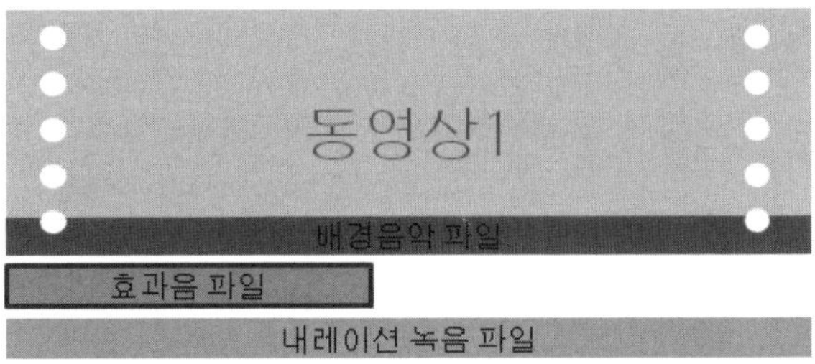

- 효과음이 끝나는 부분에서 영상을 분할하여 분할된 앞부분 ①을 동영상으로 저장한다. 그런 후 ①을 제거하고 뒷부분 동영상 ②의 영상에 대해 "강조없음"을 설정하고 프로젝트 파일을 저장한다.

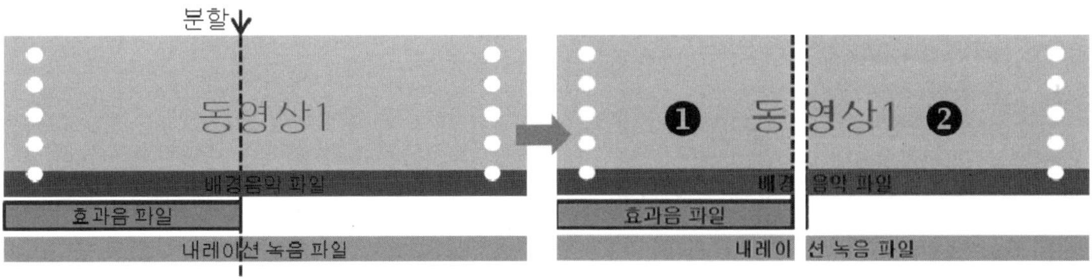

- 저장한 동영상 ①을 뒷부분의 동영상 ②에 불러와 앞부분에 붙인다. 앞에 붙인 동영상은 효과음이 강조된 부분의 동영상이고 뒷부분은 강조 없음으로 설정하였다. 이 상태를 저장하면 원하는 작업이 마무리된다.

2. 음악 강조 :

효과음은 영상의 중간에서 재생이 완료되어 이후에 음악 강조가 필요 없으므로 음악 강조를 해제하도록 한다. 무비메이커에는 영상 중간에 강조 음악을 해제하는 기능이 없으므로 임의의 방법을 사용하여야 한다. ①의 단계에서 강조하고자 하는 음악을 강조한다. [프로젝트]를 클릭해 들어가면 [내레이션강조/비디오강조/음악강조] 메뉴가 있다. 본 예에서는 효과음을 강조하려고 하는데, 효과음은 [홈]→[음악불러오기]로 불러왔으므로 [음악강조]를 선택하면 된다. 만약 내레이션 불러오기로 음악을 불러왔으면 [내레이션강조]를 클릭한다. 비디오 영상에 삽입된 음악 또는 소리를 강조하려면 [비디오강조]를 클릭한다.

3. 음악 분할 :

②의 단계에서 영상을 분할하기 전에 먼저 음악을 분할하는 것이 좋다. 영상을 먼저 분할하면 분할된 영상을 기점으로 뒷부분 영상에 해당하는 음악이 사라질 수도 있기 때문이다. 내레이션 녹음바를 마우스로 클릭하면 무비메이커 메인 화면에 내레이션 도구가 활성화되어 나타난다.

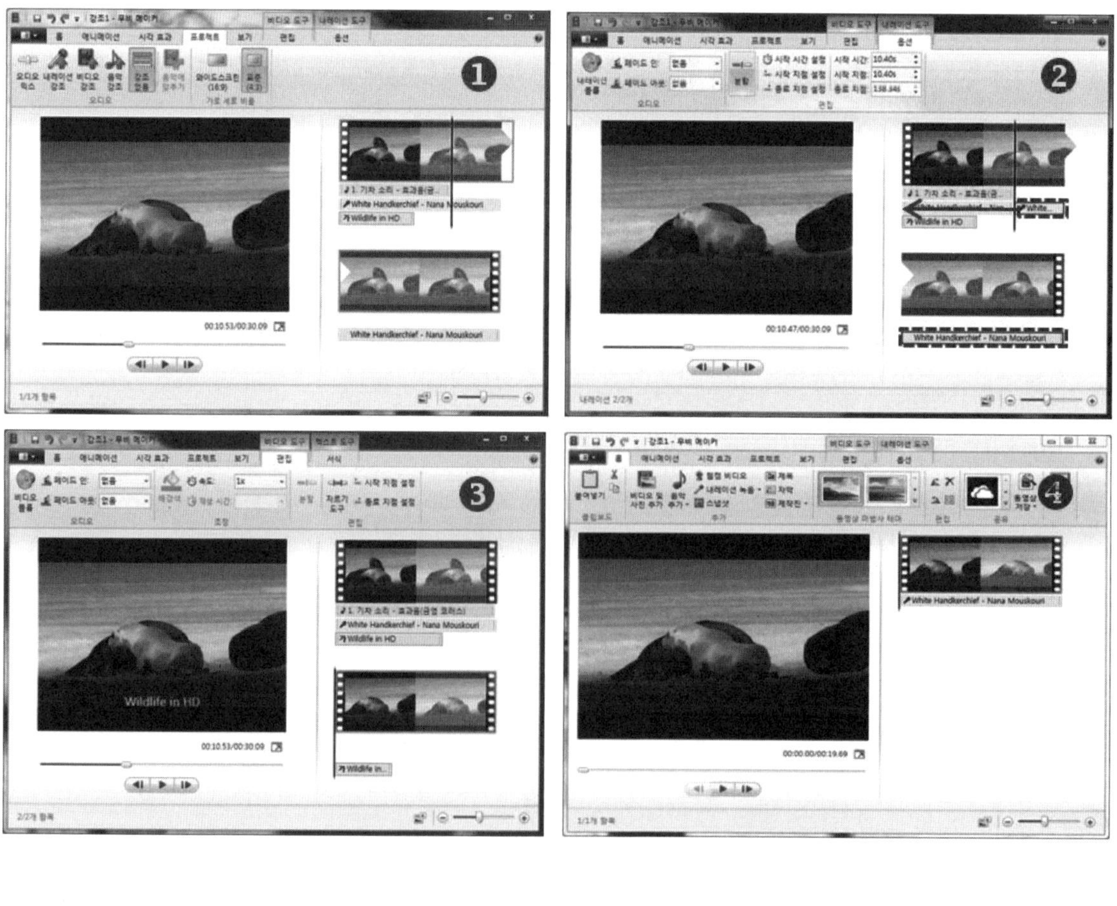

[내레이션도구]→내레이션 녹음 파일을 분할하고자 하는 위치에 막대바를 위치하고 [분할]을 클릭한다. 분할할 위치는 효과음이 끝나는 지점이 될 것이다. 내레이션 음악이 분리되었으면 분리된 앞부분을 삭제하고 뒷부분을 마우스로 드래그하여 영상의 맨 앞으로 가져온다. 만약 분리된 내레이션 음악을 앞으로 이동하지 않고 영상을 자르면 음악이 또다시 사라질 수 있다. 무비메이커의 이런 문제점 때문에 번거롭지만 다음의 작업을 해야 한다. 먼저 ②의 단계에서 내레이션 뒷부분을 앞으로 당긴 후 효과음 끝나는 부분으로 돌아가서 동일 위치에서 [비디오도구][편집]→[분할]을 클릭하여 영상을 분할하고(③) 분할된 앞부분 영상과 효과음을 제거하면 ④와 같은 뒷부분 영상과 내레이션만 남는데 이를 프로젝트 파일로 저장한다.

4. 영상 분할 :

④의 단계 완료 후 다시 ①의 단계로 돌아가서 ②의 단계를 실행한다. 한 가지 주의할 점은 ②의 단계에서 앞부분 내레이션을 제거하지 않고 동일 위치에서 [비디오도구]→[편집]→[분할]을 클릭하여 곧바로 영상 분할을 한다. 그런 후 이번에는 영상 뒷부분과 내레이션 뒷부분을 제거한 ⑤단계에서 동영상 저장을 한다. 최종적으로 ④의 단계의 프로젝트 파일과 단계의 동영상이 남아있는데, ④와 ⑤를 다시 합친다. ④의 프로젝트 파일에서 ⑤의 동영상을 클립모음창에 불러온다. 불러온 동영상 ⑤는 원래 앞부분에 있던 동영상이므로 맨 앞으로 재배치하고 뒷부분 동영상에 대해서 음악 강조를 바꾼다. 음악 강조를 없애려면 [프로젝트]→[강조없음]을 클릭하여 설정한다. 결론적으로 앞부분에는 효과음을 강조하였고 뒷부분에는 효과음 강조를 해제한 결과 파일이 만들어졌다.

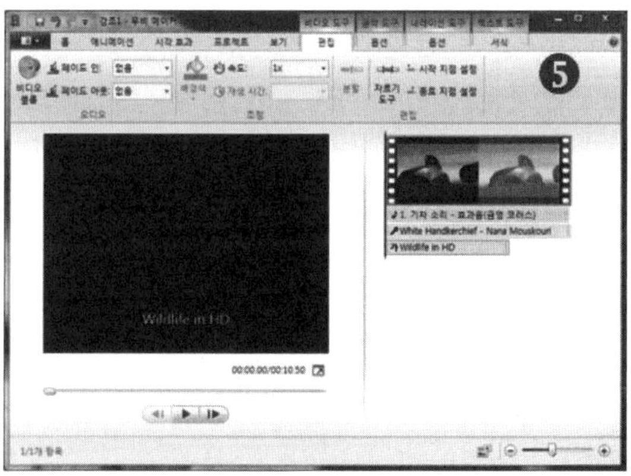

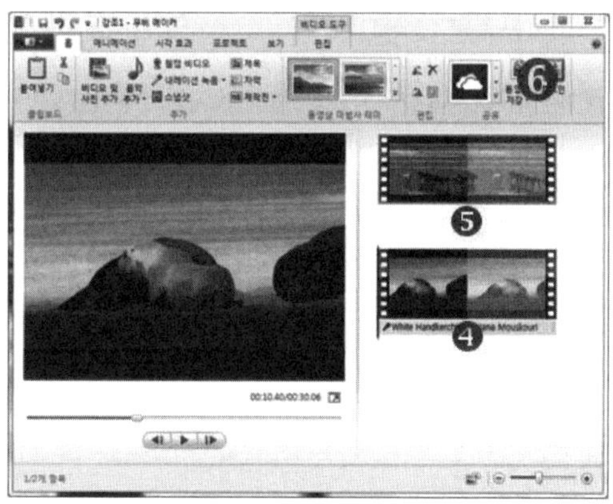

4-8 비디오 볼륨 조절하기

- 비디오 볼륨 조절하기 기능을 이용하여 비디오의 소리 크기를 조절할 수 있다. [비디오도구]→[편집]→[비디오볼륨]을 클릭하여 조절한다. 비디오 볼륨 조절 기능은 전체 비디오에 대해 조절이 가능하고 일부 구간에 대해서 비디오 볼륨을 다르게 조절할 수 있다. 다만 일부 구간에서 볼륨을 다르게 조정하려면 비디오 영상 분할을 하여 볼륨을 다르게 적용하면 가능하다.

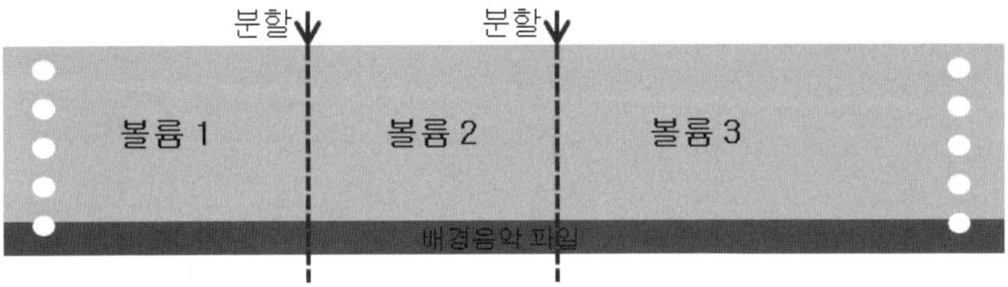

- 일부 구간 볼륨 조정 :

볼륨을 다르게 설정할 영역에 바를 옮겨 놓고 볼륨을 설정한다. 그런 후 영상을 분할하고 볼륨이 다르게 설정되었는지 영역별로 확인한다. 설정이 완료되었으면 동영상을 저장한다

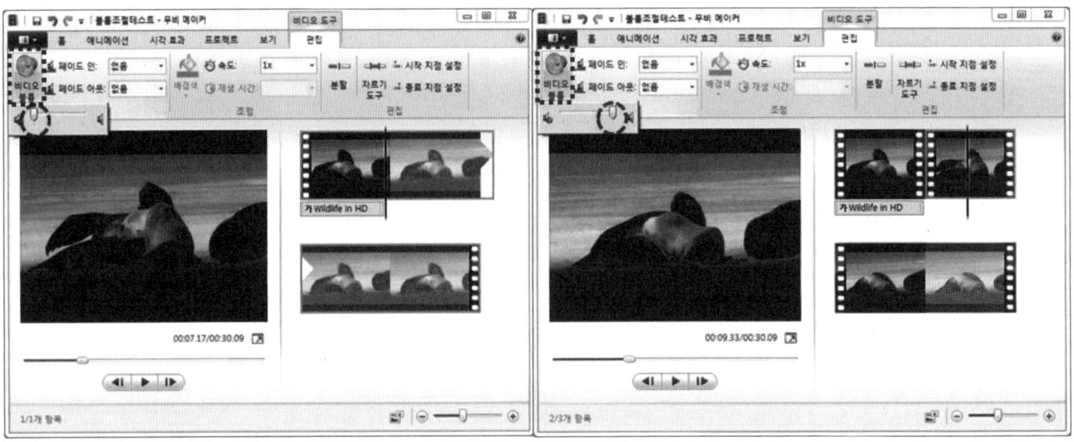

4-9 비디오 동영상 음악 중 특정음악의 일부 볼륨소리 조절하기

1) 앞에서 비디오영상에 대해 볼륨 강약 조정하는 방법을 알아보았다. 여러 개의 음악 또는 음악, 나레이션 및 효과음이 섞여 있을 경우 특정 음악을 강조할 수 있는 방법 또한 6절~7절에서 살펴보았다. 이번에는 전체 영상 중 특정 시간의 볼륨을 조정하는 방법을 알아보자. 이것은 7절에서 다룬 내용과 다소 유사하다. 차이점은 특정 음악을 강조하는 것과 특정 음악의 특정 영역에 대해 볼륨 강약을 조절하는 것 이다.

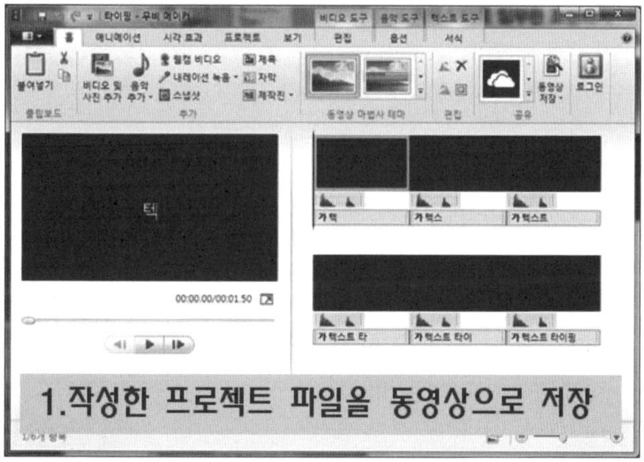

2) 타이핑 효과에 효과음과 배경음악이 있을 경우 특정 시간대에서 배경음악의 볼륨을 크게 또는 작게 조정하는 예를 들어보겠다. 먼저 텍스트 타이핑 효과와 효과음을 삽입하고 여기에 또 다른 배경음악을 불러온다. 이때 배경음악을 [내레이션 녹음]→[소리추가] 기능으로 불러올 수도 있으나, 볼륨소리를 특정 구간에서 특정 음악에 한해서 조정할 예정이므로 타이핑 효과음 불러온 것과 동일하게 [홈]→[음악추가] 기능을 이용하여 불러온다. 따라서 타이핑 효과에 효과음을 넣은 영상에 대해 동영상으로 저장하고 다시 클립보드에 불러온다.

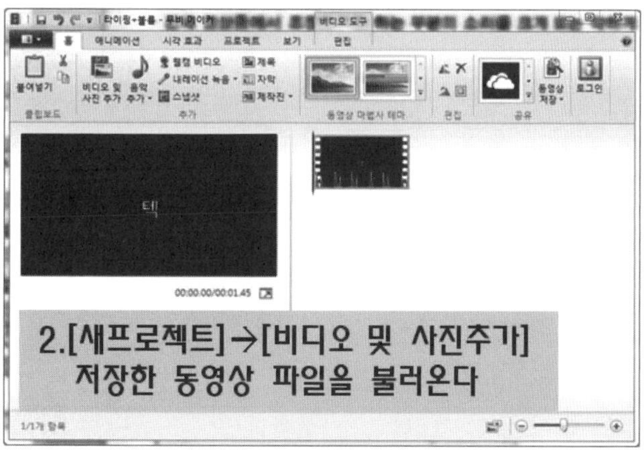

3) 동영상을 불러왔으면 추가할 음악을 [홈]→[음악추가]를 클릭하여 불러온다.

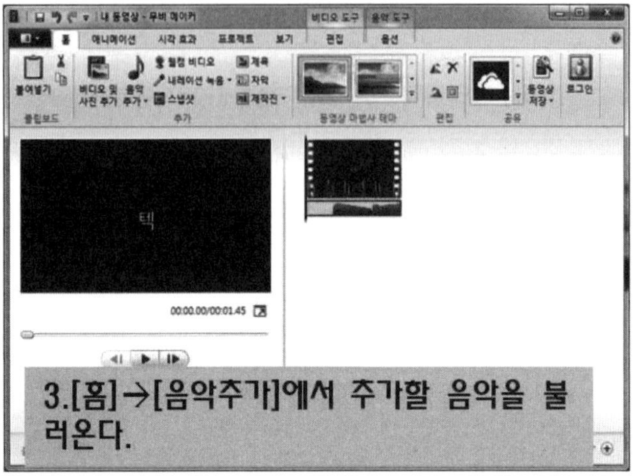

4) 영상을 분할하고 볼륨 소리를 변경하고자 하는 위치에 막대바를 옮긴 후 [비디오도구]→[편집]→[비디오볼륨]을 클릭하여 분할한 구간에 대해 볼륨 소리를 변경한 후 동영상 저장을 하여 완료한다.

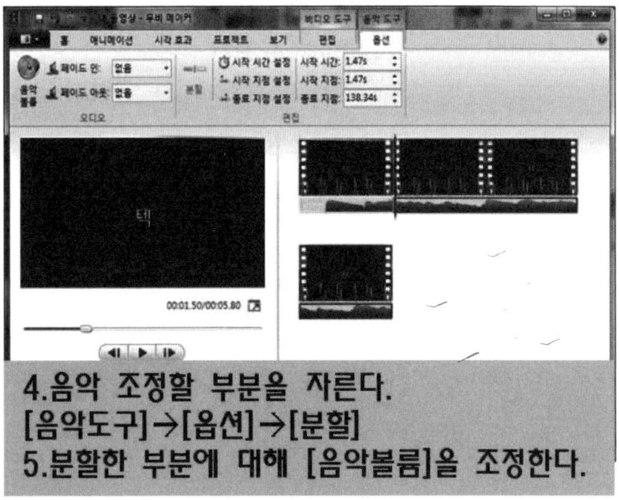

4-10 메아리 효과 넣기

메아리 길이 설정 :

추가한 음악이나 내레이션에 대해 메아리 효과를 넣어보자. 먼저 음악을 재생시켜 들으면서 설정하고자 하는 메아리의 길이를 측정한다.

분할 :

그 이후 음악 또는 내레이션을 잘라야 한다. 음악에 대해 메아리를 넣으려면 [홈]→[음악추가]로 불러온 음악에 대해 [음악도구]→[옵션]을 클릭하여 분할하고자 하는 음악의 위치에 막대바를 마우스로 끌고가서 [분할]을 클릭하여 음악을 분할한다. 분할된 음악 뒷부분은 삭제한다. 내레이션에 대해 메아리를 넣으려면 [홈]→[내레이션 녹음]을 클릭하여 불러왔을 것이므로 이때는 [내레이션 도구]→[옵션]→[분할]을 클릭하여 내레이션을 분할 후 뒷부분은 삭제한다.

중복복사 1 :

메아리 음을 복사하여 잘라낸 음의 뒷부분에 연속해서 붙인다. 이때 그냥 연속해서 붙여도 되고 첫 번째 음과 두 번째 음을 일정 재생 구간을 겹치게 설정하면 메아리 효과를 더 높일 수 있다. 이때 메아리 음이 음악인 경우 즉, [음악추가]로 불러온 경우, 음악 재생 구간을 겹치게 놓기 위해 [내레이션 녹음]→[소리추가]를 선택하여 반복할 위치에 메아리 음을 붙여야 한다.

중복복사 2 :

메아리 음이 내레이션인 경우 즉, [내레이션 추가]로 불러온 경우, 음악 재생구간을 겹치게 놓기 위해 [음악추가]를 선택하여 반복할 위치에 메아리 음을 붙여야 한다. 만약 메아리 효과를 2회 이상 넣고 싶다면 2회까지 작업한 파일을 동영상으로 저장한 후 동영상을 다시 불러와서 메아리 음을 반복할 위치에 붙이면 된다.

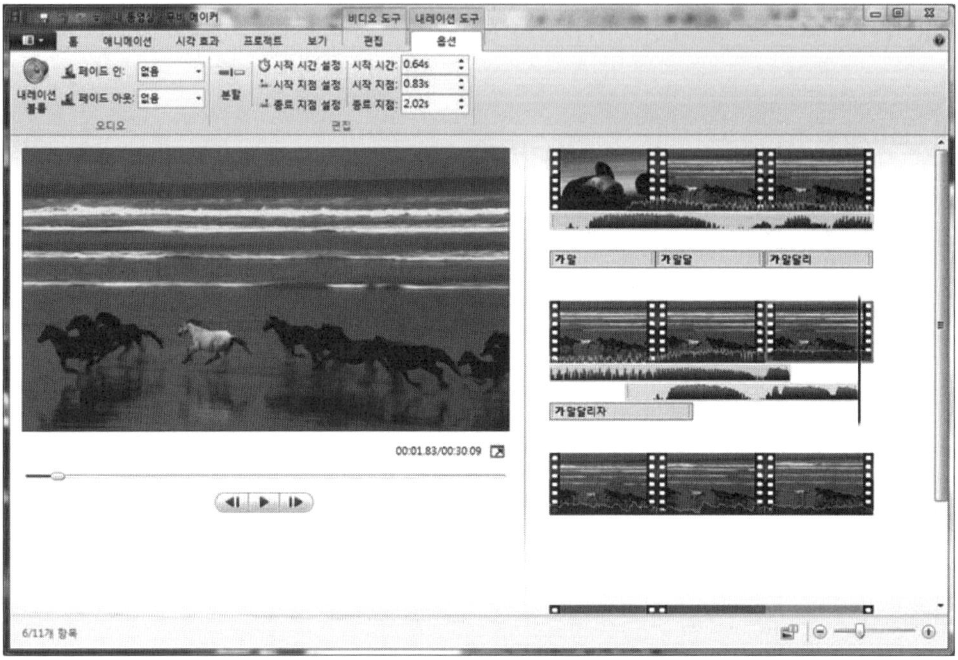

연습

- 메아리 효과 반복 3회 넣기

CHAPTER 5

동영상에 갖가지 효과 영상 작업 넣기

5-1 비디오영상에서 음성 추출하기
5-2 비디오영상에서 영상 추출하기(소리제거)
5-3 비디오 동영상 사이에 슬로우 모션 만들어 넣기
5-4 비디오 동영상에 다중 자막 넣기
5-5 동영상 진행중에 텍스트 효과 넣기

5-1 비디오영상에서 음성 추출하기

비디오영상으로부터 음성이나 음악을 추출해내는 방법에 대해 알아보자. 촬영한 비디오영상에서 음성만 따로 분리하여 다른 영상에 삽입하여 사용할 수 있다. 음성을 추출하는 기능을 제공하는 툴이 여러 가지 존재하지만 freeware site 두 가지만 소개하겠다.

freeware site

http://tvpot.daum.net/application/PotEncoder.do

http://www.aoamedia.com

Daum 팟인코드를 사용한 음성 추출

Daum 팟인코드는 동영상으로부터 음성을 추출할 수 있는 기능뿐만 아니라 동영상을 편집할 수 있는 기능도 있다. Daum 팟인코드를 설치한 메인 화면은 아래와 같다. 동영상으로부터 음성 파일을 분리해내는 방법을 알아보자.

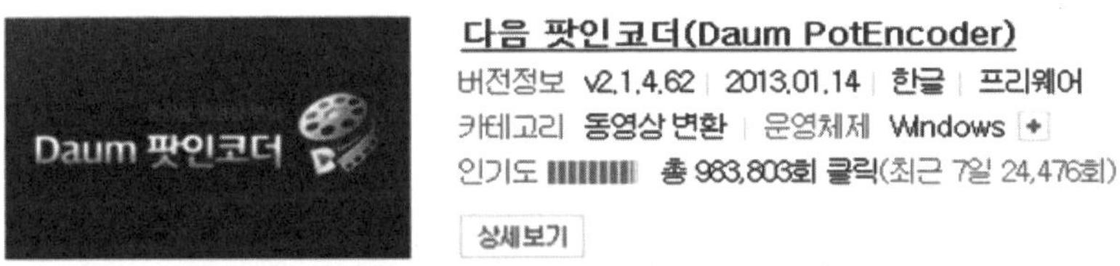

- **파일 불러오기** : 메인창에서 [인코딩][불러오기]를 클릭하여 먼저 음성 추출하고자 하는 비디오 파일을 불러온다.

- 파일을 불러온 이후의 화면은 아래와 같다. 우측 상단에 원본 파일정보와 우측 하단에 인코딩 이후의 예상 결과파일에 대한 형식, 용량 등의 정보를 나타낸다.

- **세부 설정** : 추출할 파일을 불러온 후 추출하고자 하는 선택사항을 설정한다. 먼저 ① [오디오 추출용]을 클릭하고 ②의 파일 형식을 설정한다. 파일 형식에는 MP3와 OGG형식을 지원한다. 일반적으로 MP3파일 형식을 지정하면 무난하다.

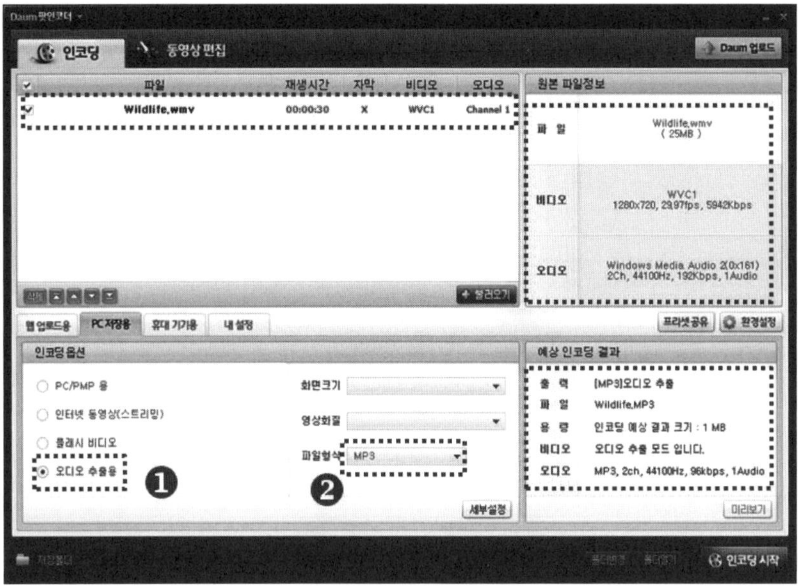

- 메인창에서 세부설정을 클릭한 후 [오디오코덱]을 클릭하여 음질 등에 대한 정보를 설정한다.

- [오디오코덱]을 클릭하여 들어가면 오디오 추출용에 대한 파일 음질 등을 설정할 수 있는 창이 열린다. 이 창에서 음질 등에 대한 정보를 설정한다. 음질은 48~320사이의 값을 설정할 수 있으며, 숫자가 높으면 파일 용량이 증가한다. 샘플레이트(sample rate)는 음성 데이터의 샘플링 비(sampling rate)를 선택할 수 있다. 샘플링 비라는 것은 음성 신호를 디지털화할 때 모든 신호를 디지털화하는 것이 아니고 일부의 신호를 선택적으로 추출하는 비율을 말한다. 기본값을 설정하여도 무방하다. 채널은 음성을 녹음할 때 입체음향(stereo sound)또는 단일음향(mono sound)으로 분리할 것인지를 선택할 수 있다. 이 정도의 설정을 마치면 오디오 추출을 무난히 할 수 있으므로 [확인]버턴을 클릭한다.

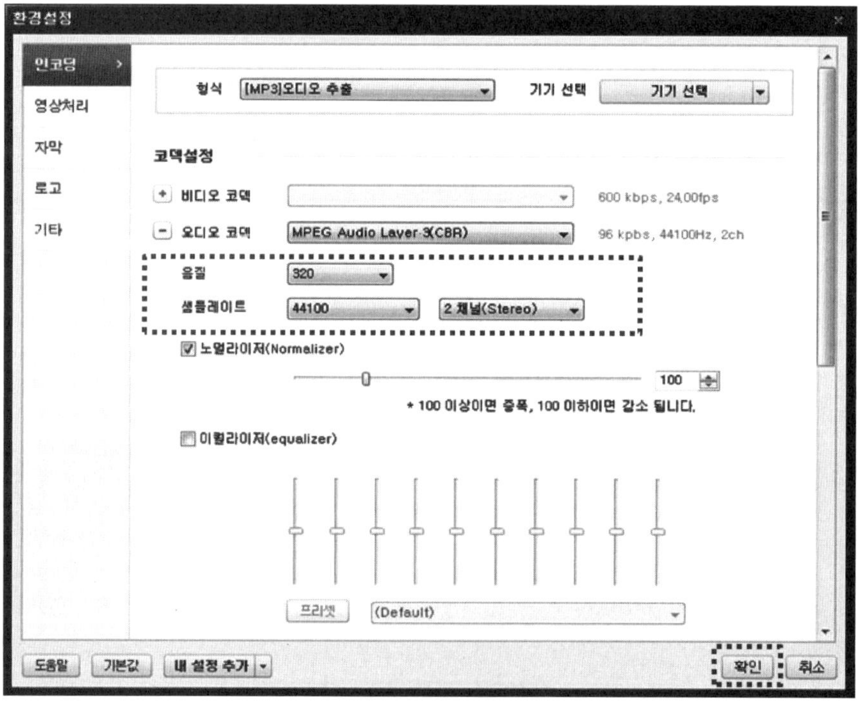

- 오디오 추출 조건 설정이 완료되면 메인창에서 폴더 변경을 선택하여 추출한 음성 파일을 저장할 위치를 설정한다. 최종적으로 [인코딩시작]을 클릭하여 음성 추출을 완료한다.

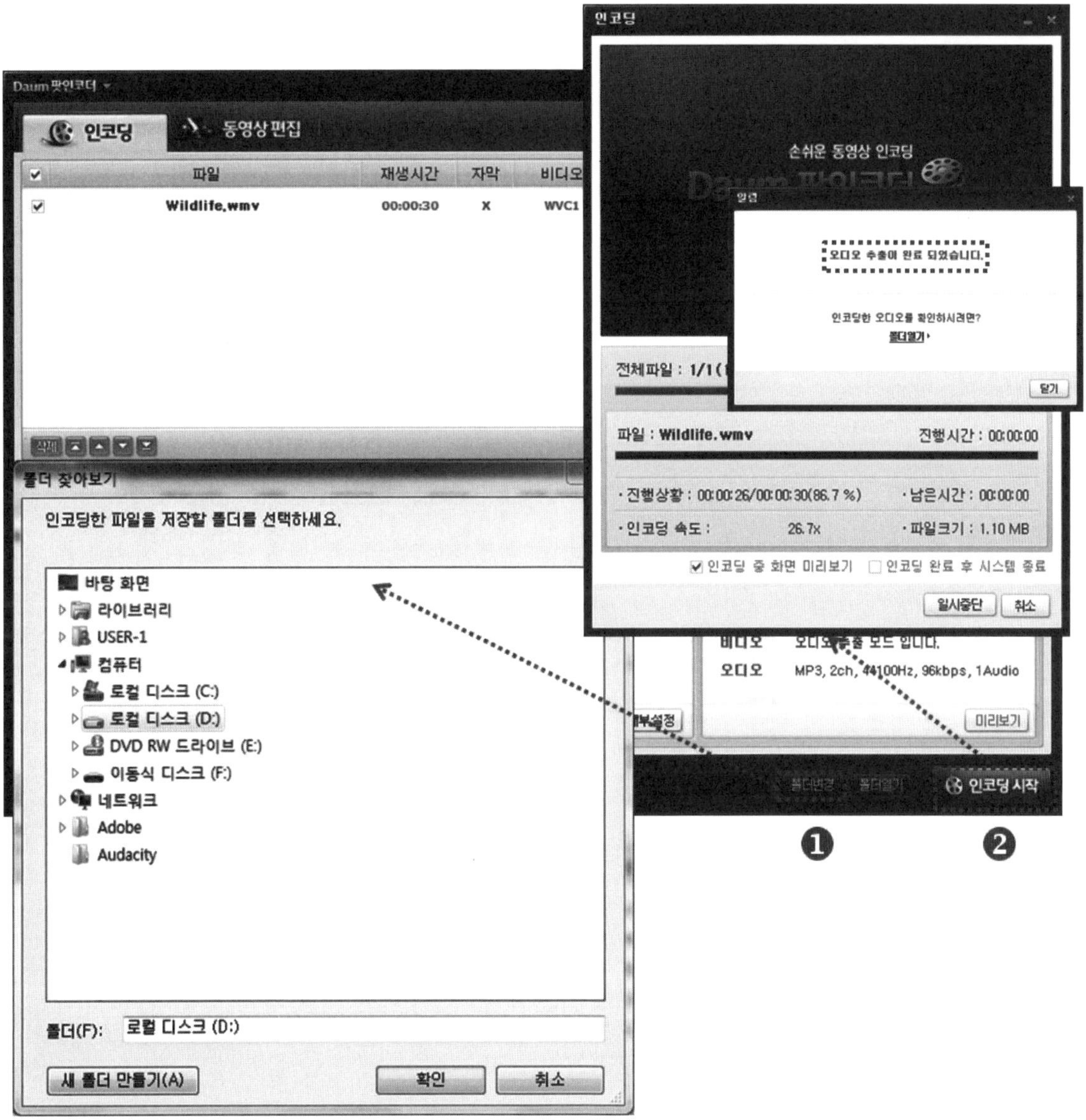

5-2 비디오영상에서 영상 추출하기(소리제거)

Daum 팟인코드를 사용한 영상 추출

인코딩 설정 :

- Daum 팟인코드를 사용하여 소리가 제거된 영상 부분만 추출도 가능하다. 원래 동영상의 소리가 잡음이 많아서 새로 녹음하여 삽입할 경우나, 여러 가지 목적으로 원래의 소리를 제거하고 다른 소리를 삽입할 필요가 있을 수 있다. 메인창에서 [인코딩]을 클릭하여 추출할 동영상을 불러온다. 파일을 불러왔으면 화면 하단에 [PC저장용][PC/PMP용]을 클릭하여 추출할 영상의 파일형식 및 화질을 설정한다. 파일형식은 avi, wmv, mp4 등이 있으니 원하는 형식을 선택하고 화질을 설정한다. 화질은 화면 크기와 영상 화질로 설정할 수 있다.

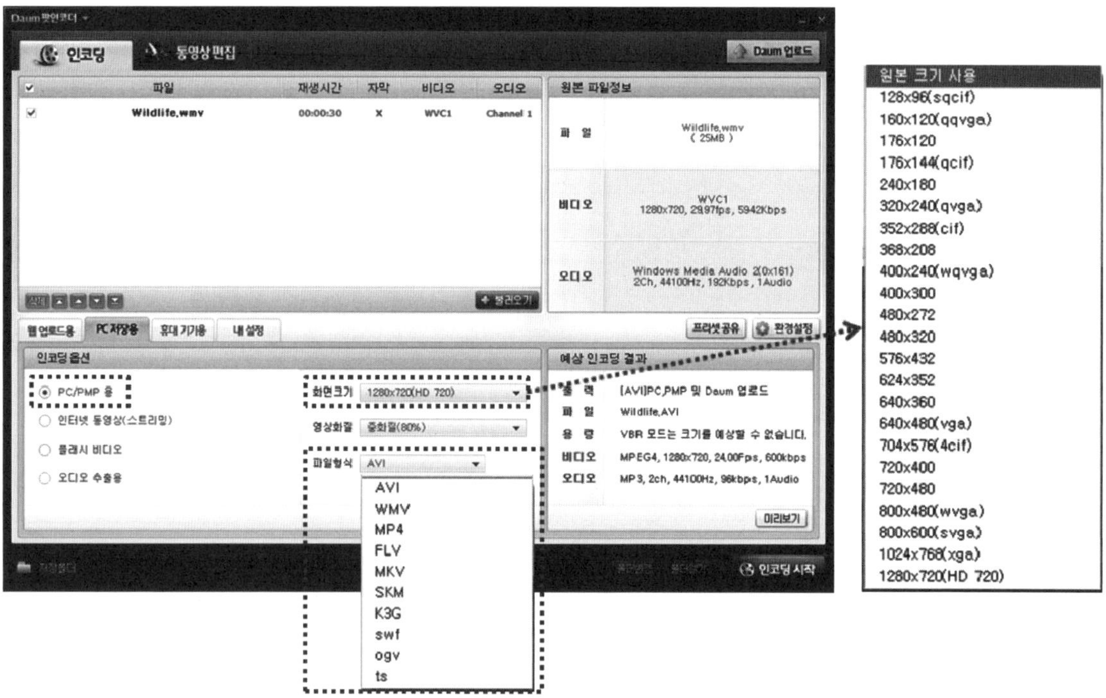

동영상 편집 설정:

- 앞에서 인코딩 설정이 완료되었으면 메인창에서 [동영상편집]을 클릭해 들어가서 앞에서 불러온 비디오 동영상을 다시 한 번 불러온다. 불러온 비디오 동영상 파일을 타임라인으로 마우스로 드래그하여 끌고 온다.

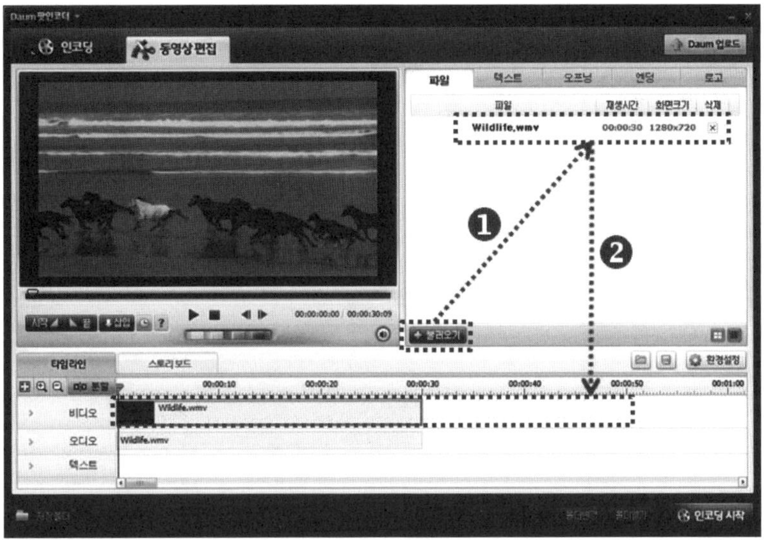

- 동영상을 타임라인상에 끌고 왔으면 마우스를 타임라인의 [비디오]에 올린 상태에서 오른쪽 버튼을 클릭하면 작은 창이 열리는데 여기서 [비디오만 추출]을 클릭한다.

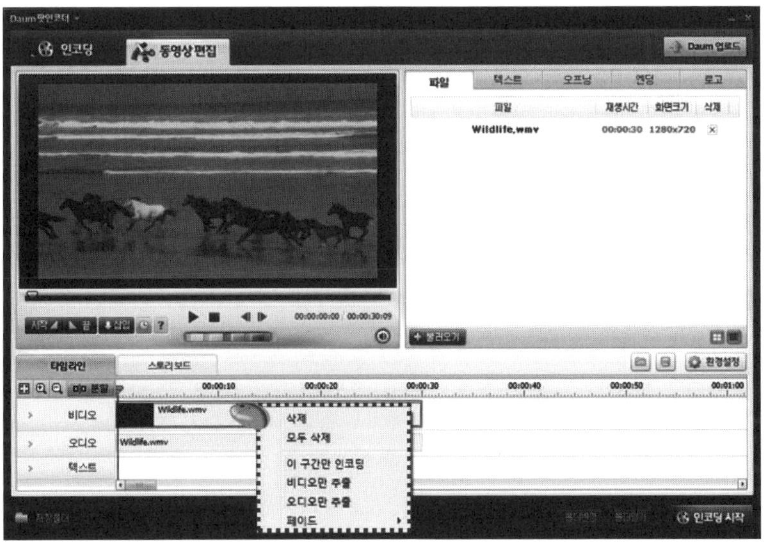

- 폴더를 변경하여 영상 추출할 위치를 설정하고, 최종적으로 [인코딩시작]을 클릭하면 비디오영상으로부터 영상만 추출된다. 추출된 영상 파일은 소리가 제거된 순수한 영상 파일만 존재하며 파일의 형식은 인코딩에서 지정한 형식이다.

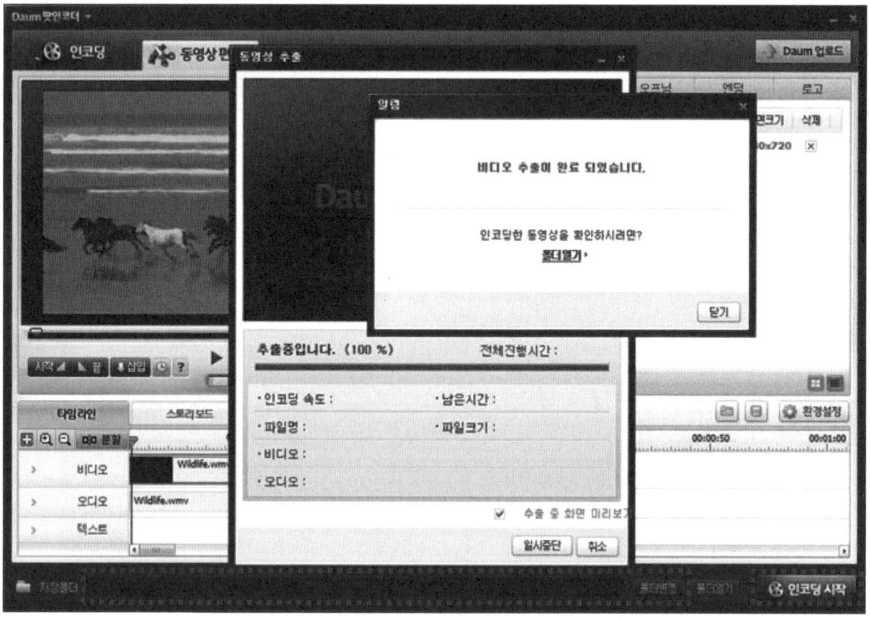

AoA 설치

AoA 또한 Daum 팟인코드와 같이 동영상으로부터 음성을 추출할 수 있는 기능의 프로그램이다. 홈페이지에 접속한 후 설치하면 되는데 무료 버전과 유료 버전을 선택하여 설치할 수 있다. AoA를 설치한 메인 화면은 아래와 같다. 동영상으로부터 음성 파일을 분리해내는 방법을 알아보자.

AoA site : http://www.aoamedia.com

음성 추출

AoA를 실행한 메인 화면에서 ①의 "Add file"을 클릭하여 추출하고자 하는 음성 파일이 들어있는 동영상을 불러온다. 그런 후 다음의 절차대로 진행하여 음성을 추출한다.

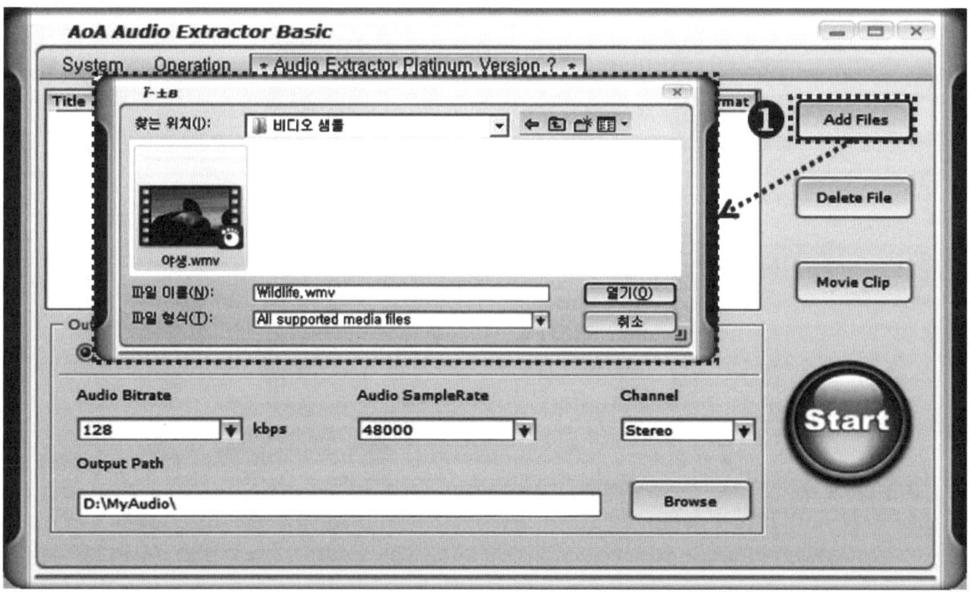

음성파일 형식 선택 :

추출하고자 하는 음성파일의 형식을 지정하는데 AoA에서 지원하는 파일형식은 MP3, WAVE와 AC3의 세 가지 형식이다. ②를 클릭하여 MP3형식을 지정한다.

음질 선택 :

③ 에서 음성파일의 음질을 선택한다. 음질은 "Audio Bitrate"를 클릭하면 앞에서 살펴본 Daum 팟인코드와 마찬가지로 64~320사이의 값이 나타나며, 높은 값일수록 좋은 음질로 추출할 수 있다. 다만 음질이 좋을수록 파일의 용량이 증가한다. "Audio SampleRate"를 클릭하여 음성 데이터의 샘플링 비를 선택할 수 있다. 이것은 앞에서 살펴본 Daum 팟인코드에서의 샘플링 비와 동일한 개념이다. 샘플링 비는 세 가지의 값을 선택할 수 있으나, 기본값을 사용하자.

경로(path)지정 :

파일 추출 형식 설정을 마쳤으면 에서 추출한 파일이 저장될 경로를 설정한다. 경로 지정이 완료되었으면 "Start" 버튼을 눌러서 음성추출을 시작한다.

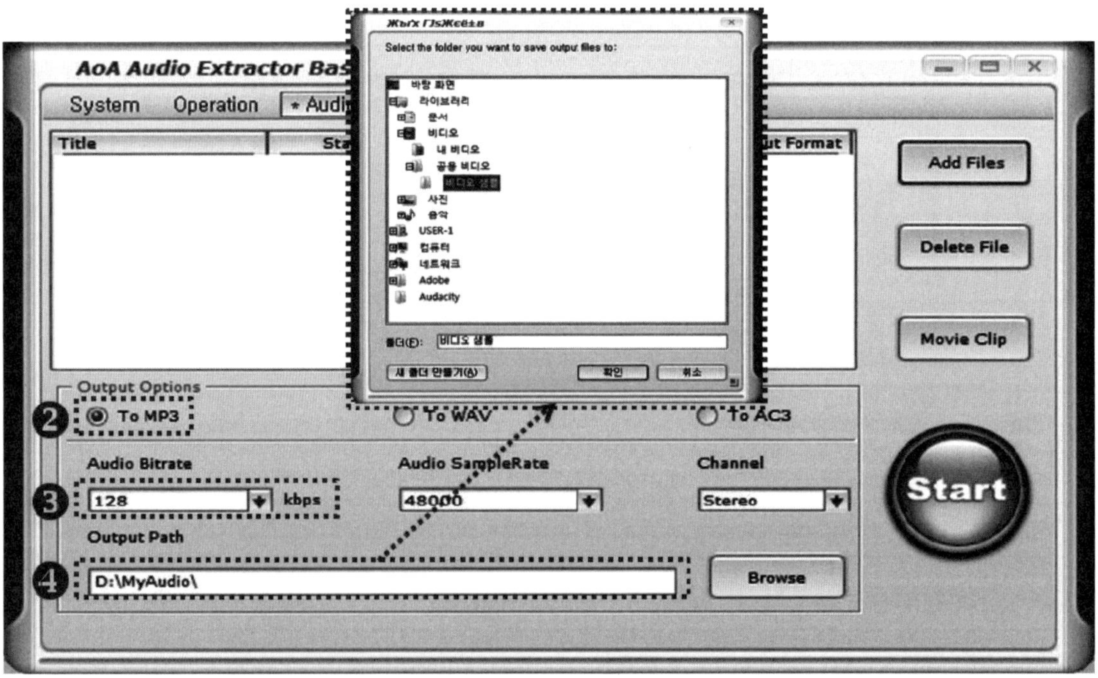

5-3 비디오 동영상 사이에 슬로우 모션 만들어 넣기

- 앞에서 사진을 활용한 스톱모션 만들기에 대해 알아보았다. 동영상으로 촬영한 영상의 일부분에 대해 스톱모션 효과를 넣을 수도 있다. 특정 동영상에 대해 이러한 효과를 적용한다면 이미지 효과가 증대될 수 있고 재미있는 영상을 만들 수 있을 것이다.

- 기본적인 개념은 다음과 같다. 동영상 중 스톱모션을 삽입하고자 하는 영역에 일정 간격으로 스냅샷을 추출한 후 스톱모션이 들어갈 영역을 동영상 분할 후 삭제한다. 삭제된 영역에 스냅샷을 이동시켜 순서대로 위치시킨 후 재생시간 간격을 조정한다.

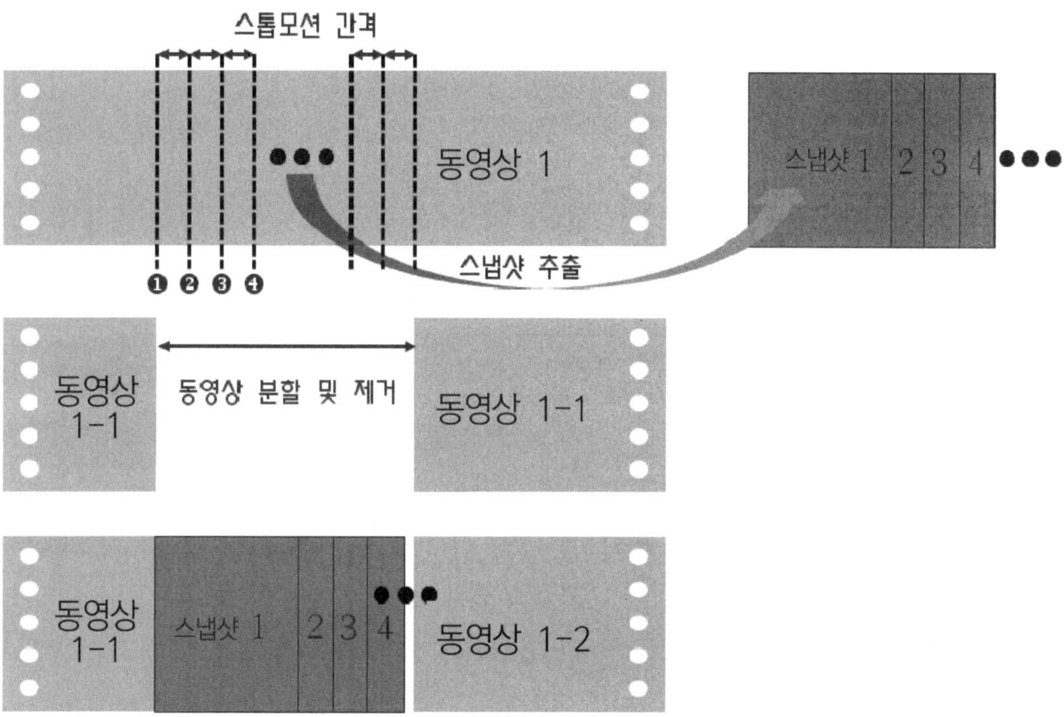

- 앞에서 사용한 동영상에서 말이 해변을 달리는 영상을 스톱모션으로 만들어보자. 동영상에서 스톱모션 영상을 추출해내기 위해 [홈]→[스냅샷] 기능을 이용한다.

1. **스냅샷 추출하기** : 동영상으로부터 스톱모션을 만들기 위한 사진을 추출하기 위해 추출할 영상의 시간 간격을 계산한다. 동영상에서 말 영상은 약 4.2초간 재생된다. 0.5초 간격으로 추출할 경우를 예로 들어보겠다. 0.5초 간격으로 8장의 스냅샷 사진을 얻을 수 있다. 미리보기 창에서 시간을 확인해 가며 막대바를 끌어서 정확한 시간 위치에서 스냅샷 추출을 하는데, 마우스로 미세 조정하여 원하는 시간을 정확히 설정 한다.

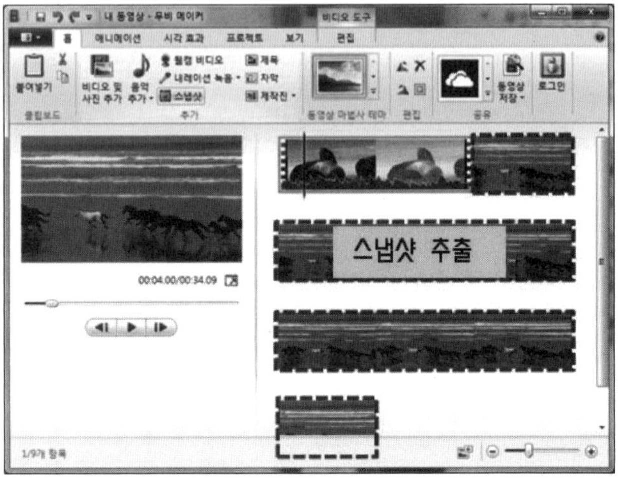

2. **동영상 잘라내기**: 스냅샷 사진을 모두 추출했으면 마지막 스냅샷 사진 위치에 막대바를 이동시킨다. 마지막 사진의 시간위치는 4초이므로 마우스로 막대바를 4초의 위치로 이동시킨다. 정확한 시간은 미리보기 창에서 조정할 수 있다. 그런 후 [비디오 도구][분할]을 클릭하여 동영상을 분할한다. 현재는 동영상 맨 앞부분을 스톱모션으로 만들었기 때문에 동영상의 맨 앞에서 스톱모션 끝나는 부분까지 잘라내면 되지만 동영상의 중간 부분에 스톱모션을 만들어 넣는다면 동영상 중간 부분을 잘라내어야 할 것이다. 이때는 분할을 두 번 실행해서 가운데 동영상을 삭제하고 스톱모션 사진을 순서대로 이동해야 할 것이다

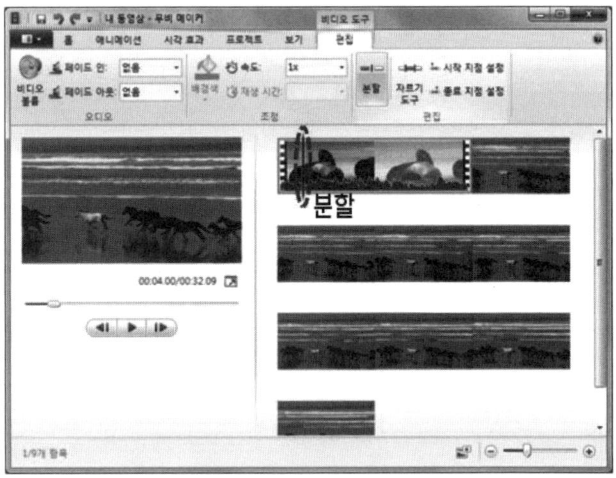

3. 동영상이 분할되었으면 스냅샷을 삽입할 영역의 동영상을 삭제하고 스냅샷을 삽입한다. 예에서는 앞부분의 영상을 스냅샷으로 대치하려고 한다. 따라서 앞부분의 동영상은 삭제하고 그 위치에 스냅샷 사진을 순서대로 모두 이동시킨다.

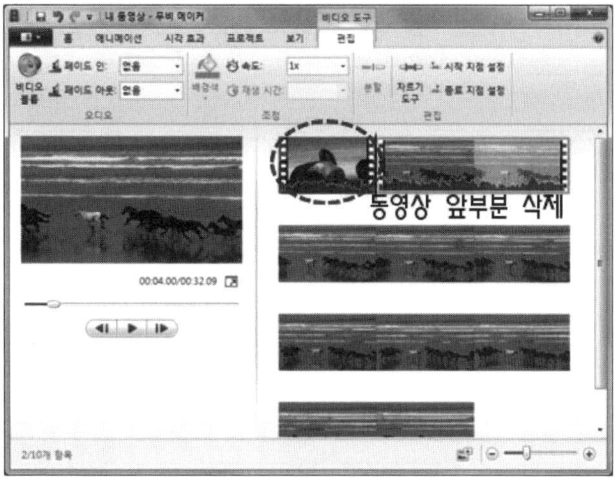

- 사진을 이동시켰으면 스톱모션으로 사용할 사진을 모두 선택 후 재생시간을 0.2초로 설정하여 완료한다. (재생시간은 적절히 설정한다)

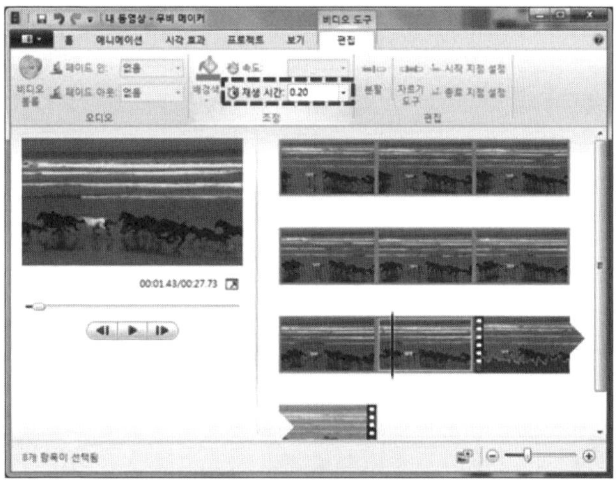

5-4 비디오 동영상에 다중 자막 넣기

3장 1절에서 이미지 영상에 다중 자막 넣는 방법에 대해 알아보았다. 그러면 동영상에 다중 자막을 넣기는 어떻게 할까? 앞에서와 동일한 개념으로 접근하면 되겠으나 한 가지 고려해야 할 점이 있다. 기본적인 개념은 동영상의 원하는 위치에 제목/자막 등을 넣고 저장한 후 다시 불러서 또 다른 자막을 다른 위치에 삽입하는 것이다. 그러나 동영상 전체에 대해 제목/자막 작업을 하면 동영상 파일이 클 경우에 작업이 용이하지 않다. 또한 섬세한 작업을 하기가 용이하지 않다. 이제부터 그 방법에 대해 알아보자.

1. 기본 개념은 하나로 작업된 동영상에서 자막을 삽입하고자 하는 위치에 막대바를 이동시켜 스냅샷 사진을 추출한다. 추출한 스냅샷 사진에 대해 자막 작업을 하고 모두 완료되면 기존 동영상에 다시 합쳐 넣는다. 작업의 순서는 다음과 같다. 먼저 첫 번째 화면에 "야생"이라는 제목을 삽입하고 우측 하단에 자막 "야생의 세계"를 삽입하려 한다. 먼저 첫 번째 화면을 스냅샷으로 추출하여 동영상으로부터 분리한다. 동영상에서 스냅샷 추출 부분에 해당하는 영상을 잘라내기 위해 [비디오 도구]→분할을 클릭하여 프로젝트 파일로 저장한다.

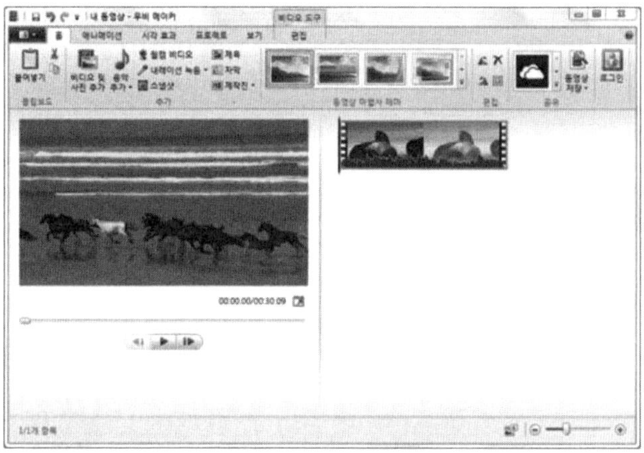

2. 분할한 위치의 사진을 스냅샷으로 추출한다. 스냅샷 추출 후 스냅샷 사진만 남겨두고 동영상을 삭제한 후 새로운 프로젝트 파일을 만든다. 새로운 프로젝트 파일에서 자막을 입력한다.

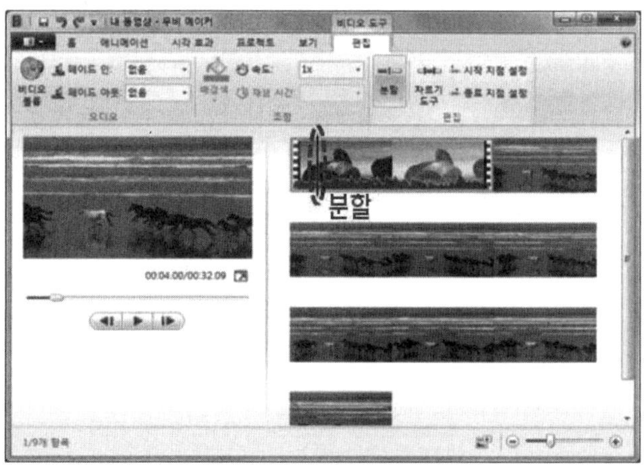

3. 자막을 입력하기 전에 고려해야 할 것이 스냅샷 사진의 재생 길이와 동영상의 재생 흐름이다. 스냅샷 사진 한 장에 다중 자막을 삽입하고 원래의 영상 분할 위치에 끼워 넣어 저장한다면 동영상의 흐름이 자연스럽지 못하고 끊어질 것이다. 즉, 동영상이 재생되다가 자막이 있는 부분에 도달하면 동영상이 멈추고 자막이 들어간 이미지를 재생할 것이기 때문이다. 따라서 스냅샷 한 장의 사진에 자막을 넣는 것은 적절하지 못하다. 적절한 길이의 동영상을 추출하거나 그 길이만큼의 스냅샷 사진을 추출하여 자막 "야생"을 삽입한다. 입력이 완료되었으면 현재의 스냅샷 영상을 동영상으로 저장한다.

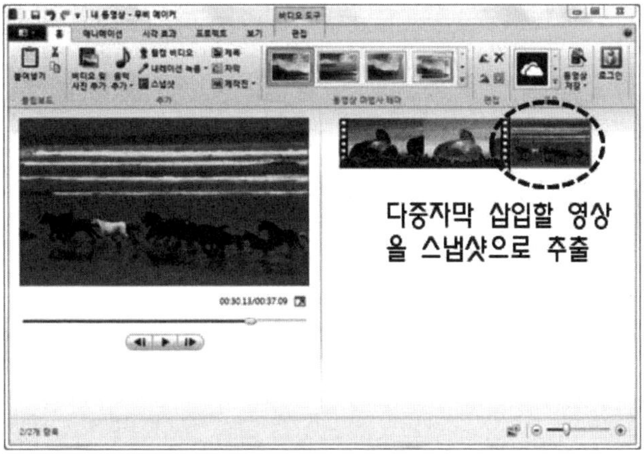

4. 저장한 동영상을 클립보드에 불러와서 두 번째 자막을 입력하고 또다시 동영상으로 저장한다.

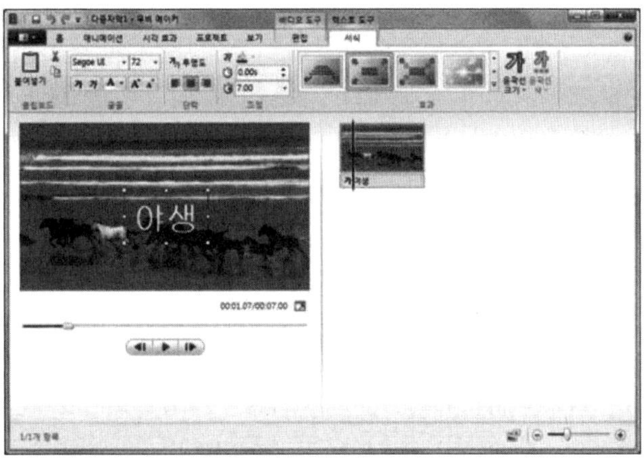

5. 앞에서 저장해둔 분할한 동영상의 프로젝트 파일을 열어서 다중 자막 입력한 동영상을 불러와 분할한 부분에 끼워 넣는다.

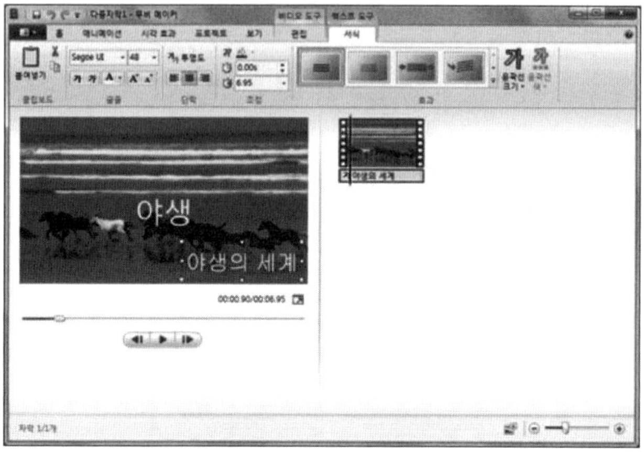

6. 작업이 모두 완료되었으면 최종 프로젝트 파일로 저장하고 동영상으로도 저장한다.

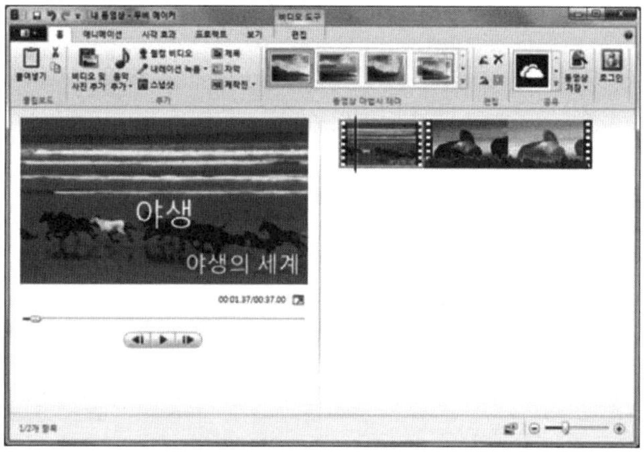

5-5 동영상 진행중에 텍스트 타이핑 효과 넣기

3장에서 이미지에 타이핑 효과 넣는 방법에 대해 알아보았다. 동영상에 타이핑 효과를 넣으려면 어떻게 해야 할까? 이제 조금만 생각하면 방법이 떠오를 것이다. 동영상에 텍스트 타이핑 효과를 넣는 것도 역시 영상의 재생시간과 타이핑의 재생시간을 맞추는 작업이 핵심이다.

재생시간 맞추기 및 영상 분할 :

타이핑 효과를 넣으려는 텍스트의 재생시간을 설정했으면 동영상을 텍스트 한 자의 재생 길이만큼 분할한다. 그러면 전체 영상 중에서 타이핑 효과가 들어갈 동영상 길이를 계산할 수 있고 그 길이에서 동영상을 텍스트 개수만큼 분할하여 각각의 영상에 들어갈 텍스트를 입력한다.

효과음 넣기 :

분할한 영상에 텍스트 입력을 완료했으면 각각의 영상에 타이핑 효과음을 삽입하여 완료한다.

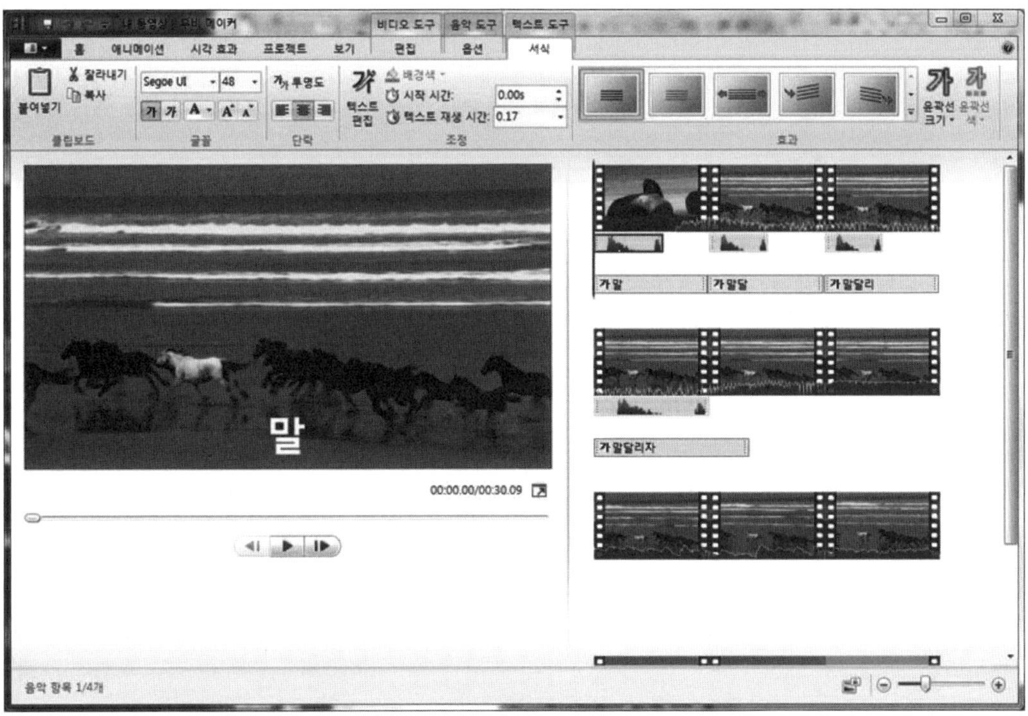

CHAPTER 6

팟캐스트

6-1 팟캐스트(Podcast)란?

팟캐스트(Podcast) :

팟캐스트는 애플에서 시작하였는데, 다운로드 형식의 개인 방송 서비스를 말한다. 팟캐스트는 아이팟(iPod)의 pod와 방송(broadcast)의 cast의 합성어로 인터넷을 통하여 시청하려는 사용자들이 원하는 팟캐스트을 선택하여 정기적 혹은 새로운 내용이 올라올 때마다 자동으로 구독할 수 있도록 함으로써 방송을 전달하는 방법을 의미한다. 방송의 형태는 일반적으로 라다오방송처럼 음성만 녹음된 형태로 방송되나, Tv 방송 형태로도 방송되고 있다. 음성만 방송에 올리면 오디오 파일 형태가 될 것이고, Tv 방송은 비디오 파일 형태가 될 것이다. 오디오 파일이든 비디오 파일이든 애플의 아이튠스(itunes)를 통해 방송을 다운로드 받아서 시청할 수 있는 서비스로 잘못 이해하고 있는 경우도 있으나 아이튠스가 이러한 서비스를 처음 시작하였기 때문이며 인터넷을 통해 방송을 다운로드해 볼 수 있는 많은 앱들이 존재한다. 즉, Podcasting은 iTunes Store, iTunes/iPod를 통해서만 가능한 것은 아니라, 이를 지원하는 서버 및 클라이언트를 통해서도 가능하다. 아이튠스를 통해서 다운로드할 경우 PC나 아이폰, 어느 기기로든 다운로드가 가능한데, 아이튠스 및 기타 여러 앱들의 역할은 방송하는 사람들이 방송 채널을 구성하고 목록을 제공하는 기능을 한다.

방송게시 및 구독 :

아이폰 사용자는 아이튠스의 팟캐스트로 접속하면 원하는 방송을 선택하여 방송 회분을 다운로드하여 청취할 수 있으며 안드로이드 운영 체제의 스마트폰에서도 앱을 통해 팟캐스트로 접속할 수 있다. 팟캐스팅이 다른 온라인 미디어와 다른 점은 사용자가 매번 미디어를 선택하거나 찾아 들어가는 방식이 아닌 구독 방식으로 이루어진 점이다. 따라서 방송들을 구독할 수 있도록 하는 형식이 존재하여 방송 게시자가 이러한 형식을 맞추어 인터넷에 올리면 사용자는 이를 다운로드해서 청취 또는 시청할 수 있다. 즉, 구독자(subscriber podcaster)는 RSS reader(feed reader, aggregator) 기능과 콘텐츠 다운로드/재생 기능을 갖춘 애플리케이션 또는 웹브라우져를 통해 구독 및 다운로드/재생이 가능하다.

구독 모델 :

팟캐스팅의 구독 모델은 RSS 2.0 XML (Extensible Markup Language) 파일 포맷을 사용하여 파일을 제공 (RSS 파일 내에서 enclosed 태그를 사용한다.)한다. RSS가 텍스트 기반이라면 iPod는 멀티미디어 기반의 Web 2.0 기술이다. 배포자(publisher podcaster)는 콘텐츠(audio/video 등)를 웹에 올리고, 콘텐츠 정보를 담은 RSS feed URL을 공개하는 방식으로 배포한다.

특징 :

팟캐스트는 휴대용 디지털 기기를 사용하는 방식으로 스마트폰에 다운로드해서 사용한다. 따라서 휴대성(portability)이 용이하고, 언제 어디서나 원하는 콘텐츠를 정기 구독할 수 있는 시간이전성(Time-shifting)의 특성을 가진다. 따라서 시간과 공간의 제약을 받지 않고 자유로이 사용할 수 있다. 또한 콘텐츠를 청취 또는 시청하기 위해 기존 스마트폰에서 스트리밍 방식을 사용하였으나 팟캐스트는 스트리밍하지 않고 직접 휴대기기에 다운로드해서 사용하므로 재청취/시청이 용이하다. 팟캐스트는 제작자의 관점에서 저비용으로 제작할 수 있다는 큰 장점을 가진다.

스트리밍 :

휴대용 기기에서 영상 화면 시청이나 음성 파일 청취 시 파일을 전송하는 도중에도 실행이 가능하여 인터넷에서 실시간 시청 및 청취가 가능하도록 하는 기술이다. 화면이 끊기지 않고 연속적으로 재생되며 빨리 데이터 받는 시간을 절약하기 위해 전체 데이터를 전부 받아서 재생하는 것이 아니라 일부 데이터를 받아서 재생하는 동안 나머지 데이터를 받아오도록 하는 방식

팟캐스트 관련 용어

팟캐스터(Podcaster) :

팟캐스트를 제작한 저자 또는 호스트를 말한다.

에피소드(Episode) :

에피소드란 드라마 연속극 중의 한편을 의미하는데, 팟캐스트도 새로운 내용이 지속적으로 업데이트되며 올라온다. 이렇게 팟캐스트 방송을 위해 매번 업데이트되는 결과물을 말한다. 콘텐츠라는 의미와 유사하지만 좀 더 협소한 범위에서 사용된다.

팟캐쳐(Podcatcher) 또는 애그리게이터(aggregator) :

에피소드의 정보를 담고 있는 웹. 피더 리더(feed reader), RSS 리더(RSS reader) 라고도 하며, 블로그, 팟캐스트, 뉴스 헤드라인과 같은 웹 콘텐츠를 한곳에 모아놓은 일종의 클라이언트 소프트웨어 또는 웹 애플리케이션이다.

채널(channel) :

한번 생성된 팟캐스트 콘텐츠는 RSS 리더에 의해 콘텐츠를 받아볼 수 있는데, 구독하는 콘텐츠가 일정하게 지속적으로 제공될 때 채널의 의미를 가진다.

RSS :

팟캐스트 제작물의 간략한 소개 정보를 담은 파일.

RSS feed :

웹에서 팟캐스트 제작물을 읽어오기 위해 팟캐스트가 저장된 웹서버의 URL정보를 읽어오도록 등록하는 것

RSS 리더기 :

RSS feed 등록을 통해 해당 사이트의 정보를 확인하는 일종의 뷰어(viewer)임.

6-2 팟캐스트 활용분야

활용 분야 :

팟캐스트를 이용한 방송 분야는 매우 다양하여 일일이 열거하기에 그 분야가 너무 많지만 블로그, 방송, 신문, 종교/예술, 기업 교육 등 사회 전반적인 분야를 모두 포괄하고 있다.

분야	활용내용
블로그	블로그의 자유롭고 다양한 내용 제공
방송	게스트(guest)sk 토픽이 있는 라디오, 토크쇼 드의 서비스를 제공
신문	논평이나 추가적인 내용에 대해 서비스를 제공하거나 기사의 내용에 대해 제공
종교/예술	종교 지도자들의 설교를 팟캐스트를 통해 배포 및 구독
기업	기업 제품의 설명과 장점, 제품 매뉴얼, 우수 사용자의 수기 등을 팟캐스트를 통해 배포, 또한 경영실적, 투자정보 및 생활 정보 등도 제공.
교육	교사가 자신의 교육 콘테츠나 음성강의록을 블로그에 올려두면 학생들은 컴퓨터나 휴대기기를 통해 집이나 다른 곳에서 팟캐스트들을 통해 학습

팟캐스트 현황 :

국내 팟캐스트는 총 6000개가 넘을 정도이다. 아래는 대표적인 국내 팟캐스트 현황을 나타내었다.

딴지일보	나는 꼼수다 나는 꼼사리다 나는 딴따라다
MBC	손선희의 시선집중 음악도시 성시경입니다 신해철의 고스트스테이션
KBS	유희열의 라디오천국 열린토론 박경철의 경제 포커스 키스 더 라디어
SBS	두시탈출 컬투쇼
CBS	시사자키 정관용입니다 김현정의 뉴스쇼 김미화의 여러분
한겨레	김어준의 뉴욕 타임즈

오마이 뉴스	이슈 털어주는 남자 이해찬의 정석정치 오마이 스쿨 올라인 강좌 최진기의 인문학 특강
한국일보	시사난타
민중의 소리	생방송 애국전선
MBN	박경철의 공감 플러스
뉴데일리	명푼수다:본래 이름은 **'명품수다' 방송종료**
코미디	옹달샘과 꿈꾸는 라디오 2013.3.25.~
개인방송사이트	**영상방송:** 아프리카TV, 유스트림, 윙크TV, 트위치TV, 팟플레이어 **라디오방송:** 세이클럽, 인라이브 **파일방송:** 팟캐스트

6-3 팟캐스트 개념도

팟캐스트는 크게 제작자 그룹과 청취자 그룹 그리고 제작자와 청취자를 연결해 주는 그룹으로 나누어진다. 제작자는 방송하려고 하는 콘텐츠를 제작하여 해당 서버에 올린다. 이때 제작자는 RSS 파일에 콘텐츠를 알리기 위한 간단한 소개 자료를 작성하여 콘텐츠와 같이 서버에 올린다. 서버는 올라온 콘텐츠에 대해 RSS 파일을 아이튠스 등에 보내어 심의를 요청한다. 이러한 과정을 거쳐 아이튠스나 기타 팟캐스트에 등록되면 청취자는 팟캐스트 앱 또는 아이튠즈 스토어(Store)에서 팟캐스트 방송을 구독한다.

아이튠스, 팟캐스트는 제작된 콘텐츠에 대해 단지 소개하고 연결만 해줄 뿐이다. 실제 방송 파일은 팟캐스트 방송 제작자가 지정한 서버에 올려져 있으며 청취자는 지정 서버에 접속하여 방송물을 다운로드해서 청취/시청하게 된다.

제작자는 콘텐츠를 등록 이후에 정기적으로 업데이트하고 아이튠스나 기타 팟캐스트에서는 등록된 RSS정보에 따라 업데이트된 내용물을 찾아서 게시한다.

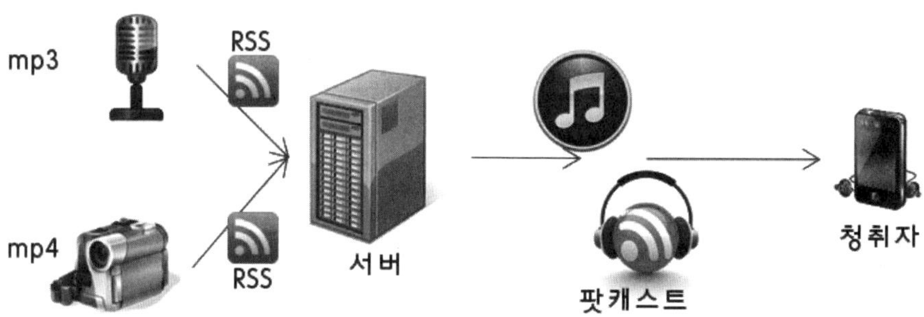

6-4 팟캐스팅(Podcasting)

팟캐스팅은 제작자 관점과 구독자 관점에서 다른 접근 개념을 가진다. 제작자는 팟캐스를 작성하여 배포하고 구독자는 배포된 팟캐스트를 구독하는 것이기 때문이다. 제작자가 팟캐스트를 제작해도 어디에 등록할 것인지 결정해야 한다. 안드로이드 운영체제의 스마트폰에서는 팟캐스트 방송을 등록할 수 있는 여러 앱이 존재하여 모두 등록할 수도 있고 선택하여 등록할 수도 있다. 아이튠즈는 세계적으로 광범위하게 사용되고 있기 때문에 아이튠스에는 기본적으로 등록하는 것이 좋다. 아이튠스 등록 절차에 대해 간단히 살펴보자.

iTunes Podcasting :

아이튠즈에 팟캐스트를 등록하고 배포하는 방법에 대해 알아보지. 먼저 배포자는 Episode(콘텐츠) 및 RSS Feed를 작성하여 웹 서버에 포스팅한다. 배포자는 iTunes 클라이언트(Client)에서 RSS Feed URL을 등록함으로써 iTunes Store에 Podcast를 등록한다. 구독자는 iTunes Client나 iPod를 통해 iTunes Store에서 RSS feed를 통해 구독이 가능하다.

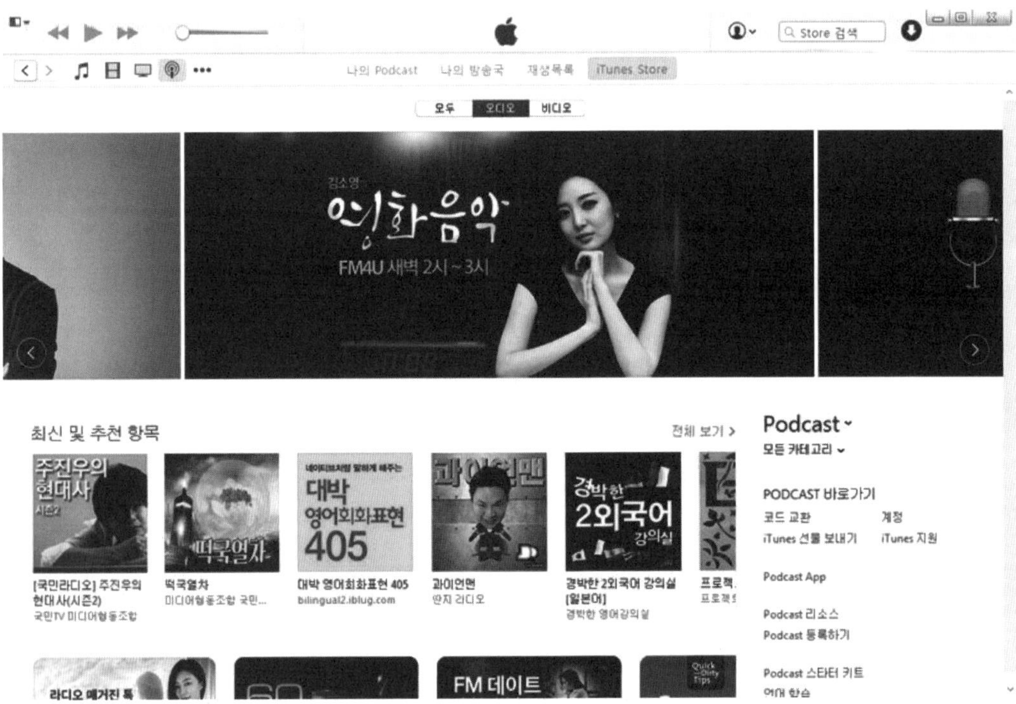

6-5 팟캐스트 등록 절차

우선 제작자가 팟캐스트를 제작하고 등록하여 배포하는 절차에 대해 알아보자.

팟캐스트 생성 :

오디오나 비디오 방송물을 제작 완료하였으면 팟캐스 호스팅 서버에 제작물을 업로드(up-load)하여 저장하는데 이러한 과정을 팟캐스트 생성이라고 한다. 이때 제작한 방송물을 소개하기위한 자료를 간단히 작성하여 방송물과 함께 업로드하는데 이를 RSS feed 작성이라고 한다. 팟캐스트 호스팅 서버는 제작물(콘텐츠)을 저장하여 아이튠스나 기타 팟캐스트에 등록하여 주는 서비스를 한다.

팟캐스트 등록 :

팟캐스트 호스팅 서버에 팟캐스트 생성이 완료되었으면, 팟캐스트 등록을 한다. 팟캐스트 등록은 아이튠스나 기타 팟캐스트에 제작한 방송물에 대해 RSS feed가 가능하도록 RSS URL 주소를 등록하여 제작한 팟캐스트가 구독자에게 보여질 수 있도록 하는 단계이다.

팟캐스트 승인 :

아이튠스에서는 등록을 요청한 팟캐스트가 적절한지를 심의하여 제작자에게 등록 여부를 알려준다. 이러한 과정이 승인 단계이다. 팟캐스트 승인이 완료되면 비로소 구독자가 팟캐스트를 청취 또는 시청이 가능하다.

팟캐스트 업데이트 :

팟캐스트가 새로이 업데이트(up-date)되면 팟캐스트 생성 단계에서 수정된 파일을 기존에 생성되어 있는 팟캐스트에 수정하여 업로드한다. 이때 RSS feed 작성도 같이 하여 업로드한다.

<table>
<tr><th>Podcast 생성</th><th>Podcast 등록</th><th>Podcast승인</th><th rowspan="4">Podcasting</th></tr>
<tr><td>콘텐츠 제작
Mp3, mp4, pdf…</td><td rowspan="2">iTunes Store 및 기타
팟캐스트에 등록</td><td rowspan="3">등록 대기(심사)</td></tr>
<tr><td>RSS feed 작성</td></tr>
<tr><td colspan="2">Podcast update
콘텐츠 제작
RSS feed update</td></tr>
</table>

6-6 팟캐스팅 flow

앞에서 팟캐스트 등록 절차에 대해 간단히 살펴 보았다. 팟캐스트 생성, 등록 및 승인 과정의 전체 흐름도는 아래 그림과 같이 나타내 수 있다.

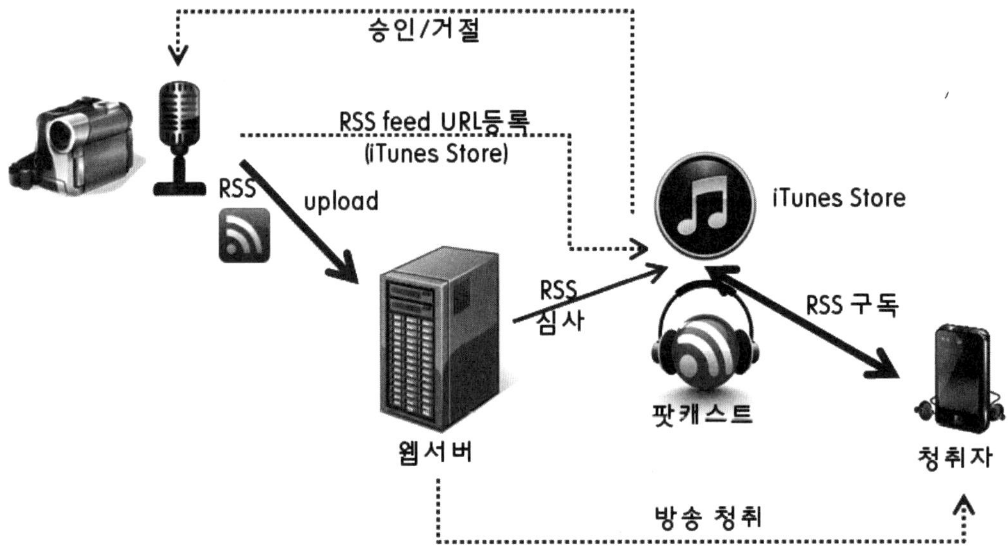

6-7 팟캐스트 호스팅(Podcast Hosting) 개요

팟캐스트 호스팅 서비스란? :

제작한 방송물이 안전하게 관리되도록 서버에 저장하여 구독자에게 소개될 수 있도록 하는 것을 말한다. 따라서 이러한 일련의 과정을 관리하고 구독자가 팟캐스트 파일을 접속하여 청취 또는 시청이 가능하도록 제공해 주는 서비스를 말한다. 일반적으로 호스팅 서비스가 많이 존재하나 웹이나 미디어 호스팅 서비스와 달리 팟캐스팅을 위한 호스팅 서비스를 한다. 호스팅 서비스에는 제작물을 업로드하여 팟캐스트를 생성하고 동시에 RSS feed를 생성한다. 또한 팟캐스트 배포 및 구독을 위한 부가 서비스를 제공한다. 이때 아이튠스에 등록이 가능하도록 하는 서비스를 제공하고 있다.

아래 그림은 일반적인 팟캐스트 호스팅 flow를 나타내고 있다.

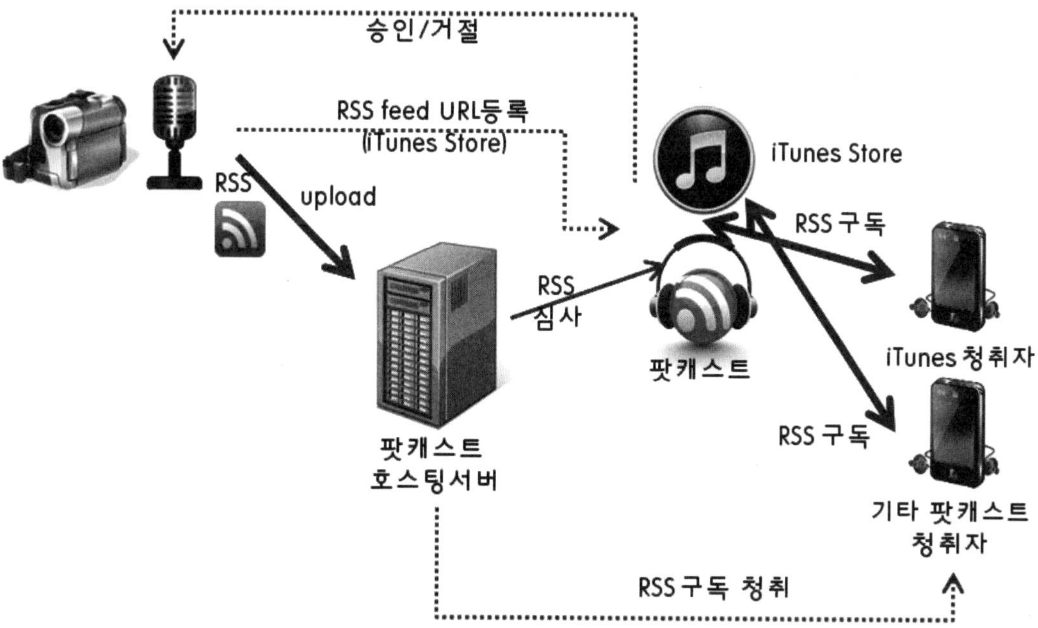

6-8 팟캐스트 호스팅 서비스별 특징

팟캐스트 호스팅 서비스별 특징을 간단히 살펴보겠다.

팟호스팅(http://www.ssenhosting/pod) :

팟호스팅 서버에 제작한 콘텐츠를 업로드할 수 있다. 팟호스팅에서는 팟캐스트를 위한 제작물을 저장할 수 있는 서버를 제공하고 RSS feed가 가능하도록 RSS feed URL 생성 기능과 팟캐스트 생성/등록 기능을 무료로 제공한다.

서비스이용	무료
콘텐츠 제작지원	없음
콘텐츠 업로드	팟빵 및 아이튠즈팟캐스트
RSS	RSS feed URL 생성
통계	다운로드 및 순위 통계 제공(일간, 월간 단위)

아이블러그(http://iblug.com/) :

아이폰앱 'iBlug'로 팟캐스트 제작 및 팟캐스트 호스팅

서비스이용	무료
콘텐츠 제작지원	아이폰앱
콘텐츠 업로드	팟빵 및 아이튠즈팟캐스트
RSS	RSS feed URL 생성
통계	다운로드 및 순위 통계 제공(일간, 월간 단위)

Podbean(http://www.podbean.com/)

서비스이용	무료
콘텐츠 제작지원	없음
콘텐츠 업로드	HTTP 업로드, Feed 업로드
RSS	아이튠즈 호환 feed 생성
통계	방문횟수, 에피소드 hit 통계 지원

libsyn(http://libsyn.com/)

서비스이용	무료
콘텐츠 제작지원	없음
콘텐츠 업로드	HTTP 업로드, Feed 업로드
RSS	아이튠스 호환 feed 생성
통계	방문횟수, 에피소드 hit 통계 지원

6-9 RSS 개념

- **RSS** : 'RDF site summary(RDF 사이트 요약)', 'rich site summary(풍부한 사이트 요약)' 또는 'really simple syndication(초간편 배급)' 등의 머리글자를 딴 용어로, 블로그나 신문기사처럼 콘텐츠 업데이트가 자주 일어나는 웹사이트 간에 업데이트된 자료를 교환하거나 배급하기 위한 Web feed 포맷의 하나로서 XML(확장성 생성 언어) 기반의 포맷을 말한다. 뉴스·날씨·쇼핑·블로그 등 업데이트가 빈번히 이루어지는 웹사이트에서 업데이트된 정보를 사용자들에게 자동적으로 간편하게 제공하기 위한 방편으로 이용되며, HTM과 이메일의 장점을 결합한 서비스이다.

- RSS는 넷스케이프(Netscape)의 넷센터(NetCenter)에서 신문기사를 손쉽게 제공하기 위하여 시작한 것으로, 1995년 MCF(meta content framework)에서 출발하여 RDF(resource description framework)와 CDF(channel definition format)을 거쳐 RSS(RDF site summary) 방식으로 정착하였다. 설치형과 웹기반형이 있는데, 간단한 계정 등록으로 어디에서든 이용할 수 있는 웹 기반형이 더 많이 이용된다.

- 사이트에서 제공하는 주소를 RSS 리더(RSS reader) 또는 RSS 어그리게이터(RSS aggregator) 프로그램에 등록하면, PC나 휴대폰 등을 통하여 자동으로 전송된 콘텐츠를 이용할 수 있다. RSS 리더에 제목과 내용 요약, 날짜 등 배포에 필요한 최소한의 정보가 이메일의 목록처럼 나열되고, 사용자가 원하는 콘텐츠를 클릭하여 해당 페이지로 접속하는 방식이다.

- 사용자 입장에서는 종전에는 원하는 정보를 얻으려면 해당 사이트를 일일이 찾아다니며 직접 접속하여야 하였으나 RSS의 등장으로 업데이트된 최신 정보를 편리하게 취합해서 받아볼 수 있다는 장점이 있다. 운영자 입장에서는 신규 정보나 추천 정보를 사용자에게 손쉽게 제공할 수 있다. RSS 서비스는 일반인이나 관공서 및 기업 등의 이용자가 개인 PC 등 한정된 공간 안에서 뉴스 콘텐츠를 개인적으로 구독할 수 있다는 장점이 있다.

- **RSS feed** : 콘텐츠 제작자가 콘텐츠 배포를 목적으로 RSS를 작성하여 서버에 업로드하면 청취자가 RSS 정보를 이용하여 콘텐츠에 액세스하는 행위를 말한다. RSS를 작성하여 RSS 기능으로 콘텐츠를 구독하려면 'RSS리더'가 필요하다. RSS리더는 크게 웹브라우저 기반의 형태와 애플리케이션 형태로 나눌 수 있다. 웹브라우저 형태의 RSS리더를 사용하려면 해당 사이트에 접속해 로그인하면 되고, 앱 형태 RSS리더를 사용하려면 스마트폰에 RSS 앱을 내려 받아서 사용한다.

- **RSS 리더기** : RSS 리더기로 RSS feedly가 있다. 스마트폰에서 앱 검색하여 다운로드할 수 있다. 디양한 주제별 카테고리로 분류되어 있다. 한국 기업 아루웍스가 2005년에 만든 '한RSS'가 있다. 사용자는 회원 가입 후 왼쪽 메뉴의 '추가' 버튼만 누르면 콘텐츠를 구독할 수 있다. 특히 이 서비스는 뉴스, 음악, 정치, 문화 등 각종 주제별로 인기 있는 블로그를 추천해 국내 콘텐츠가 풍부한 것이 특징이다 .블로그 외에도 언론사 뉴스, 포털 사이트 검색결과, 쇼핑몰 장바구니 등을 추가하거나, RSS 주소를 직접 입력한 후 '내 RSS'에 추가해 볼 수 있다.

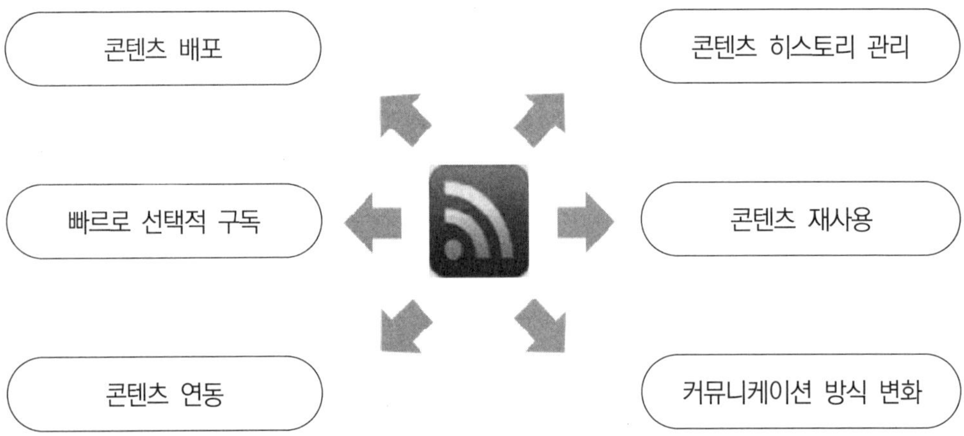

RSS 도입으로 인한 커뮤니케이션 방식변화

- RSS는 콘텐츠 배포와 수집이 용이하다고 앞에서 언급하였다. 블로그에 관심있는 곳을 예전에는 즐겨찾기로 추가하여 각 블로그를 일일이 방문하였다. 싸이에서 1촌 친구들의 근황을 살펴보기 위해서도 마찬가지이다. 업데이트된 내용이 없더라도 방문해야 확인할 수 있었다. 만약 댓글이라도 달았다면 내가 단 댓글에 대한 반응을 알려고 하면 또 방문해야 했다. 이러한 과정들은 여간 번거로운 일이 아니다. 그런데 만약 RSS를 제공한다면 RSS리더기를 이용해서 순식간에 확인이 가능하다. 게다가 일정한 시간 간격마다 자동으로 확인할 수 있다. 블로그에서는 자신이 구독하는 블로그에 새로운 포스트가 올라왔는지를 확인하는 용도로 유용하게 사용할 수 있다.

- 사이트에서 사용자에게 새로운 내용을 보내준다는 용도로 보면 이메일로 보내는 뉴스레터, 이메일 소식지와 비슷할 수도 있지만 RSS는 이메일과는 다르다. 우선 이메일은 내용을 보내주는 사이트에 나의 이메일 주소를 알려주는 과정이 필요하고 나에게 뉴스레터를 이메일로 발송하면 받은 편지함에서 받아본다. 스팸 편지 속에 뉴스레터가 섞일 수 도 있고 해당 사이트에서 보관하고 있는 나의 이메일 주소가 악용될 우려도 있다. 반면 RSS는 사이트에서 제공하는 RSS 주소를 리더기에 입력하기만 하면 사용자가 일방적으로 내용을 긁어온다. 더 이상 받고 싶지 않으면 RSS 주소록에서 그 주소를 삭제하기만 하면 된다.

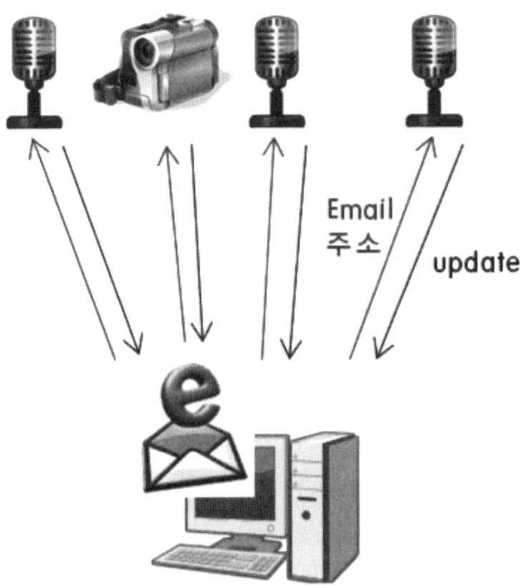

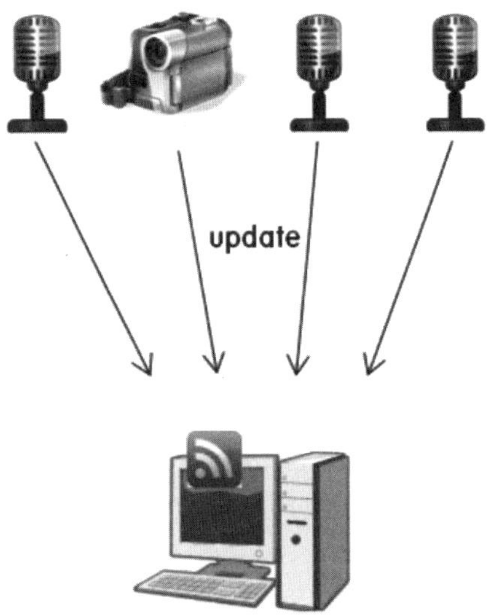

6-10 RSS 활용

- RSS 제공 : RSS는 일종의 규약이므로 이 규약에 맞게 작성하면 된다. 그러나 사이트가 업데이트될 때마다 RSS를 손으로 수정해 주는 것은 번거로운 일이며, 대부분의 블로그에서는 이 RSS를 자동으로 생성해준다. RSS를 제공하는 사이트에서는 RSS 링크를 아이콘으로 만들어서 찾기 쉽게 해놓고 있다. 블로그 등의 화면 하단에 XML RSS 등의 아이콘이나 "Syndicate this site" "RSS" 등의 글자로 링크를 만들어 놓고 있다. 이 링크의 주소를 복사해서 RSS 리더기에서 불러오면 해당사이트의 RSS를 구독하게 된다. 특정한 아이콘이나 글자 링크를 사용하도록 규정되어 있지는 않아서 사이트마다 조금씩 RSS 링크를 지칭하는 아이콘이나 글자가 다를 수도 있다. 아래는 RSS를 제공하는 사이트 예를 나타내었다.

- 오마이뉴스 전체기사

- 중앙일보 전체기사

- 매일경제 진체 기사

- 드림위즈의 추천 RSS 등

- RSS 읽기 : RSS 링크를 브라우저에서 열어서 읽을 수 있지만, XML 형식으로 만들어진 테스트 파일이므로 사람이 직접 보고 이해하기에 다소 불편하게 되어 있다. 따라서 RSS 리더기를 이용해서 해당 주소를 불러오면 보기 편하게 정리해서 보여준다. RSS 리더기로 RSS feedly, RSS 리더, 한 RSS 등의 애플리케이션이 있다.

- XML : XML 이란 마크업 언어의 일종으로, 문서를 사람과 기계 모두가 읽을 수 있는 형식으로 부호화하는 규칙을 말한다. 웹 기반에 이러한 규칙을 사용하여 웹을 표현하는 언어인 HTML과 연관성을 가진다. 그러나 인터넷에 연결된 시스템끼리 데이터를 쉽게 주고 받을 수 있게 하여 HTML의 한계를 극복할 목적으로 만들어졌다.

6-11 RSS 리더기 및 RSS 설치

- 팟캐스트 제작자가 제작한 에피소드를 RSS feed 파일과 함께 배포하면 구독자는 RSS feed 파일을 휴대기기에 등록하여 정기적으로 읽어 올 수 있다. 이러한 서비스를 제공하는 것이 RSS 리더기이다. RSS feedly, RSS 리더 등이 있으며 스마트폰에 내려받아서 사용할 수 있다.

- RSS feedly : RSS feedly를 폰에 내려받아서 RSS feed를 등록하는 과정을 살펴보자. 오른쪽 그림은 RSS feedly 앱 검색 시 나타나는 초기 화면이다.

- 토픽/블로그 검색 : 토픽 및 블로그 검색을 위해 RSS feedly를 실행한다. 초기 로그인은 구글이나 페이스북 계정이 있으면 별도의 회원가입 없이 가능하다. 로그인 없이도 토픽 검색이 가능하다. 오른쪽 상단의 검색 아이콘을 클릭하면 검색 창과 함께 하위 카테고리가 나타난다. 관심있는 카테고리를 선택하면 검색창에 카테고리명이 나타나고 관련 토픽들이 검색되어 나타난다.

- 관심 있는 카테고리의 토픽(콘텐츠)이 검색되었으면 토픽을 선택한다. 토픽 검색이 완료되면 내용이 올라오고 향후에 계속하여 검색한 토픽의 업데이트되는 내용을 받고 싶으면 RSS 등록을 한다. RSS 등록은 토픽 맨 오른쪽 끝에 "+"를 터치하여 등록한다. 터치함과 동시에 해당 카테고리 아래 콘텐츠가 등록되어 화면 왼쪽이 열려서 나타난다. 만약 폰에 카테고리가 없으면 카테고리를 생성한 후에 등록이 완료된다. 카테고리 이름은 사용자가 바꾸어도 되고 RSS feedly에 있는 카테고리이면 그대로 사용해도 된다.

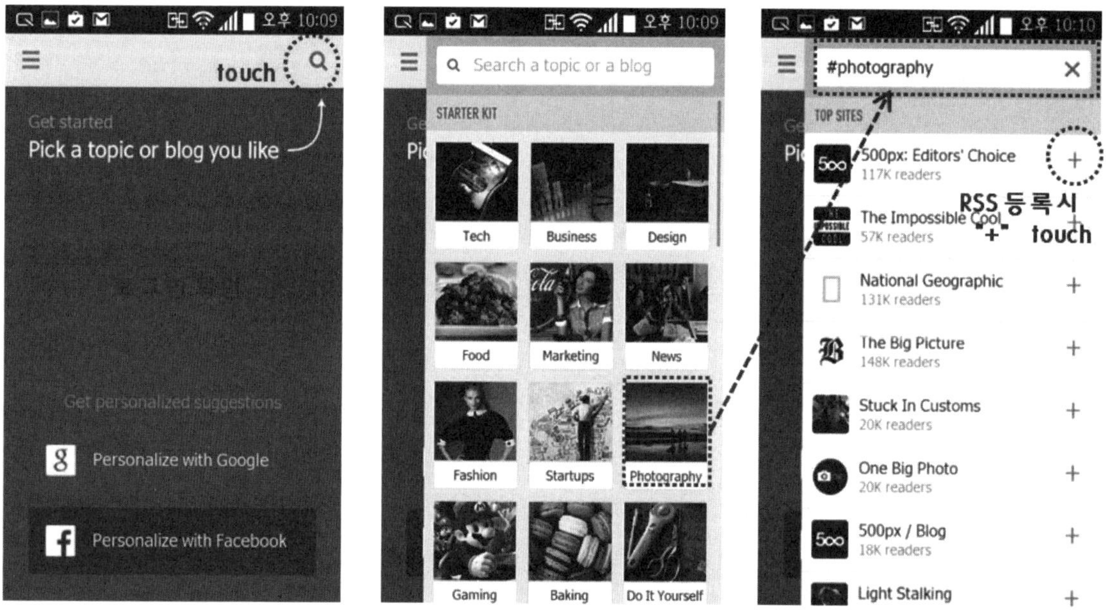

- 폰에 등록되어 있는 콘텐츠 리스트를 보려면 화면 왼쪽 상단에 바를 터치한다.

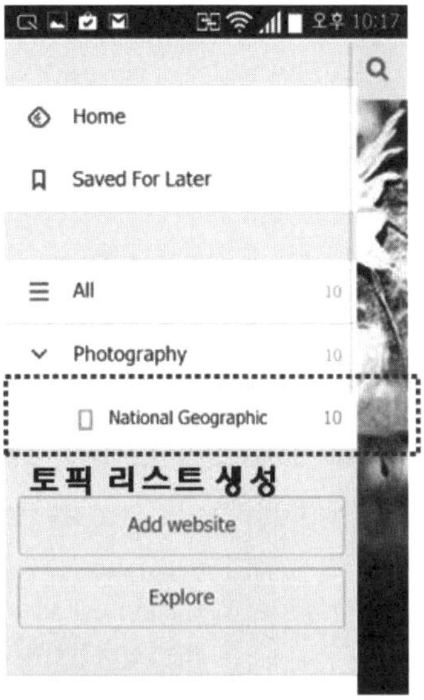

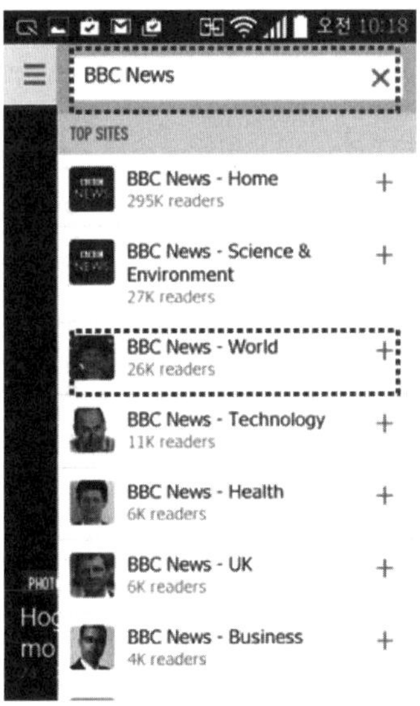

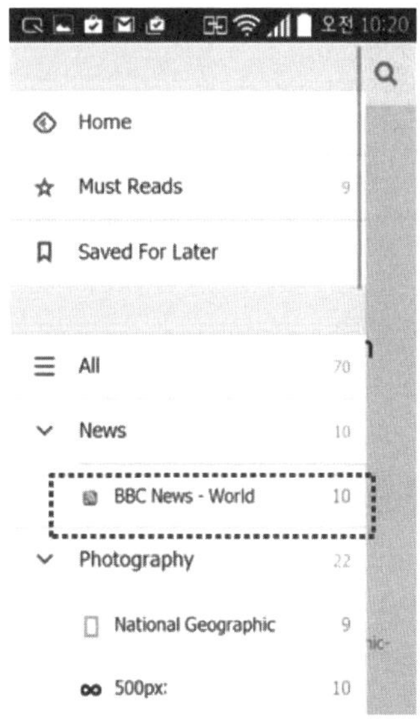

- **RSS 삭제** : 등록한 콘텐츠를 리스트에서 지우려면 화면 아래로 스크롤하여 "Edit Content"를 터치한 후 지우고자 하는 콘텐츠를 선택하여 "Remove"를 선택하면 된다.

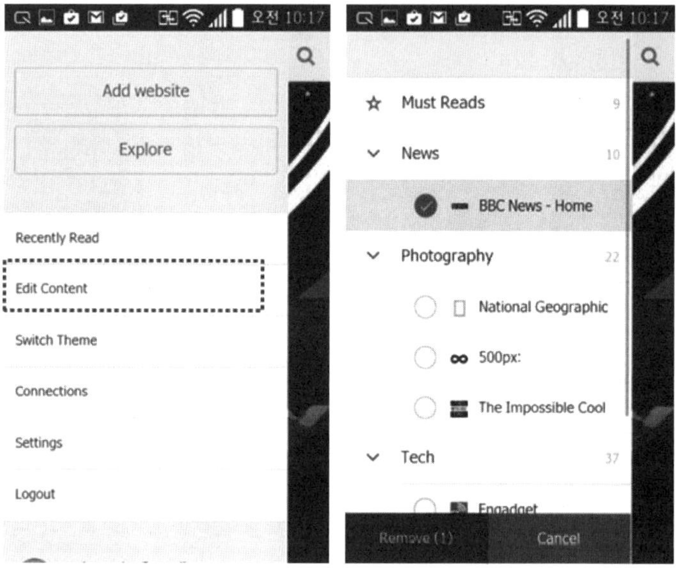

- **한 RSS** : 한 RSS의 검색 초기 화면과 실행 후 화면 구성이다. 회원가입 후 설치하여 사용할 수 있다.

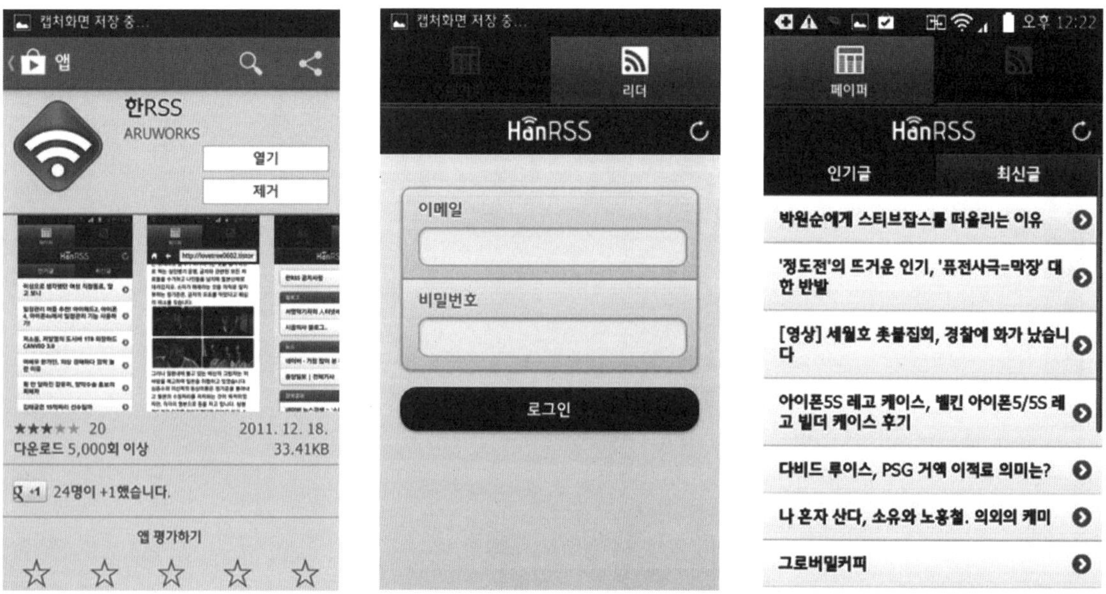

- **RSS 리더** : RSS 리더의 검색 초기 화면과 실행 후 화면 구성이다. 관심 있는 RSS feed URL 주소를 직접 등록하여 사용할 수 있다.

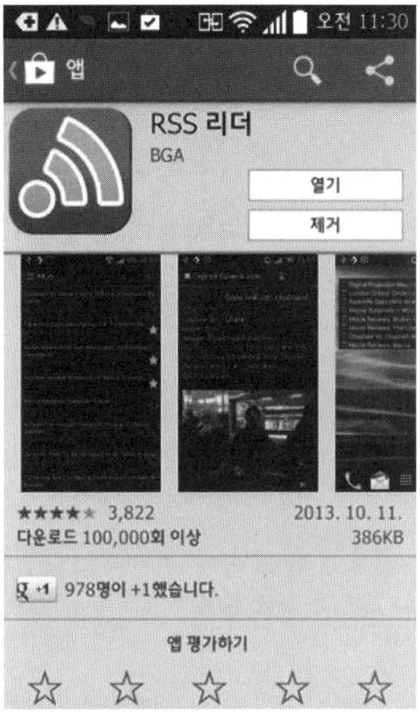

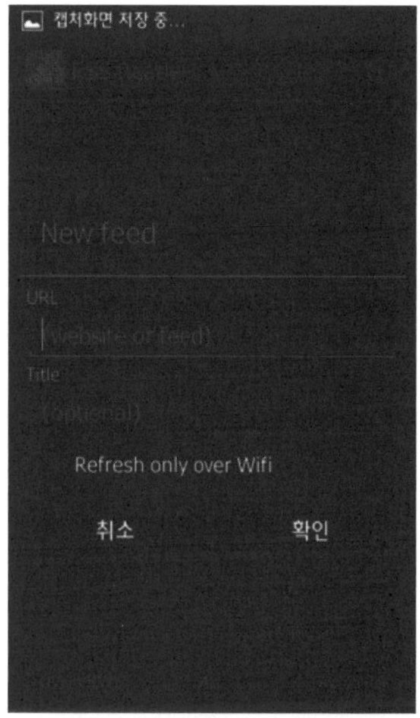

6-12 RSS 작성

RSS 파일은 XML형식으로 만들어진다. 아래 RSS 작성 예를 살펴보겠다.

RSS 작성예

```
<?xml version="1.0" encoding="UTF-8"?>
<rss version="2.0">
<channel>
<title>제목</title>
<link>주소</link>
<description>설명 (짤막하게)</description>
<item>

<title>에피소드 제목1</title>
<link>주소/글 주소</link>
<description>글 내용 전체(또는 일부)</description>
<pubDate>시간</pubDate>
<guid>주소/글 주소</guid>
</item>
<item>
<title>에피소드 제목2</title>
<link>주소/글 주소</link>
<description>글 내용</description>
<pubDate>시간과 날짜</pubDate>
<guid>주소/글 주소</guid>
</item>
</channel>
</rss>
```

RSS 요소

Rss는 필수와 옵션의 하위 요소들로 구성된다. 이는 XML의 규칙을 따라 구성된다.

- <?xml> : 먼저 맨 처음 시작 부분에서 rss에서 사용한 xml의 버전을 기술한다.
- <rss> : rss의 version을 기술하며 RSS 파일 끝에서 </rss>로 종료한다.
- <channel> : 하나의 rss 전체를 담당하는데, <channel>과 </channel>사이에 각종 요소에 해당하는 내용이 들어간다. channel 의 하위 요소에서 필수 요소와 옵션으로 구성된다.

필수요소

- <title> : 채널 이름을 기술하는데, 채널 이름이 등록한 팟캐스트 이름을 나타내는 요소이다. </title>로 제목 입력을 종료한다.
- <description> : 등록한 팟캐스트에 대한 채널 설명. </description> 으로 설명 입력을 종료
- <link> : 팟캐스트가 올라가 있는 서버의 URL주소를 가르키는 채널 링크. </link>로 종료

옵션

- <category> : 팟캐스트가 등록될 때 올라갈 위치 지정 요소. </category>로 종료
- <copyright> : 저작권 정보를 나타냄. </copyright>로 종료
- <image> : rss 의 이미지. </image>로 종료
- <language> : 사용 언어를 기술. </language>로 종료
- <lastBuildDate> : 최종 업데이트된 시각을 나타냄. </lastBuildDate>로 종료
- <pubDate> : Rss 작성 시각. </pubDate>로 종료
- <ttl> : 등록한 팟캐스트의 채널 갱신 주기 (단위 : 분). </ttl>로 종료
- <item> : title보다 하위요소로서 팟캐스트의 소제목에 해당하며 신문의 경우 개개의 기사에 해당. </item>으로 종료

Rss각 항목의 사용예와 설명을 표에 나타내었다.

태그	태그 사용예	항목 설명
XML 버전	〈?xml version="1.0"?〉	XML 파싱을 위해 필요한 정보 선언
RSS 시작	〈rss version="2.0"〉	RSS 버전 선언
채널 시작	〈channel〉	RSS 정보가 시작됨을 의미
채널 제목	〈title〉오마이뉴스〈/title〉	RSS 제공 사이트의 타이틀을 기록
채널 링크	〈link〉http://www.ohmynews.com/〈/link〉	RSS 제공 사이트의 URL 을 기록
채널 내용	〈description〉뉴스게릴라들의뉴스-오마이뉴스〈/description〉	RSS 제공 사이트의 간단한 설명을 기록
게시글 시작	〈item〉	글 기록시작.
게시글 제목	〈title〉돌연사한개복치, SNS에서 사인 논란… 왜?〈/title〉	글의 제목
게시글 링크	〈link〉http://www.ohmynews.com/NWS_Web/View/at_pg.aspx?CNTN_CD=A0002055010&PAGE_CD=ET000&BLCK_NO=1&CMPT_CD=T0000〈/link〉	글의 전문(全文)을 확인할 수 있는 웹주소
게시글 내용	〈description〉스마트폰 게임 〈살아남아라! 개복치!〉 패러디몰 인기… 서민 애환 담아 호응〈description〉	글 내용 일부 또는 전체를 기록
게시글 일자	〈pubDate〉Fri, 8 Apr 2005 13:57:20 +0900〈/pubDate〉	글이 작성된 시간을 기록
게시글 끝	〈/item〉	〈/item〉 태그를 닫음으로써 글에 대한 정보가 완료됨을 선언 (글 개수만큼 〈item〉…〈/item〉 태그 반복)
채널 끝	〈/channel〉	열어놓은 채널을 닫음.
RSS 끝	〈/rss〉	열어놓은 rss태그를 닫음. RSS 문서의 끝.

앞의 표에서 나타낸 Rss예 이외의 항목들을 기술하였다.

RSS 기타 항목	항목 설명
〈languagy〉ko〈/language〉	RSS 문서에서 사용되는 국가 언어 선언
〈copyright〉Copyright (c) OhmyNews.com All rights reserved〈/copyright〉	RSS 문서 저작권 선언
〈lastBuildDate〉Thu, 20 Nov 2014 11:20:18 +0900 〈/lastBuildDate〉	RSS 문서가 최종 작성된 시간 기록
〈category〉사회〈/category〉	글이 포함되는 카테고리
〈author〉(김정재 기자)〈/author〉	글의 저작자를 기록
〈pubDate〉Thu, 20 Nov 2014 11:20:18 +0900 〈/pubDate〉	글이 작성된 시간을 기록

RSS 2.0 피드 파일 만들기예

아래의 예는 오마이뉴스에 두 개의 기사를 업데이트하는 RSS feed 파일이다. 파일을 작성 후 정확히 작성되었는지 확인하는 절차가 필요하다. <link>에 입력된 URL주소를 직접 입력해서 주소가 정확한지 확인한다. 또한 오마이뉴스에서 기사의 제목을 입력해서 검색해도 기사가 검색되어야 할 것이다. 마찬가지로 기사의 <link>주소도 정확한지 웹상에서 정확히 찾아가지는지를 확인해야 한다.

```
<?xml version="1.0" encoding="UTF-8"?>
<rss version="2.0">
<channel>

<title>오마이뉴스</title>
<link>http://www.ohmynews.com/</link>
<description>뉴스게릴라들의뉴스-오마이뉴스 </description>

<item>
<title>돌연사한 개복치, SNS에서 사인 논란… 왜?</title>
<link>http://www.ohmynews.com/NWS_Web/View/at_pg.aspx?CNTN_CD=A0002055010&PAGE_
```

```
CD=ET000&BLCK_NO=1&CMPT_CD=T0000 </link>
<description>스마트폰 게임 <살아남아라! 개복치!> 패러디몰 인기… 서민 애환 담아 호
</description>
<pubDate>Fri, 8 Apr 2005 13:57:20 +0900</pubDate>
<guid>http://www.ohmynews.com/NWS_Web/View/at_pg.aspx?CNTN_CD=A0002055010&PAGE
_CD=ET000&BLCK_NO=1&CMPT_CD=T0000 </guid>
</item>

<item>
<title>아이폰과 안드로이드, 썸 타며 '밀당'... 결과는?</title>
<link>http://www.ohmynews.com/NWS_Web/View/at_pg.aspx?CNTN_CD=A0002055121&PAGE_
CD=C0300&CMPT_CD=S0014</link>
<description>[오마이뷰] 아이폰6 대 갤럭시노트 사용자 솔직 토크 </description>
<pubDate>Sat, 22 Dec 2014 18:58 +09:00</pubDate>
<guid>http://www.ohmynews.com/NWS_Web/View/at_pg.aspx?CNTN_CD=A0002055121&PAGE
_CD=C0300&CMPT_CD=S0014</guid>
</item>

<!-- 주석문 -->

</channel>
</rss>
```


- XML 태그 입력시 주의 점 :

태그는 대소문자를 구분한다. <pubDate>의 경우 대소문자가 혼합되어 있는데 반드시 이를 지켜야 한다.

- 날짜 입력시 주의 점 :

포스팅된 시각을 표시할 때 반드시 영어식 날짜/시간으로 표기해야 한다. <pubDate>Fri, 8 Apr 2005 13:57:20 +0900</pubDate>와 같이 입력하는데, 세계 표준시(GMT)의 표기법을 따른 것이다. 시간은 24시간 표기법으로 시분초의 "시"와 "분"을 정확히 입력한다.

6-13 팟캐스트 방송 제작

팟캐스트 방송 초기에는 음원의 저작권 문제로 소재의 제약을 벗어날 수 없다는 인식이 있었으나, 많은 부분에서 극복이 이루어져 왔고 팟캐스트가 진화하고 있다. 팟캐스트 방송은 오디오 방송과 비디오 방송으로 나뉜다. 오디오 제작물과 비디오 제작물을 만들기 위해 필요한 것들에 대해 알아보겠다.

오디오 방송 제작

오디오 방송을 위한 음성 방송 녹음은 기존 방송에서처럼 전문 스튜디오에서의 고가의 녹음 장비를 사용한 녹음방식을 필요로 하지 않는다. 왜냐하면 고가의 녹음 장비는 사람의 음성뿐만이 아니라 다양한 주파수대를 녹음할 필요가 있는 자연의 소리나 클래식 음악 등에 필요하다. 사람의 음성은 3.5KHz 주파수대역을 가지며 이러한 주파수대역을 녹음하기 위한 장비는 스마트폰에서 지원하는 녹음 기능으로 충분하기 때문이다. 반면 가청 주파수대역은 16Hz~20KHz이다. 이와 같이 넓은 주파수대역의 소리를 녹음하려면 경우에 따라서 스마트폰의 녹음 기능보다 좋은 음질의 녹음장치가 필요하다. 오디오 방송에 필요 요소들을 하나씩 살펴보자.

사운드 :

오디오 방송에서 필요한 사운드의 종류를 분류해 보면 음성, 음악 및 음향효과가 있다. 음향효과는 특정한 내용을 강조할 때 보조 수단으로 사용될 수 있다. 음악이나 음향효과는 녹음 장치를 이용하지 않고 음원 사이트에서 내려받아 작업하며 음성은 녹음 장치를 이용해서 녹음한 후 mp3 파일로 받아서 작업한다.

오디오 파일 형식

- **WAV(Waveform Audio Format)** : 마이크로 소프트와 IBM 오디오 파일의 표준 형식으로 디지털 원본 파일로서 가공되지 않은 오디오를 위한 윈도우 시스템에 쓰이는 기본 포맷이다. 윈도우 비스타부터는 기본지원 포맷이 WMA로 바뀌었다.

- **AIFF(Audio Interchange File Format)** : 고품질 오디오 CD를 제작하는 데 사용하는 파일 형식으로 애플사의 매킨토시 컴퓨터에 사용되는 형식이다.

- **MP3(MPEG-1 Layer3)** : MPEG-1의 오디오 규격으로 개발된 압축 기술로서 압축률이 우수하다. 압축률이 높아 파일 크기를 줄일 수 있으므로 인터넷에서 음악을 주고받을 때 많이 사용되며, 컴퓨터나 mp3 플레이어, 스마트폰 등에서 주로 사용되기 때문에 팟캐스트 오디오 콘텐츠 제작에 많이 사용되는 형식이다.

보이스 레코더 :

스마트폰으로 녹음하다 보면 외부 잡음에 취약할 수 있다. 이럴 때는 잡음을 줄여주는 기능을 가진 녹음기를 사용하는 것이 좋다. 최신 기종 중 소니의 ICD-PX440 등이 있다. 최대 녹음 가능한 주파수 대역은 75Hz~20KHz 이고, USB로 컴퓨터에 직접 연결할 수 있으며, mp3 (8kbps~ 192kbps) 파일을 1073시간~45 시간 정도 녹음 가능하다.

비디오 방송 제작

오디오방송을 위한 동영상 촬영도 저렴한 비용으로 제작 가능하다. 스마트폰의 화질이나 기능이 발달하여 고가의 촬영 장비를 사용하지 않고도 촬영 가능하다. 필요에 따라서 스마트폰보다 좋은 음질이 필요하다면 별도의 장비를 구비할 필요가 있다.

캠코더 :

스마트폰으로 동영상을 촬영할 경우 화면이 심하게 흔들리고 화질 저하가 생길 수 있다. 이러한 단점과 풍부한 화질의 영상을 필요로 한다면 캠코더를 구비하는 것도 좋다. 최신 캠코드는 와이파이(wi-fi) 기능이 내장되어 있고 다양한 기능을 갖추고 있다. 20만원대의 FDR-AX100 등이 있으며, 비디오 캐스트라면 저가의 전문 캠코더를 사용하는 것도 필요할 것이다.

방송 시작시점 음악 넣기

팟캐스트 음성 방송을 제작할 때 방송 시작 시점에 일반적으로 음악을 삽입하는데, 이러한 인트로 음악이나 배경음악으로 저작권이 있는 상용 음원(가요, 팝 등)을 사용할 수는 없다. 저작권이 확보된 음원만 사용하거나 저작권을 행사하지 않는 무료 음원을 사용해야 한다. 무료 음원을 얻을 수 있는 방법 중에 해외 동영상 사이트인 vimeo(http://vimeo.com/musicstore) 에서 music store 라는 서비스를 운영하고 있는데 이곳에서 무료 음원을 구할 수 있다. 또한 FMA(Free Music Achive, http://freemusicarchive.org)나 Audio Micro(http://www.audiomicro.com) 등에서도 무료 음원을 구할 수 있다. 아래 vimeo에서 무료 음악 다운로드하는 예를 간단히 살펴보겠다.

- vimeo에서 음원 구하기 :

vimeo 홈페이지에 들어가면 검색창 오른쪽 아래에 "Advanced Filters"가 있다. 이를 클릭하면 검색 옵션 창이 열리는데 여기서 검색조건을 설정한다. "Price range"에서 "무료 (free)"를 선택하고 "License"는 "commercial use"로 설정한 후 검색하면 해당 조건의 검색된 결과물들이 올라오므로 다운로드해서 사용하면 된다.

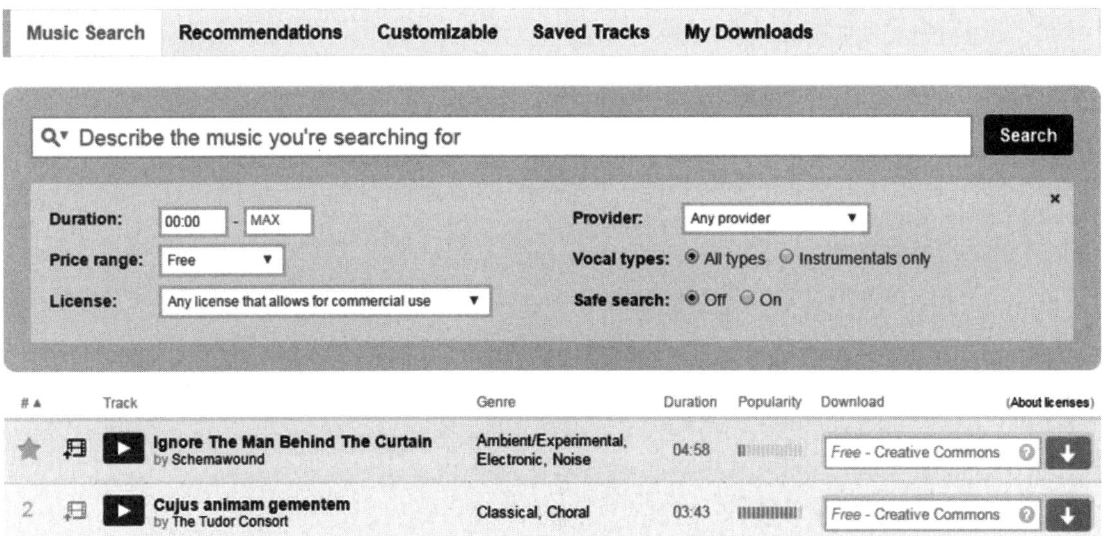

6-14 오디오 파일 편집

음성 방송할 제작물을 만들기 위해 음성과 인트로 음악을 mix하거나 음성녹음 파일의 편집이 필요하다. 제대로 된 오디오 편집은 전문 장비와 기술이 필요하지만 팟캐스트 방송용 파일의 편집은 무료 오디오 편집 프로그램의 몇 가지 기능만 사용하면 훌륭한 라디오 방송을 만들 수 있다. 오디오용 편집 프로그램은 파일을 자르고 붙이고 믹싱(mixing)할 수 있는 기능이 있으면 된다. 많은 오디오 프로그램들이 있으며, 프리웨어로 Audacity, 뮤컷(Mucut), 셰어웨어로 GoldWave, Sound Forge 등이 있다. Audacity를 사용하여 음원 편집 방법을 살펴보자.

Audacity

Audacity는 무료로 배포되는 프로그램으로 음원 편집에 필요한 다양한 기능과 편집 효과를 탑재하고 있어서 사용하기에 적절하다. Audacit를 설치한 후 Lame_v3.98.3_for_Audacity_on_ Windows.exe를 설치해야 하는데, 이는 mp3용 플러그인 프로그램으로 편집한 파일 저장 시 mp3 형식으로 저장할 수 있도록 해 준다.

(http://lame1.buanzo.com.ar/Lame_v3.98.3_for_Audacity_on_Windows.exe)

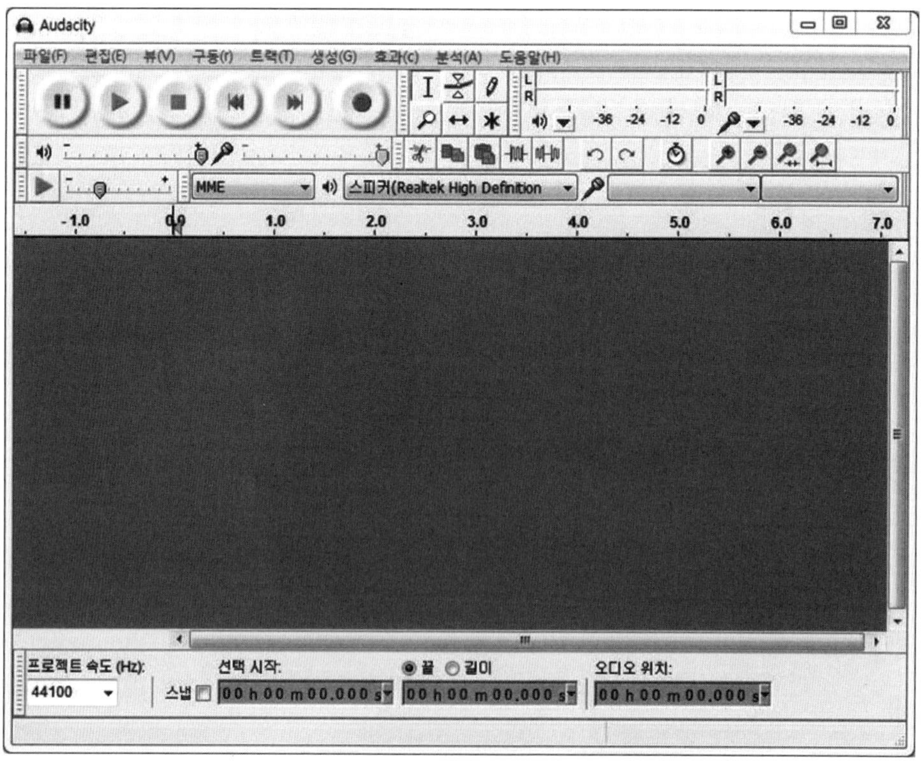

작업 모드

Audacity에서 작업 시 크게 편집(edit) 모드, 뷰(view) 모드 및 재생(play) 모드로 구분된다. 메뉴의 왼쪽에 재생을 위한 버튼들이 위치하고, 가운데 부분에 편집과 뷰 모드가 존재한다.

◆ **편집(edit) 모드 :**

편집 모드에서 각종 음성 편집 작업이 가능한데, 편집 모드로 들어가려면 가운데 박스중 왼쪽 상단에서 "i"를 클릭한다. "i"를 클릭한 상태에서만 편집이 가능하다.

◆ **뷰(view) 모드 :**

음성 편집 시 편집할 위치를 정확하게 설정하거나 미세하게 이동하려고 할 때 뷰 모드를 사용한다. 편집 모드 박스 아래에 돋보기 모양의 박스가 있는데, 이곳을 클릭하든지 메뉴 오른쪽 하단부에 줌인(zoom in)/줌아웃(zoom out)을 위한 돋보기 모양이 있으므로 이를 클릭하여 사용할 수 있다. 뷰 모드에서는 편집이 안 되므로 편집 작업을 하려면 편집 메뉴를 클릭하여 활성화해야 한다.

◆ **재생(play) 모드 :**

편집 작업 시 막대바의 위치를 옮겨서 편집할 위치를 설정하는데 편집 창에는 음성파형만 나타나므로 이를 보고 편집할 위치를 찾을 수는 없다. 따라서 막대바의 위치를 설정해 놓고 재생시켜가면서 위치를 파악할 수 있을 것이다. 재생 버튼들이 메뉴의 왼쪽에 위치한다. 재생뿐만 아니라 음성 녹음도 가능하다. 재생 상태에서는 편집이 안 되므로 재생을 완료한 후에 편집이 가능하다. 흔히 재생을 중단한 상태에서 편집을 하려는 실수를 범하는데, 이때는 재생 상태라는 점을 꼭 기억하기 바란다

파일 불러오기

편집할 오디오 파일(mp3,wav등)를 [파일]→[열기] 메뉴로 불러온다. 불러온 파일은 편집창에 음성 파형의 형태로 나타나는데, 불러온 파일의 파형이 나타나는 부분을 트랙이라고 한다.

◆ 다수파일 부르기 :

두 개 이상의 파일을 불러와서 편집 작업을 할 경우, 첫 번째 파일은 [파일][열기]로 불러온 후 두 번째 이후의 파일은 [파일]→[가져오기]→[오디오]를 선택하여 가져온다. 탐색기에서 드래그해서 audacity 편집 창으로 끌어와도 된다. 그러면 불러온 파일의 개수만큼 모두 편집 창에 나타난다.

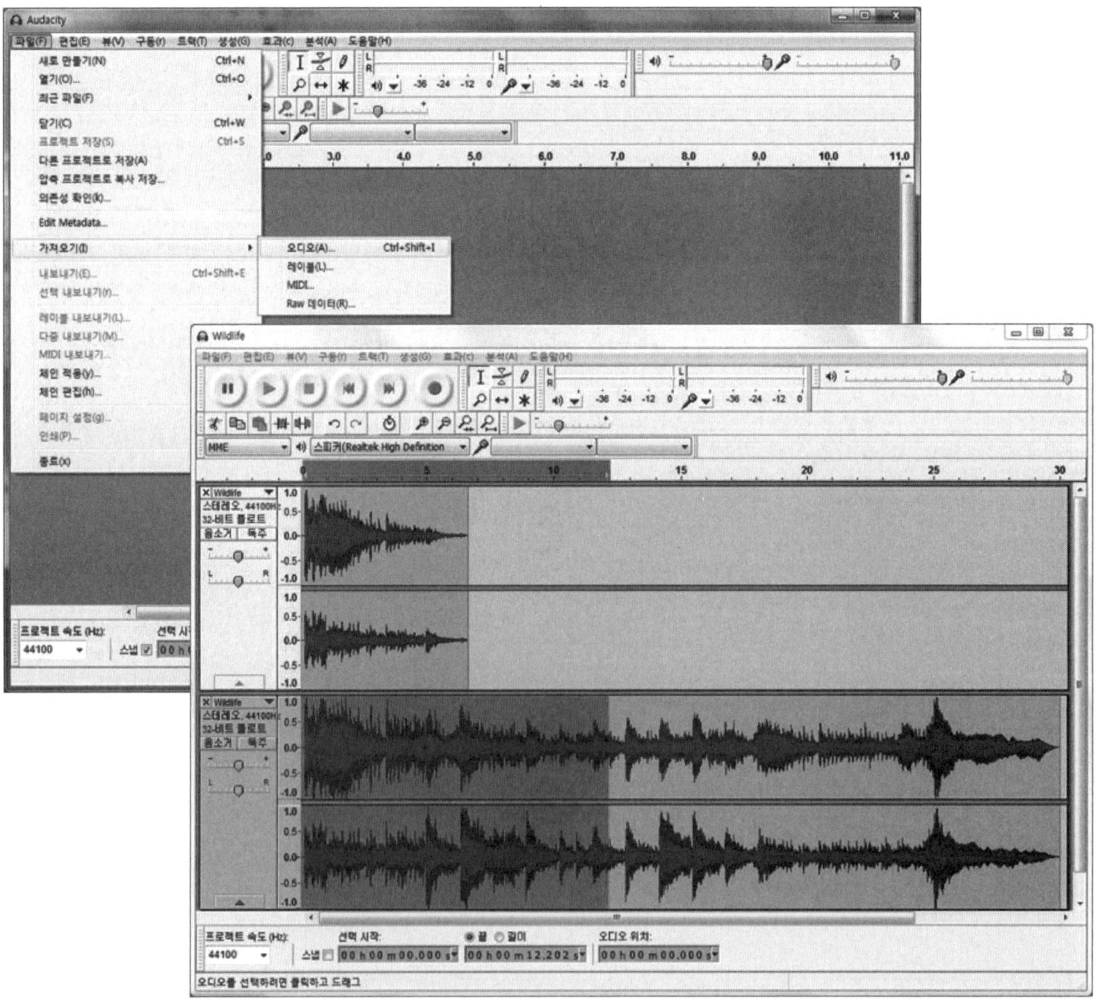

파일 저장

Audacity에서 작업한 파일은 프로젝트 파일과 최종 파일(mp3,wav등) 두 가지 형태로 저장한다.

◆ 프로젝트 파일 :

작업한 정보가 모두 저장되어 향후에 불러서 다시 수정이 가능하다. 따라서 프로젝트 파일로 반드시 저장해두어야 하며 파일명 뒤에 ~.aup의 확장자가 붙는다.

◆ 최종파일(mp3, wav 등) :

파일수정이 모두 완료되었으면 최종파일로 저장하는데 이때 파일에 태그작업까지 추가된다. 태그 작업에 의해 생성된 태그 파일은 향후에 음악 파일을 분류하기 용이하도록 해준다. 즉, 음악의 작가나 장르별 데이터로 분류할 수 있도록 해주기 때문이다. [파일]→[내보내기]를 선택하여 파일 저장 형식을 지정한 후 태그 작성을 완료하면 최종 완료된다. 최종 완성된 파일은 mp3나 wav파일 형식으로 만들 수 있다. Mp3 파일 형식으로 저장하려면 앞에서도 언급하였지만, http:// lame1.buanzo.com.ar/Lame_v3.98.3_for_Audacity_on_Windows.exe 파일이 설치되어 있어야 한다.

Wildlife
파일(F) 편집(E) 뷰(V) 구동(r) 트랙(T) 생성(G) 효과(c) 분석(A) 도움말(H)
새로 만들기(N) Ctrl+N
열기(O)... Ctrl+O
최근 파일(F)
닫기(C) Ctrl+W
프로젝트 저장(S) Ctrl+S
다른 프로젝트로 저장(A)
압축 프로젝트로 복사 저장...
의존성 확인(k)...
Edit Metadata...
가져오기(I)
내보내기(E)... Ctrl+Shift+E
선택 내보내기(r)...
레이블 내보내기(L)...
다중 내보내기(M)... Ctrl+Shift+L
MIDI 내보내기...
체인 적용(y)...
체인 편집(h)...
페이지 설정(g)...
인쇄(P)...
종료(x) Ctrl+Q
프로젝트 속도 (Hz):
44100
선택 시작:
스냅
00 h 00 m 13.200 s
파일 내보내기
저장 위치(I):
UCC
이름
수정한 날짜
유형
최근 위치
바탕 화면
라이브러리
컴퓨터
네트워크
AlbumCD 2013-05-19 오후 12... 파일 폴더
backup 2014-08-31 오후 11... 파일 폴더
ppt_1753 2014-05-05 오후 9:... 파일 폴더
기타 2014-03-16 오전 9:... 파일 폴더
무비메이커 2014-11-02 오전 11... 파일 폴더
팟캐스트 2014-11-23 오후 9:... 파일 폴더
클립앨범 2013-05-19 오후 12... 파일 폴더
Wildlife.wav 2014-11-02 오후 3:... 곰오디오 파일
다중음악.wav 2014-11-23 오후 9:... 곰오디오 파일
다중음악2.wav 2014-11-23 오후 9:... 곰오디오 파일
파일 이름(N): 다중음악2.wav
파일 형식(T): WAV (Microsoft) signed 16 비트 PCM
저장(S)
취소
옵션(O)...
메타데이터 편집
Use arrow keys (or ENTER key after editing) to navigate fields.
태그
값
아티스트 이름 Nana Mouskouri
트랙 제목 White Handkerchief
앨범 제목
트랙 번호
연도
장르 Other
주석
추가(A)
제거(R)
지우기(e)
장르
편집(d)...
재설정(t)...
템플릿
열기(L)...
저장(S)...
기본값 설정(f)
확인(O)
취소(C)

파일 분할

◆ **음악 재생** :

음성파일이 편집트랙에 나타나고 스테레오 파일인 경우 L 채널 R 채널이 위아래로 나타난다. 편집모드(상단의 I 가 선택된 상태)에서 트랙 위에 임의의 장소를 선택하면 수직선이 나타나고 그 시점에서 화면 왼쪽 상단에 재생 버튼이나 스페이스바를 누르면 재생이 가능하다. 재생 시 스페이스바를 한 번 더 누르면 재생이 멈추고 재생 시작 지점으로 되돌아온다.

◆ **편집 시점 설정** :

막대바의 위치를 옮겨 재생시켜가며 편집할 위치를 찾는다. 편집할 위치를 대략 찾았으면 좌우 화살표 키를 사용하여 막대바의 위치를 미세하게 좌우로 움직임으로써 편집 시점을 미세하게 조정할 수 있다. 따라서 재생음악을 잘 들으면서 잘라낼 위치에 막대바를 갖다 놓는다.

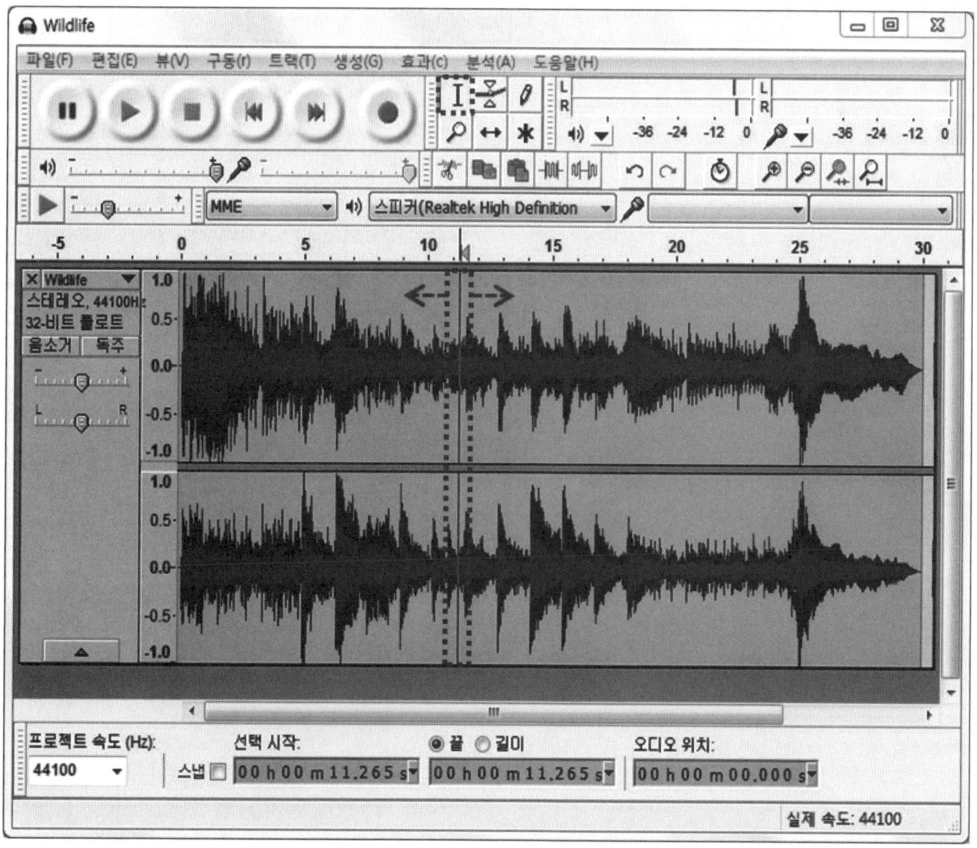

◆ 분할 :

분할 위치를 설정했으면 [편집]→[클립경계]→[분할] 메뉴를 클릭하면, 막대바가 있는 위치에서 파일이 분할되어 나타난다.

◆ 작업 취소 :

직전에 했던 작업을 취소하려면 Ctrl 키와 Z 키를 동시에 누른다. 계속하여 누르면 계속 직전 작업을 취소할 수 있다.

◆ 분할 시점 미세조정 :

분할 경계점을 정확히 조정할 경우 돋보기 기능을 사용하여 확대 후 경계점을 설정하면 더 정확한 위치를 설정할 수 있다. 돋보기 기능은 메뉴에서 우측 하단부에 위치한다.

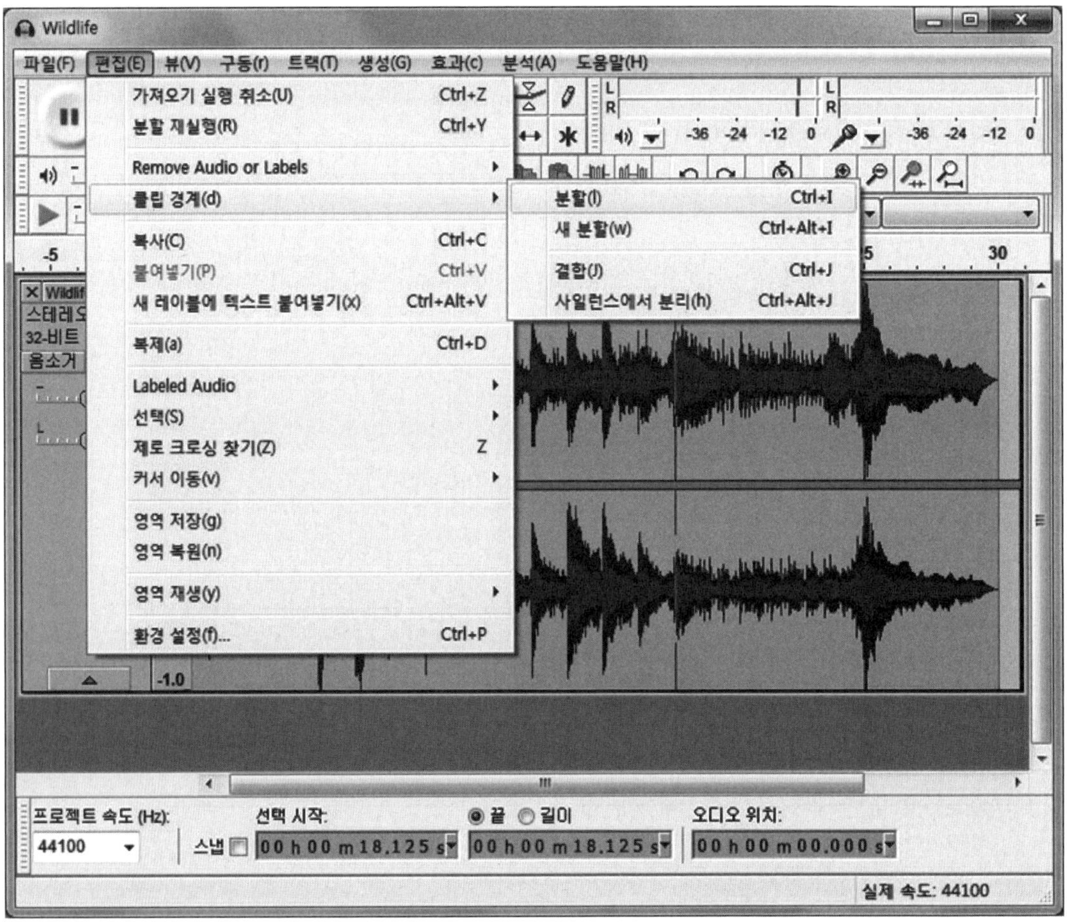

◆ 분할 후 삭제하기 :

분할 이후에 불필요한 부분을 제거할 경우 제거할 부분의 영역에 커서를 옮긴 후 마우스를 더블클릭하면 제거될 영역의 전체가 선택된다. 제거할 영역 선택 후 메뉴에서 [편집]→[Remove Audio or Levels]→[잘라내기]를 클릭하던지, Ctrl + k 키를 동시에 누르면 선택된 영역이 삭제된다. 제거할 영역을 더블 클릭하면 뷰 모드의 돋보기 박스 아래에 가위 모양의 박스를 클릭하여 제거할 수도 있다. 아래 그림에서는 분할한 파일 중 앞부분을 제거하는 예를 보여 주고 있다.

◆ 분할된 파일 합치기 :

분할된 파일을 합치고 싶을 때는 [편집]→[클립경계]→[결합]을 선택하면 해당하는 오디오 트랙에서 분할된 파일들이 자동으로 합쳐진다.

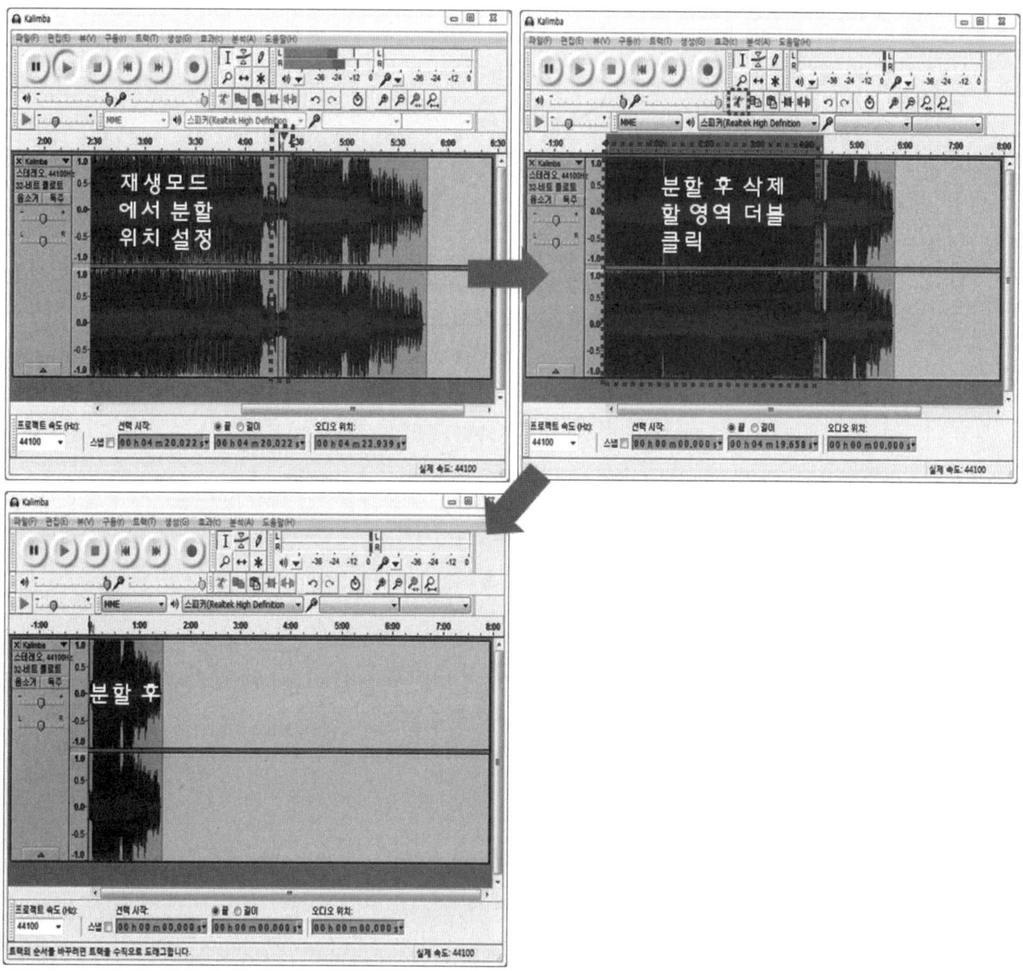

◆ 오디오의 시작과 끝 부분을 페이드인/ 페이드아웃 만들기

음악을 잘랐으면 자른 부분의 소리를 부드럽게 다른 음악파일과 연결하기 위해 페이드인/아웃 효과를 적용한다. 아래 그림은 페이드아웃의 예를 나타내었다.

- 페이드아웃(점차 소리 줄이기)할 영역을 마우스로 드래그한다. 커서는 푸른색의 오디오 영역에서 드래그하여 영역을 설정한다.
- 상단메뉴의 [효과][페이드아웃]을 선택하면 오디오 트랙에서 선택되었던 부분이 점차 소리가 줄어드는 상태로 변경된다. 오디오 시작부의 페이드인도 같은 방법으로 적용할 수 있다.

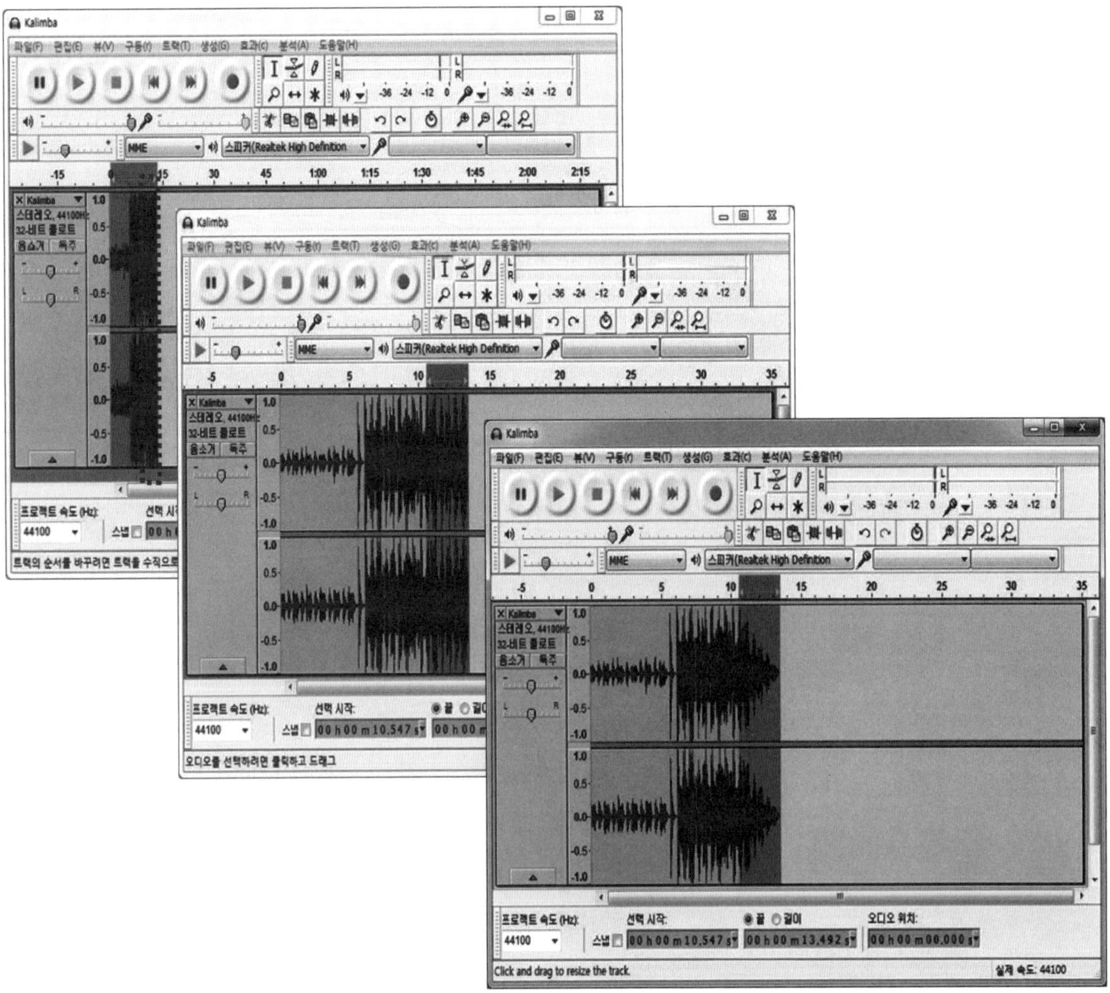

◆ 두 개의 파일을 이어 붙이기

방송 도입부에 인트로 음악이 있고 실제 방송이 연속해서 나오는 경우나 또는 여러 개의 인터뷰 파일을 이어서 붙이는 경우, 여러 개의 음악 파일을 불러와서 부분적으로 소리를 잘라내고 붙이는 작업이 필요하다.

- 앞에서도 살펴봤지만, 편집할 첫 번째 파일은 [파일]→[열기]로 불러들인 후 두 번째 이후 파일은 [파일]→[가져오기]→[오디오]로 불러오거나 오디오 파일을 트랙에 직접 드래그해서 불러온다.
- 그림의 예에서 상단 파일이 인트로 파일이고 하단 파일이 실제 방송 파일일 경우이다. 상단 인트로 음악 파일은 시작 부분과 끝 부분을 페이드 인/아웃으로 자연스럽게 조정한다.

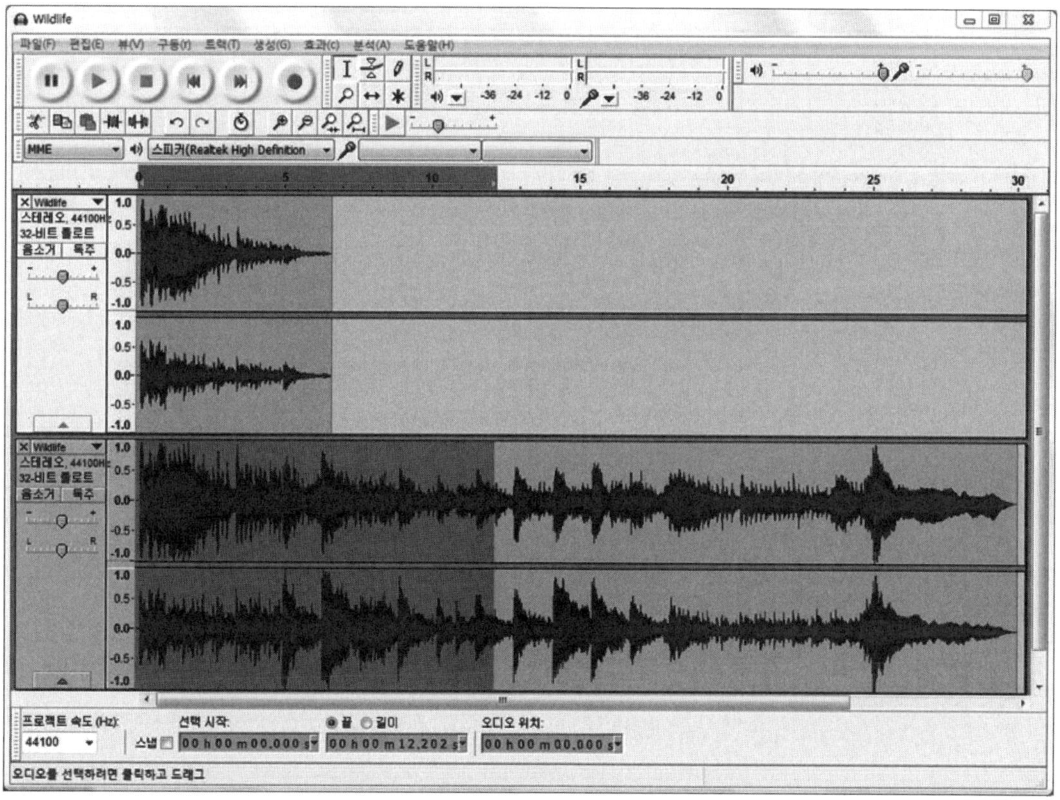

- **방법 1** : 파일 영역을 마우스로 끌어서 이동하는 방법이다.

  - 먼저 편집메뉴에서 시간 이동 도구로 변환한다. 시간 이동 도구는 좌우 화살표 박스이며, 이를 클릭한 후 본방송 파일(하단 파일)을 마우스로 클릭한다. 그 상태에서 마우스를 좌우로 움직이면서([↔]) 파일을 드래그하여 상단의 인트로 파일 끝 부분과 일치시킨다. 두 파일의 이음을 지연시간 없이 매끄럽게 하려면 막대바의 색깔이 노란색으로 변할 때 이동을 멈춘다.

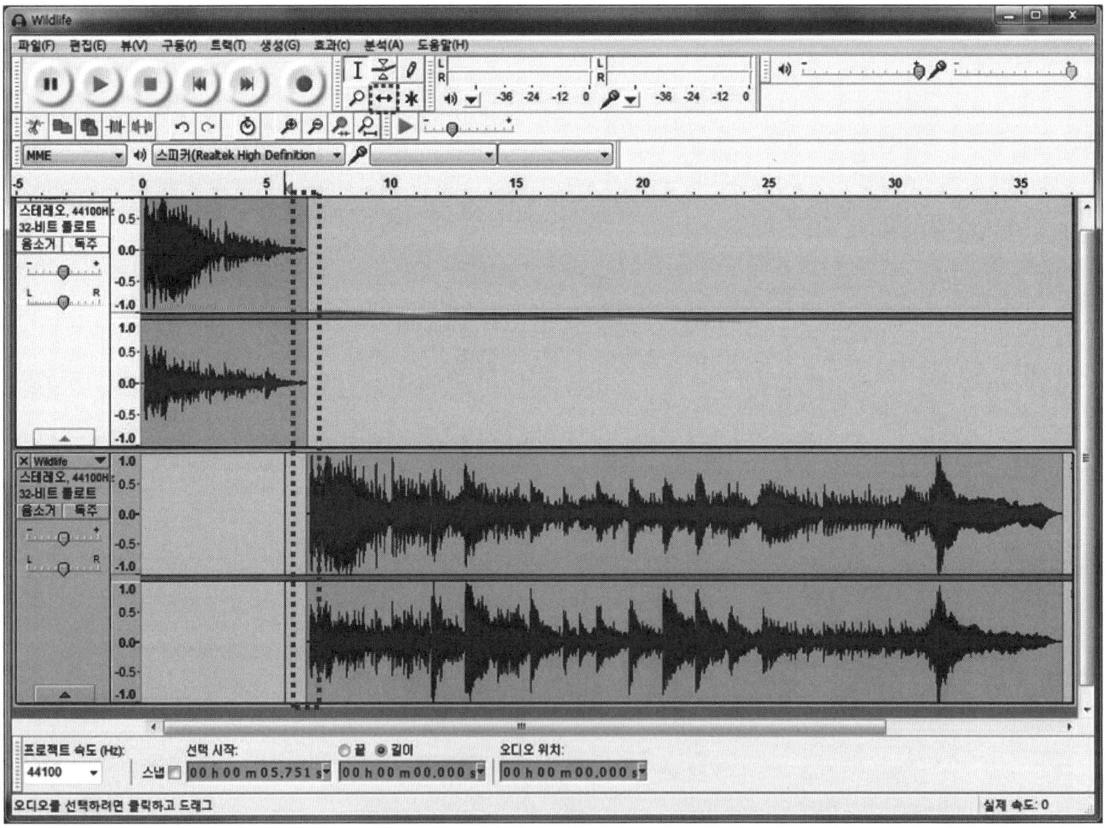

- **방법2** : 파일 영역에서 직접 작업하지 않고, 이동 메뉴를 사용하는 방법이다.
  - 상단의 인트로 음악과 하단의 방송파일을 이어 붙일 위치를 마우스로 설정한다.
  - 하단의 방송파일을 선택 후 [트랙]→[트랙정렬]→[Start to Cursor/Selection Start] 클릭하면 트랙의 시작 부분이 인트로 음악의 끝 부분에 맞추어진다.

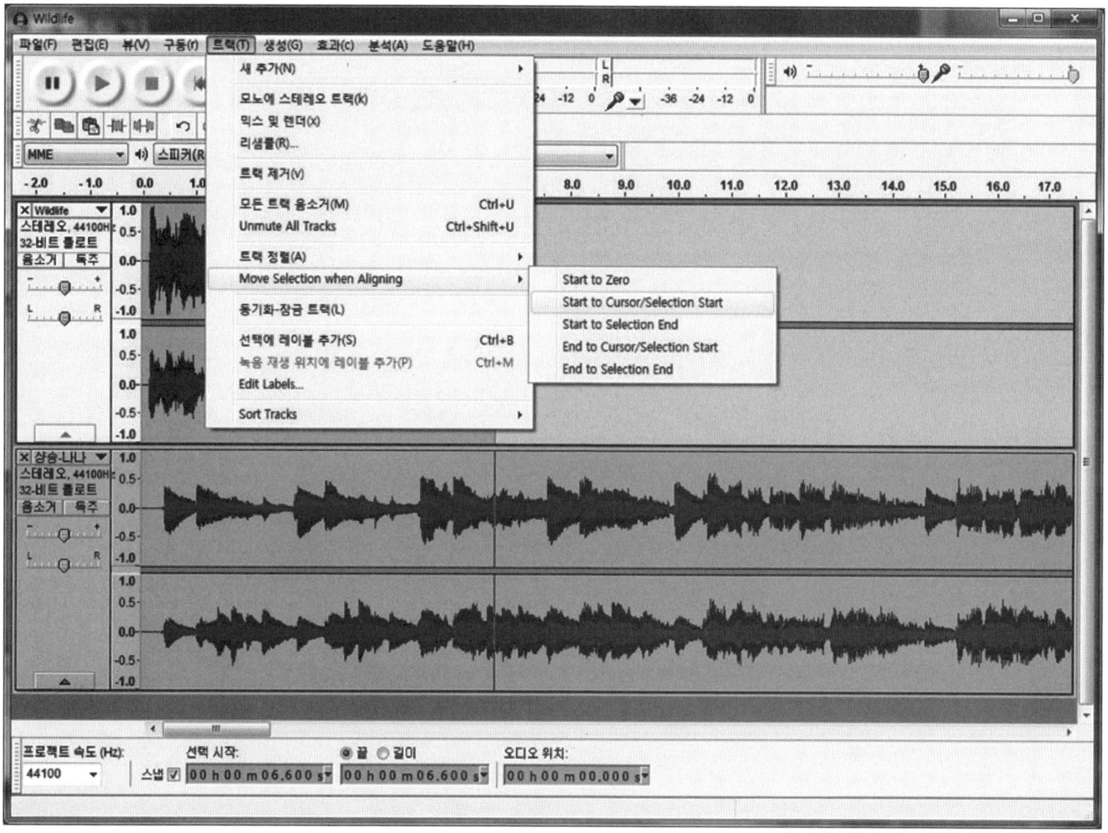

- **볼륨 조절** :

방송과 배경음악을 믹스할 경우 배경음악의 볼륨을 작게 하여 방송을 강조할 수 있다. 트랙 왼쪽에 볼륨 조절바가 있어서 강약을 조절할 수 있다.

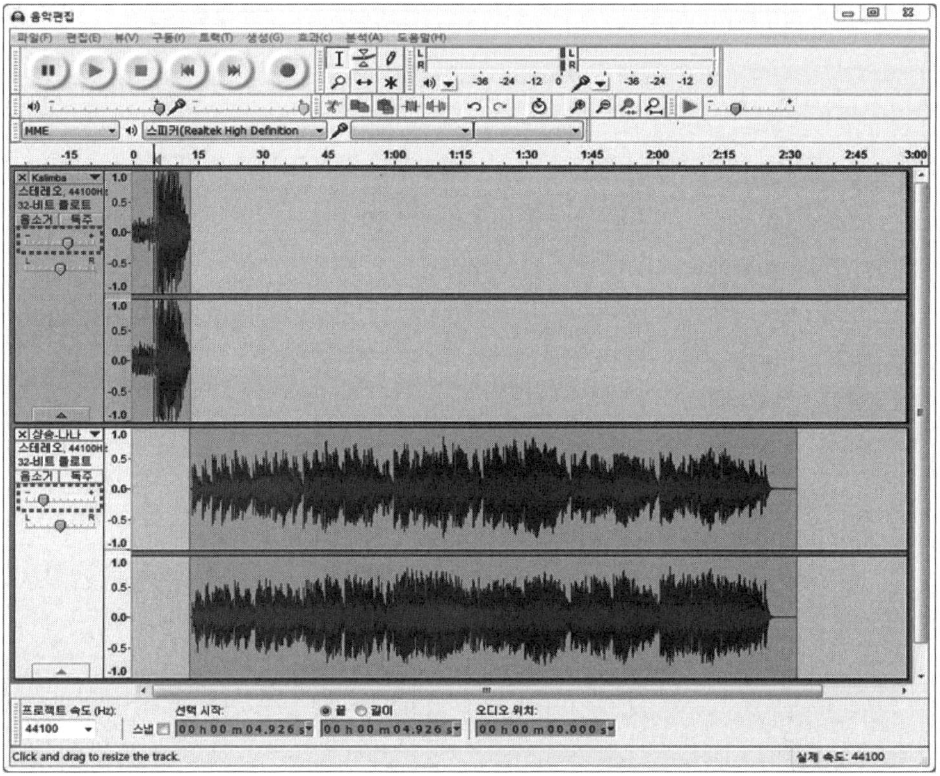

- **트랙 복사 :**

트랙 전체를 복사하려면 트랙의 좌측 박스를 마우스로 클릭하면 트랙 전체가 선택된다. 그 후 Ctrl+C를 눌러 복사한 후, 마우스로 트랙 바깥을 클릭하여 직전에 선택된 트랙이 해제된다. 그 후 Ctrl+V를 누르면 새로운 트랙이 만들어지면서 복사된 트랙의 내용이 붙어 올라온다.

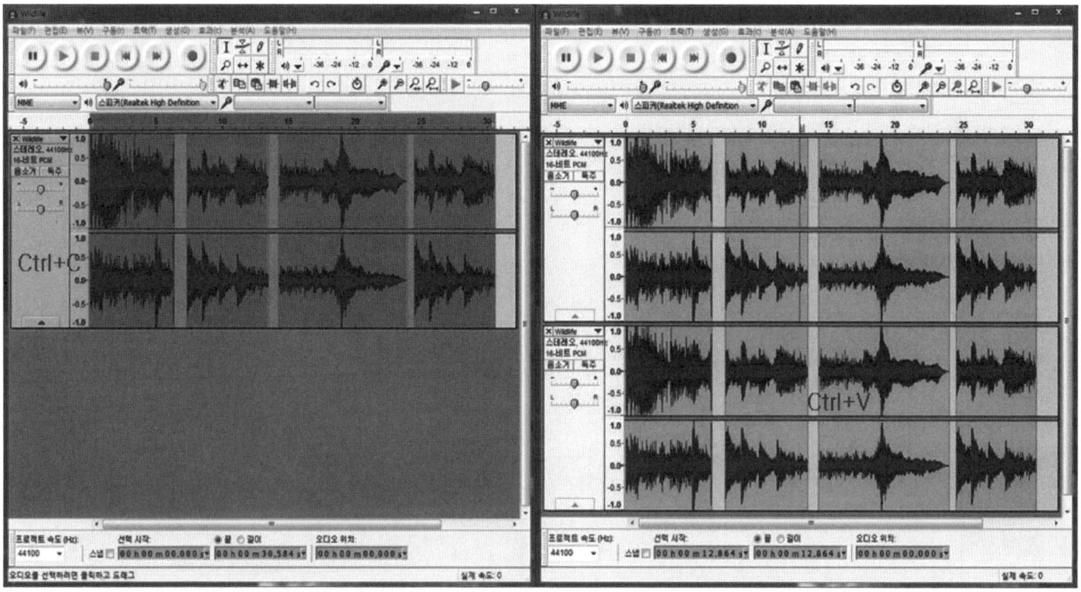

- **영역 복사 :**

트랙 내의 일부 영역을 복사하려면 복사할 영역을 마우스로 드래그하여 선택한 후 Ctrl+C를 눌러 복사한다. 복사한 영역을 붙여넣을 위치에 막대바를 갖다 놓은 후에 Ctrl+V를 누르면 설정한 막대바 위치에 복사된다.

- **음성 잘라서 이동하기**

음성 파일 중 일부를 잘라내어 다른 곳으로 이동하는 방법을 알아보자. 먼저 음성 트랙 내에서 자르고자 하는 영역을 마우스로 드래그하여 설정한 후 복사(Ctrl+C)한다. 복사한 부분을 잘라낼 때 뒷부분을 앞부분에 붙일 수도 있고 영역을 그냥 비워 놓을 수도 있다. [편집]→[Remove Audio or Levels]→[잘라내기]를 클릭하면 잘라낸 영역의 앞부분과 뒷부분이 서로 결합되며, [편집]→[Remove Audio or Levels]→[분할 잘라내기]를 클릭하면 잘라낸 영역의 공간이 비어 있는 상태로 유지된다. 그런 후 이동할 위치에 붙여넣으면(Ctrl+V) 원하는 위치에 이동이 완료된다.

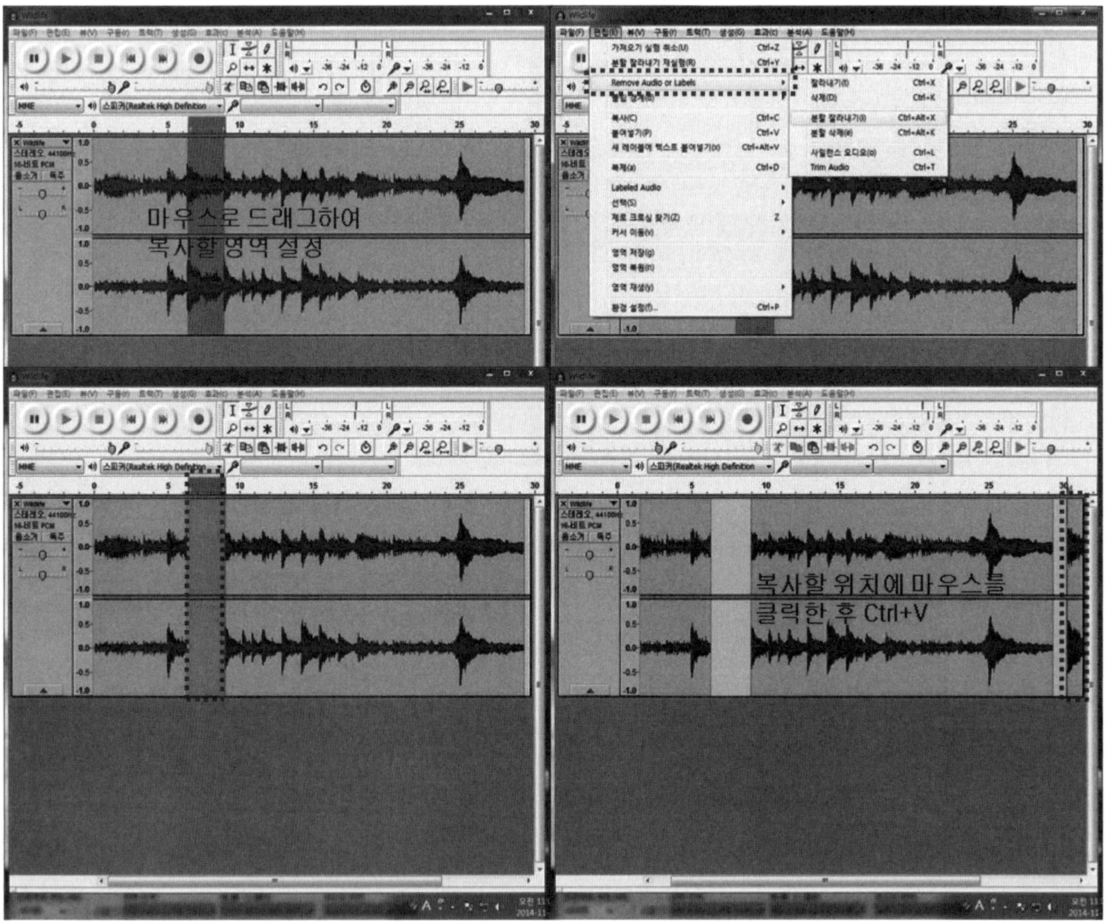

◆ 음성 녹음 :

음성을 녹음하여 추가하기 위해 상단메뉴에서 [구동][녹음]을 클릭하면 녹음이 시작된다. 이때 녹음 시작하고자 하는 위치에 커서를 옮겨두고 녹음한다. 음성을 한꺼번에 녹음하기가 부담스러우면 적당히 잘라서 녹음한 후 붙이면 된다. 음성 녹음은 별도의 프로젝트 파일을 만들어 놓고 완성되면 배경음악과 결합시킨다. 분할 녹음된 음성을 하나로 합치려면 두 번째 녹음파일을 더블클릭한 후 Ctrl+C 해서 전체 영역을 복사한 후 붙여넣을 영역에 마우스를 옮겨서 Ctrl+V하여 붙여넣는다.

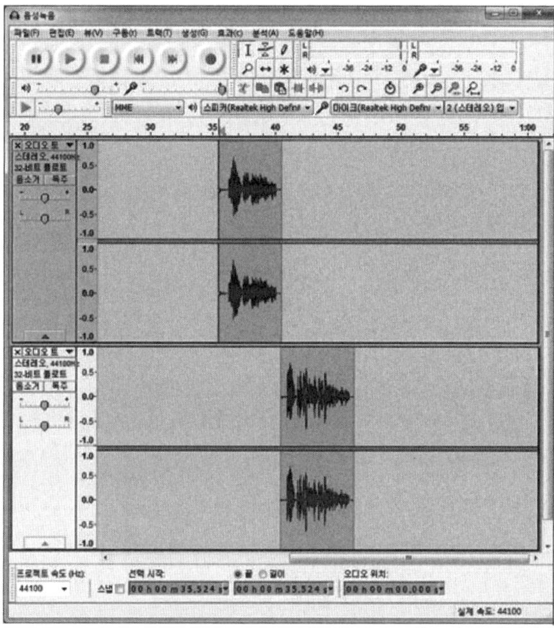

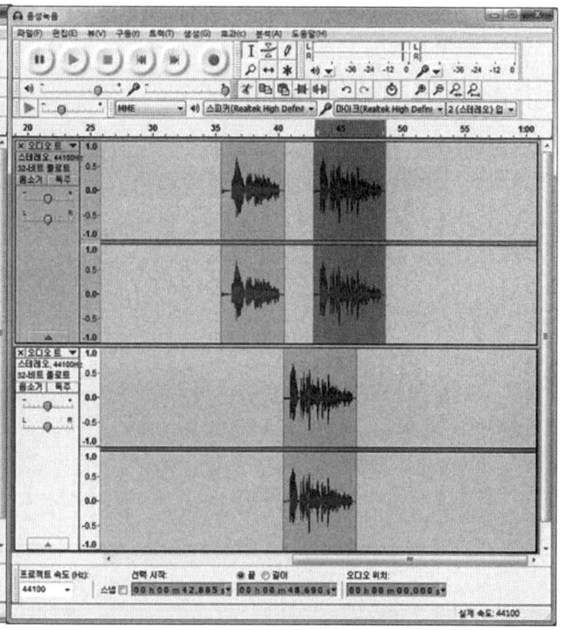

- **방송 파일에 태그 작업하기** : 오디오 파일에 꼭 태그를 설정해 준다. 오디오 파일에 태그 파일을 만들어 놓으면 파일 분류도 용이할 뿐만 아니라, 휴대용 기기에서 팟캐스크나 아이튠스 등에서 청취할 경우 이외에 다른 일반 앱에서 다운로드해 청취한다고 하더라도 제목이나 작가 등이 표시된다. 아래 그림은 Audacity에서 파일 저장 시 추가되는 태그 작업의 예이다.

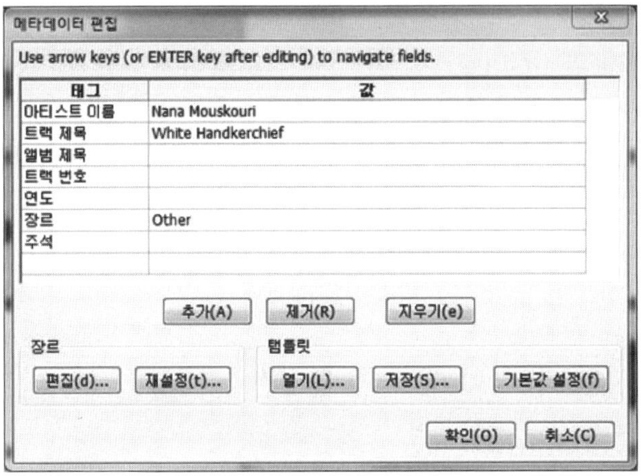

- 태그 정리가 가능한 무료 프로그램으로 mp3tag를 예로 들 수 있다. 프로그램 실행 후에 태그 작업을 할 파일을 드래그하여 작업 창에 끌어 놓는다. 제목, 아티스트, 제작연도 등에 적절한 내용을 입력한다. 사진 영역에서 마우스 우측 클릭 후 팟캐스트용 섬네일 이미지 등을 입력한다. 여기서 사용할 섬네일 이미지의 해상도는 300*300pixel 이 적당하다.

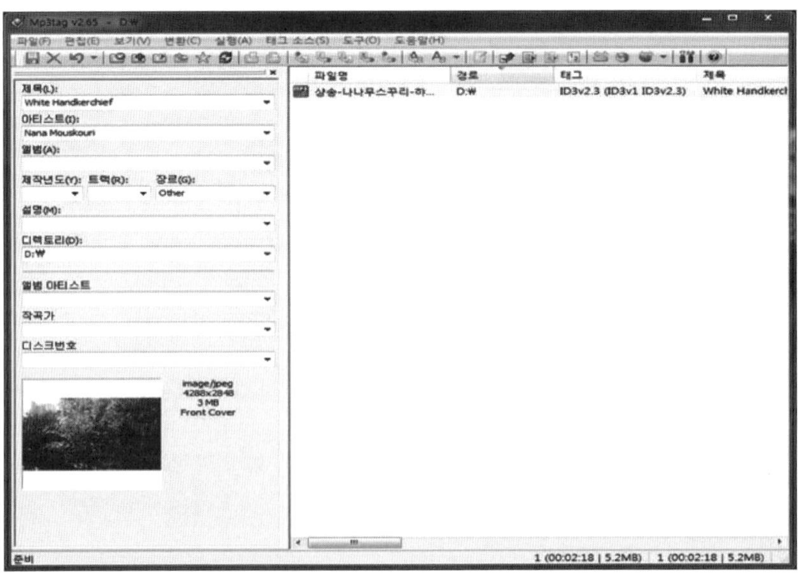

◆ Gold Wave

오디오 편집 프로그램으로 Audacity 이외에 Gold Wave도 예로 들 수 있다. Gold Wave는 크게 주 작업 창과 제어 창으로 구성된다. 주 작업 창에서는 음성파일에 대해 각종 편집작업을 수행하는 부분이고, 제어 창에서는 편집하기 위해 주 작업 창에서 선택한 영역을 재생하거나 편집이 용이하도록 여러 가지 기능들을 제공한다. 편집 기능에 대한 구체적인 사용 설명은 생략한다.

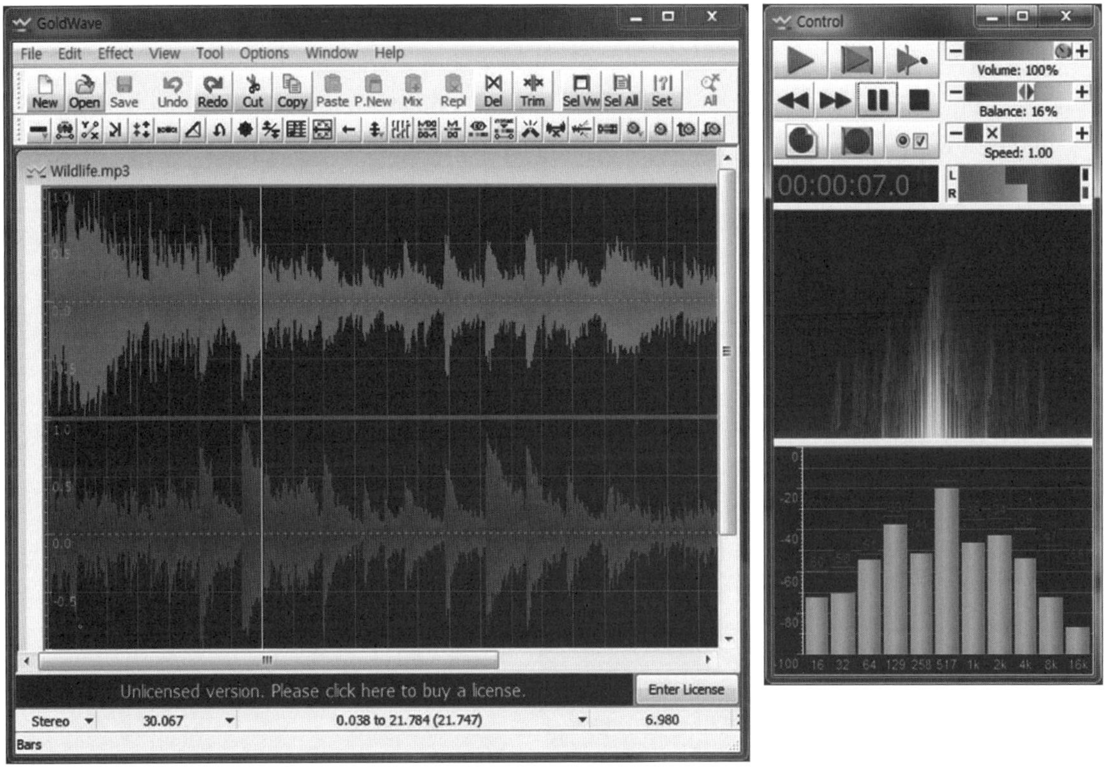

6-15 비디오 방송 제작

비디오 방송을 위한 방송 제작 시 스마트폰이나 캠코더로 촬영한 비디오 영상을 편집 작업을 통해서 제작 완료한다. 앞에서 살펴본 무비메이커를 사용하여 비디오 영상 편집 작업을 할 수 있는데, Daum 팟인코더를 사용하여 간단한 편집 작업도 가능하다. 팟인코더는 인코딩 작업도 가능하여 음성추출/영상추출 및 해상도나 용량 조절도 가능하다. 무비메이커를 이용한 동영상 제작은 앞에서 충분히 다루었으므로, 팟인코더를 이용한 편집 작업을 위한 기본 사용절차를 살펴보겠다.

팟인코더

팟인코더는 팟캐스트 등 휴대용 기기에서 재생할 비디오 영상에 초점을 맞추어 만들어진 프로그램이다. 팟인코더를 이용한 편집 작업을 위한 기본 사용절차를 살펴보겠다.

- 화면 상단의 "동영상편집" 탭을 클릭하여 작업을 시작한다.
- 작업할 영상(자르기 또는 이어 붙이기)을 불러오기로 불러들인다.
- 파일명을 마우스로 클릭 후 드래그하여 타임라인의 비디오 행으로 끌어 온다.

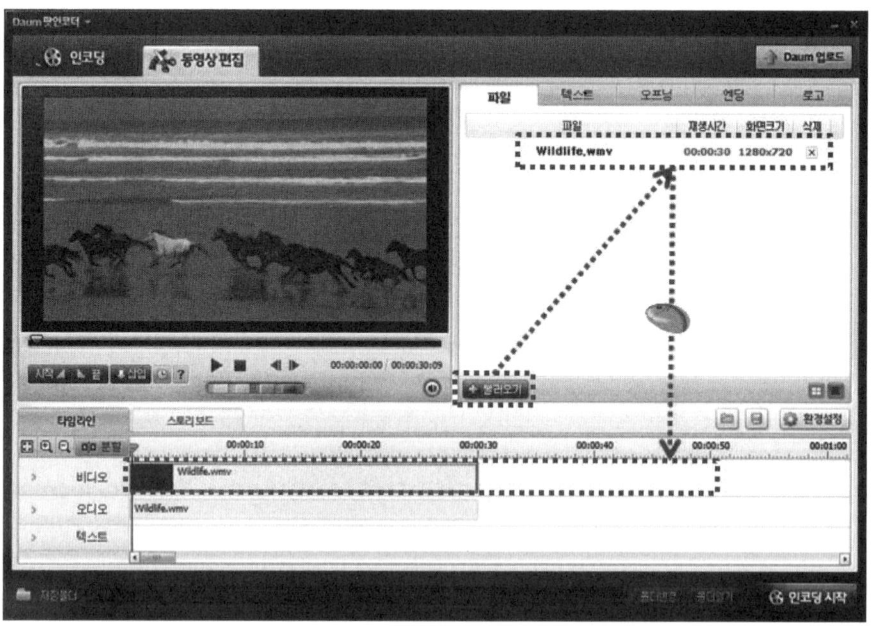

- 잘라낼 부분이 있으면 "분할" 버튼을 클릭하여 영상을 분리한다. 삭제할 영역에 대해서는 영역을 클릭 후 Del 키를 눌러서 삭제할 수 있다.
- 이어 붙일 영상은 마우스로 드래그하여 이어 붙일 앞의 영상 뒷부분에 붙인다.
- 인코딩을 하기 전 반드시 "환경설정"을 하여 영상의 포맷을 설정해 준다.
- 인코딩 옵션은 "MP4 PSP, iPod 및 핸드폰용" 으로 설정한다.
- 화면크기를 설정한다. 디폴트값인 480*272에서부터 다양한 화소의 크기가 있으니 적절히 선택한다. 이 설정으로 인코딩을 하여 편집이 완료된 영상을 만들어 낸다.

6-16 팟호스팅에 파일 업로드 하기

제작한 오디오나 비디오 영상을 팟캐스트에 호스팅하는 과정을 살펴보자. 팟캐스트의 호스팅은 일반 웹호스팅과는 달리 MP3 또는 MP4 파일을 서버에 업로드하고 방송 명과 방송목록 등의 방송정보를 담은 XML 파일을 생성해서 같이 호스팅해야 한다는 것을 앞에서 살펴보았다. 팟캐스트를 호스팅하기 위해 적당한 호스팅 서버를 선택해서 올려야 한다. 호스팅 서버로 쎈호스팅(www.ssenhosting.com)을 예로 들어 살펴 보겠다.

쎈호스팅(www.ssenhosting.com)

쎈호스팅 서비스에는 팟캐스트 호스팅 전문 서비스인 "팟호스팅"을 운영하고 있다. 회원 가입 후 일반적인 팟캐스트는 무료로 등록이 가능하므로 절차에 따라 업로드하면 된다. 상업 목적의 기업 선전용 팟캐스트 등은 일정 비용을 지불해야 한다.

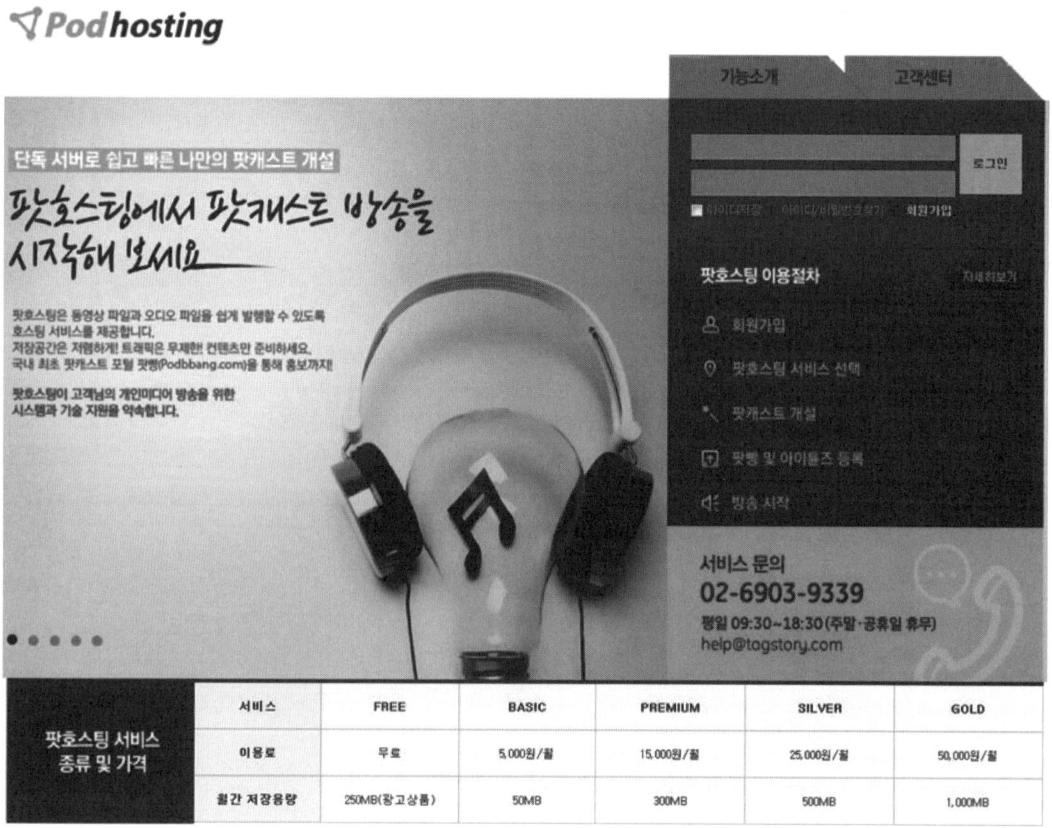

팟캐스트 생성 :

팟호스팅(www.ssenhosting.com/pod) 홈페이지에서 회원 가입 후 로그인해서 홈페이지 우측 상단에 "관리자페이지"를 클릭하여 들어간다. 관리자페이지를 들어가서 팟캐스트를 생성하고 등록할 수 있다. 먼저 화면 좌측 하단부에 "팟캐스트 생성"을 클릭하면 좌측상단에 새로운 창이 열린다. 이 창에서 새로이 생성할 팟캐스트 이름과 RSS feed용 XML 파일을 입력한다. 그러면 좌측에 생성한 팟캐스트 상자가 나타난다.

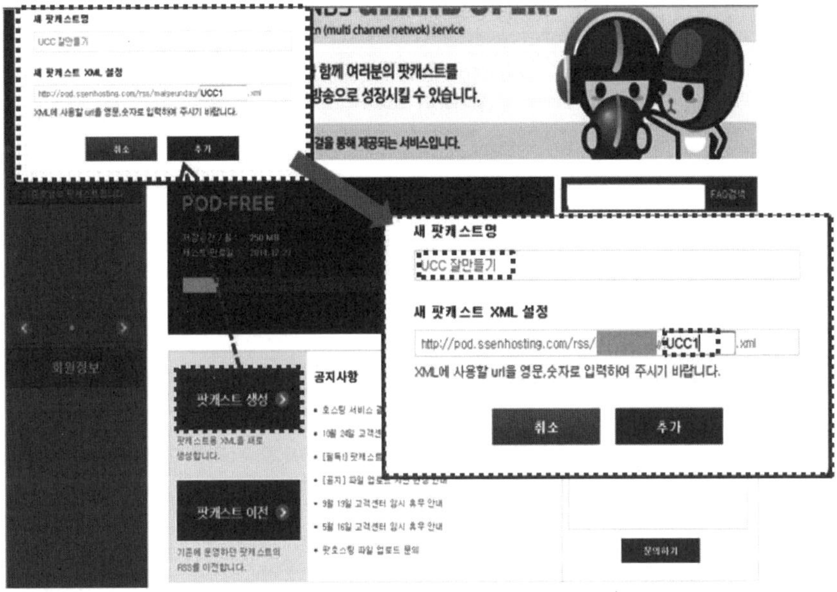

팟캐스트 설정 :

좌측에 생성된 팟캐스트 상자("UCC 잘 만들기")를 클릭하면 팟캐스트를 등록할 수 있는 창으로 넘어간다. 아래의 팟캐스트 설정 관련 단계에서 내용을 입력하는데, RSS feed용 XML 파일에 해당한다.

- 설정 창의 맨 첫 번째 칸에 "itunes rss"는 iTunes에 등록될 경우 사용자가 파일을 내려받을 인터넷 주소가 나타난다. 이는 앞에서 팟캐스트 생성시 입력한 XML 파일이며 RSS feed 용 URL 주소이다.
- 팟캐스트 섬네일에 1400x1400 pixel 이상의 이미지를 올린다. 이것은 iTunes나 팟캐스트앱에서 팟캐스트가 보여지도록 하는 이미지이다. 따라서 팟캐스트를 잘 나타내 수 있는 이미지를 만들어 올리는 것이 좋다.
- 팟캐스트의 제목, 부제목, 팟캐스트에 대한 설명 등을 기술한다.
- Itunes 카테고리 난에는 itunes에 올릴 카테고리를 지정할 수 있다.
- 검색키워드를 잘 지정해야 아이튠즈나 팟캐스트에서 사용자가 검색 시 잘 검색될 수 있다.

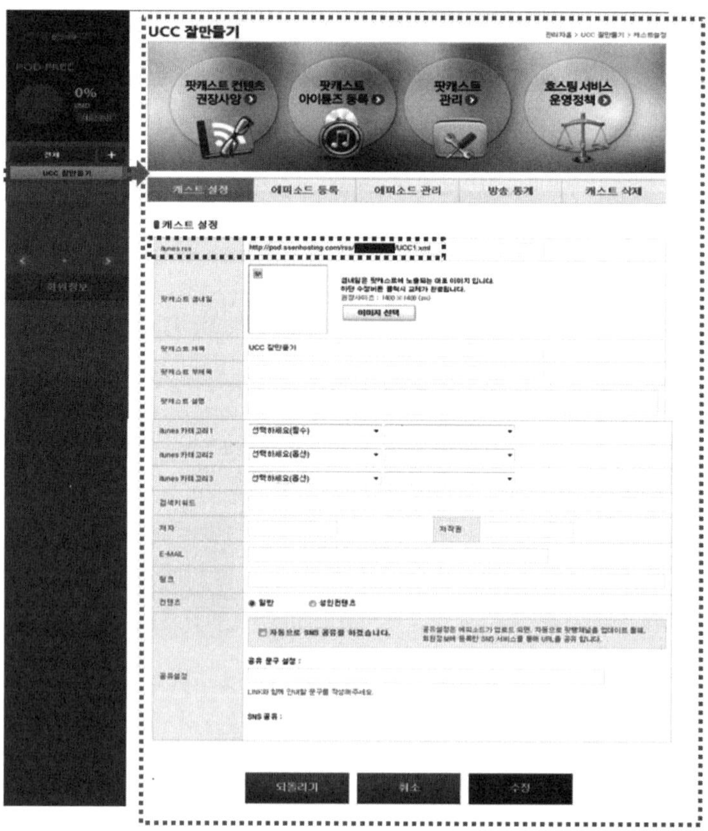

팟캐스트 등록 :

팟캐스트 설정이 완료되었으면 에피소드 등록을 한다. 에피소드는 향후에 팟캐스트 내용이 업데이트 되어질 때 에피소드를 수정하면 업데이트되어 아이튠즈나 팟캐스트에 올라간다.

- 팟캐스트 에피소드의 저자/제목/부제목을 입력한다.
- 에피소드를 소개할 수 있는 간단한 내용을 입력한다.
- 검색키워드를 입력했으면, 파일등록 난에서 팟캐스트 방송 파일을 첨부한다.
- 파일정보를 입력하고 맨 하단에 "등록"을 클릭한다.

방송 통계 :

팟캐스트에 호스팅한 방송의 시간대별, 요일별, 구가별 다운로드 횟수 통계자료를 확인할 수 있다.

6-17 애플 아이튠스에 팟캐스트 채널 등록

팟캐스트 등록이 완료되었으면 호스팅 서버에서의 등록절차가 완료되었으며, 그 후에 팥빵 혹은 아이튠스에 등록 신청을 한다. 아이튠스에 등록은 아이튠스 스토어에 들어가서 등록 신청을 한 후 등록 승인 절차를 기다린다. 등록 승인이 완료되었으면 개인 메일로 승인 여부를 회신받을 수 있다. 아이튠스를 실행시키고 아이튠스 스토어에 들어오면 화면 우측 하단에 "Podcast 등록하기"를 클릭하여 팟캐스트를 등록할 수 있다.

"Podcast 등록하기"를 클릭하면 팟캐스트 등록하기 위한 창이 열리고 이곳에서 팟캐스트를 등록한다. Podcast 피드 URL 난에 팟캐스트 서버에서 등록한 팟캐스트 피드용 URL 주소를 복사하여 붙인다. 정확히 입력되었으면 화면 우측 하단에 "계속"을 클릭하여 다음 단계로 들어간다. 다음 단계는 아이튠스 인증 절차인데 아이튠스에 계정이 만들어진 이후에 진행 가능하다. 이러한 단계를 거쳐서 아이튠스에 등록 신청이 되며 3일 정도 후에 승인 결과를 개인 메일로 회신받을 수 있다.

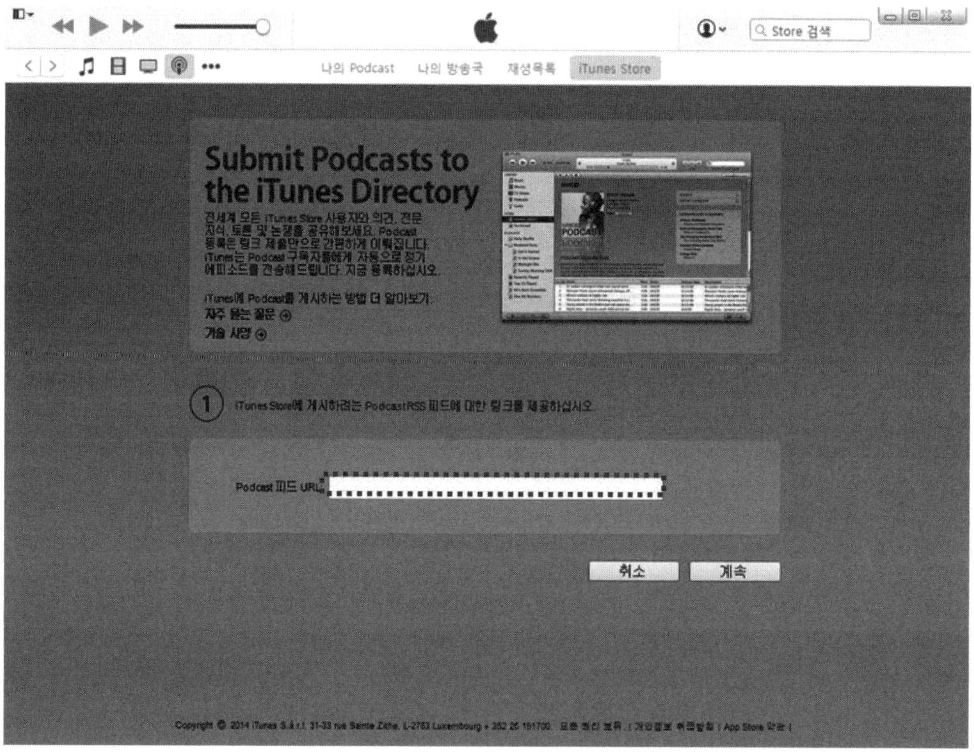

UCC 콘텐츠 제작기법 및 인터넷 방송

2015년 3월 2일 초판 인쇄

2015년 3월 6일 인쇄 발행

저 자	이중호
발 행 인	송기수
발 행 처	도서출판 GS인터비전
편 집 처	도서출판 GS인터비전
인 쇄 처	토탈프로세스
등록번호	제 313-2011-120 호
I S B N	979-11-5576-065-9(13000)

주 소 서울 마포구 토종로 222 한국출판협동조합 B동207호

전 화 02-976-7898, 02-3272-7898.

팩 스 02-6468-7898

홈 페 이 지 gsintervision.co.kr

E - M a i l gsinter7@gmail.com

정 가 16,000원